法家智謀

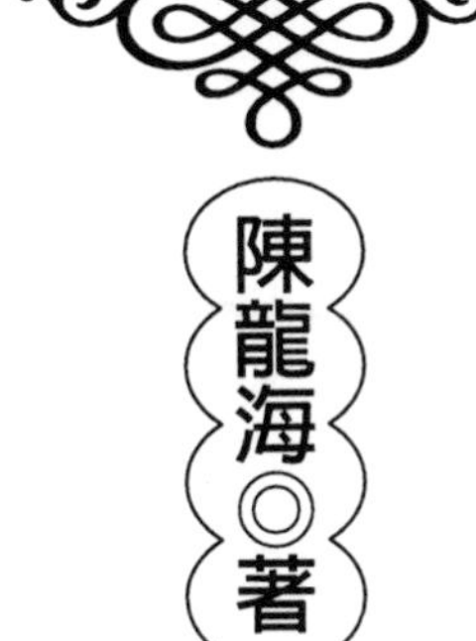

陳龍海◎著

「中國智謀叢書」總序

人類文明的發軔，意味著人類智謀的萌生。智謀象徵著文明，也在不斷地推動著文明的進步和發展。在這漸進的過程中，人類智謀有形或無形地生成，也在自覺或不自覺地被運作。

歲月之逝如流，歷史悄然無聲地浸潤著現實，未來無窮的時空還沒有得到探究，人們的身後已經是悠悠的歷史長河。滄海桑田，世事變遷，智謀興廢，都是社會文明前行時造就的永恆現象。古往今來，在中國的土地上，由不同時代的人們代代相續上演的故事，在某種程度上可以說是智謀的生成史、運作史。

英雄創造時勢和時勢創造英雄不可分離，不爭的事實是「江山如此多嬌，引無數英雄競折腰」。而在英雄之前或者英雄之後，智者總爲生活而騰躍，無論他們是否爲社會所重。

並非智者無敵，常有人的良計不被用，上策不能行。這或者是因爲自己無能力付諸實施，又不爲他人所識，不以其計爲良計，不以其策爲上策；或者是不占天時，不處地利，又沒有人和。這樣說不是要否定智謀，而是要說智謀的有用與無用不完全取決於智謀自身。應

該看到，人無智謀則無能力，古人所尚的立德、立功、立言的「三不朽」便成虛話，社會也將停滯或者倒退。

一個人難以做到「三不朽」，人們往往只說是其才力所致，其實還應看其有無智謀，何況智謀有深有淺，有大有小，有遠有近。

人的進取和社會的前行是不可逆轉的，主張逆轉的人未嘗不是懷著一種治理社會的智謀，但他們通常背離了社會的運行規律，不合於時而不能用於世；而有智謀的人，誰不想有用於世，用自己的智謀創造一種新的生活呢？不同的是，有人用智謀為己，有人用智謀為人。

生活的多彩和不同時代、不同社會環境對人性情的塑造以及人們所面臨的不同機遇，使天下人的智謀各不相同。不過，人的共性和社會的共性導致人們的智謀也有共性。正因為如此，人們常說「前事不忘，後事之師」，總要化前人、他人的智謀為自己的智謀，取人之所長，補己之所短。

智謀一旦為人所用，其能量是巨大的。

南朝梁代的劉勰曾經說戰國時期的策謀之士，縱橫參謀，析長論短，「一人之辯，重於九鼎之寶；三寸之舌，強於百萬之師」。而策謀之士的個人價值往往也賴此得到實現，故有「朝為布衣，夕為卿相」之說。

戰國時代是產生策謀的時代，西漢劉向在編訂《戰國策》時，認定《戰國策》是一部「策謀」書。其實，戰國不過是承續了春秋，共同形成一個智謀的時代。這個時代被人們視為思想的時代，這個時代所出現的思想巨人深深地影響了中華民族的文化和人的品性。這些思想巨人的思想不斷地為後人闡釋解說，但很少有人能夠超越。這些思想巨人的思想在當時是以智謀的面目出現的。東漢班固通觀這一時代的各種思想流派時，把馳騁於世、彼此不相服的思想流派區分為十家，即儒、墨、道、法、陰陽、名、縱橫、農、雜、小說家。在他看來，小說家之外的九家興起於王道衰微、諸侯力征之時，他們「各引一端，崇其所善，以此馳說，取合諸侯，其言雖殊，辟猶水火，相滅亦相生也」。他不以兵家入諸子，實際上兵家不可輕忽。同時，各國諸侯雖在名義上不入哪一家，但他們喜好智謀比哪一家都顯得更為迫切，道理很簡單，因為諸子從理論入手，欲以理論指導實踐，而諸侯國君則是把理論與實踐融合在一起，既以自我的實踐總結出理論，又引他人的理論指導自我的實踐，以圖富國強兵，雄霸天下。

這不是偶然的現象。

春秋戰國時代，天子式微，諸侯爭強，軍事衝突頻仍。在這很特殊的社會形勢之下，官學下移，「士」作為一個階層興起。雖說士階層社會極其複雜，俠士刺客都入士之林，但在這個階層中，更多的是智謀之士。兵家、縱橫家不待言說，當時的四大顯學儒、墨、道、

法，哪一家不是苦心竭慮於智謀，只不過是所操之術相異罷了。儒家的仁義道德、墨家的兼愛非攻、道家的清靜自然、法家的嚴刑峻法，固然是「其言雖殊，辟猶水火」，但哪一家不是在為社會的一統與安寧祥和出謀劃策？這個時代，人們思想空前活躍，所謂的「百家爭鳴」正賴各家彼此不能相服而垂名史冊。這使得春秋戰國時期的智謀繽紛多彩，在中國歷史上極具有代表性和深遠的魅力。

並非是為說智謀就把那一時期的思想家們都歸於智謀之士。客觀地說，被後世奉為儒學祖師的孔子、孟子，道學祖師的老子、莊子等等，有誰當時就被視為思想大家？孔孟汲汲游說諸侯，宣傳的是自我的思想主張，不是在做空頭的思想家而是想做切實的政治家；老莊不屑於游說諸侯，在僻處自說，其理論的玄虛高遠究其實質，少有不是政治論的。所以他們首先要做的是實在的政治家，無奈沒有做成才沉靜下來做思想家，難怪孔子五十六歲時還離開魯國，坐牛車奔波於坎坷之途，在諸侯之間游說了十四年才返回故里；難怪孟子有蒼天不欲平治天下的牢騷，說他是發牢騷，是因為他下一句話是：蒼天如果要平治天下，當今之世，除了我孟子還有誰有平治天下的能耐呢？

在這個智謀時代，每個人都想以自己的才識出謀劃策而能為人所用，這是可以理解的。由於思想的差異，這個時代的智謀可以被分為不同的層面：切於實用的智謀和不切實用的智謀，如法家、兵家、縱橫家屬於前者，儒家、墨家、道家屬於後者。「切實用」是一個尺

規，關鍵在於合不合時宜，西漢的司馬遷曾經爲孟子立傳，他自己本是個儒家思想很重的人，也禁不住批評孟子「迂遠而闊於事情」。但不能用於當時的智謀不一定不能用於後世，孔孟的儒術後來都成爲重要的治國方略就是明證。漢高祖劉邦本不好儒術，說是在馬上打的天下，要《詩》、《書》幹什麼？儒生陸賈便對他說，如果秦始皇平定天下以後，行仁義，法先聖，哪有您的天下呢？說得劉邦怦然心動，面有慚色。唐太宗李世民奉佛、奉道，始終不忘奉儒，認爲民爲水，君爲舟，水可載舟亦可覆舟，以仁義安民必不可少。道家的智謀也成爲後世清客隱士的修身養性之術。自然也有不用於當世也不用於後世的，智謀會新生也會消亡，不足爲奇。

智謀是人所爲，對社會的奉獻最終歸宿還是人自身。所以思想大家、智謀之士往往從人自身出發謀劃社會生活的各個層面，其中很重要的一部分是對人處世之道的謀劃。他們把自我對人生的深刻體驗總結出來，教人應該怎樣做，不應該怎樣做。即使是老莊，看似要超塵脫俗，其實骨子裏依然保持著世俗精神。有意思的是，做人之道被思想大家、智謀之士們不約而同地上升爲政治之道，齊景公向孔子請教怎樣治理國家，孔子說「君君，臣臣，父父，子子」，齊景公心領神會。爲政治的智謀自然也就是爲人的智謀。這樣說不是把治國的智謀等同於處世的智謀，二者或異途，或同趨，或交融，表現形式也是因時因事而異的。

世事不同，智謀必異，用於古者不一定能用於今，也不必求它一定用於今。作爲文化遺

產，棄其糟粕、取其精華仍然是必要的。同時，用於古而不能用於今的智謀也有可能啓發人的靈感慧心，觸動人對現實生活的思考，激發新智謀的產生。舉一可以反三，善讀且善悟，入乎其內而出乎其外，便可化腐朽爲神奇，使今人的智謀勃發，利國利民。

這裏，還應該說的是：

本叢書選擇春秋戰國這個歷史橫斷面上的諸多智謀爲對象展現中國智謀，不意味著把這一時期的智謀等同於整個中國智謀，而是因爲這一時期智謀的多樣性及其對中華民族的影響具有典型意義，後世的許多智謀是這一時期智謀的引申和發展。應該看到的是，春秋戰國時期思想流派林立，這裏既有所遵從又不拘泥於闡釋所有流派，我們只是對儒、墨、道、法、兵、縱橫、諸侯等七家進行疏理和論述，各自成書，力求盡可能全面、客觀地展現他們的智謀或智謀精神，揭示諸家智謀的文化意蘊及其現實意義，使它們易於爲讀者所接受。

現在這套「中國智謀叢書」終於完成了，工作雖然是艱苦的，但在完成之際，回首以往，艱苦的歲月已經淡化，心中只有工作結束之後的陣陣愉悅。

願這些愉悅能夠透過「中國智謀叢書」的語言形式傳達給讀者，讓讀者在閱讀過程中與我們分享。

阮忠

目　錄

【法治篇】

【用術篇】

【任勢篇】

◎走近法家

法家，是一個崇高而悲壯的群體。

法家人物生於「禮崩樂壞」、群雄逐鹿的亂世，始終以天下興亡爲己任，與時代共呼吸，開出療救社會的千金藥方。法家人物是時代的闖將，是改革的開路先鋒，一生都在爲改革大計奔走呼號，將個人的榮辱、得失、生死置之度外，義無反顧地爲改革而獻身，死得那樣慘烈，那樣悲壯！

與先秦諸子相比，法家人物不像儒家，對過去了的時代充滿了無限眷戀，不合時宜地兜售他們那一套仁義道德；也不像道家，消極遁世，遠禍全身，在「虛無」與「無爲」中耗盡生命；也不像縱橫家，周遊列國，朝秦暮楚，在秦，則主張連橫，在六國，則慫恿合縱。

法家人物，具有深層的憂患意識，崇高的犧牲精神，始終如一的思想主張。

在戰國那個特殊的時代，法家人物自覺充當了君主的高參。法家群體，就是一個博大精深的智囊團。

法家人物，在人類發展史上寫下了輝煌的篇章。

法家智慧，是人類文化思想史上的寶貴財富，有著超越時空的永恆價值。

法家精義

法家的全部精義，歸結於一個字，就是法。

法家的「法」可以從三個方面來理解，立法、變法、任法。

立法

法家人物，爲君主設法，爲國家立法。

法是什麼？

法是治理國家的根本大法。法是由政府頒布和保存的見諸文本的條例；它是君主治理國家的客觀尺度，天下臣民的言行準則；法依靠刑罰得以實施，刑罰的條文務必詳細明確，家喻戶曉，深入人心。法具有公開性和強制性的特點。

法家立法，目的明確，旨在倡導耕戰，富國強兵。

法家立法，因時制宜，順應當時的歷史發展趨勢。

法家立法，循天順人，遵循客觀規律，合乎人心民性（韓非所謂「因道全法」、「不逆天理，不傷性情」）。

變法

法家人物，是在戰國時期變法運動中湧現出來的。

時代在前進，社會在發展，一切都在日新月異的變化之中，人們的思維模式、價值觀念在變，社會風俗在變，生產力和生產方式在變，治理國家就不能因循守舊，必須除舊布新，唯有新的準則、新的規範、新的法律法令才能適應變化了的社會。唯變，才能圖新、圖強，這是歷史發展的必然規律，也是法家變法的理論基礎。

法家變法，在兩個層面上進行。

其一，變「禮治」爲法治。

法家認爲，儒家的所謂「仁」、「禮」、「義」等思想，在一個靠武力爭奪天下的戰國時代，已失去了治國安邦的指導意義，在一個人人自利的時代，道德約束已經不能使國家長治久安，唯有帶強制性的法律、法令才能使人們的言行符合社會規範。

其二，變「人治」爲法治。

在家天下的君主專制時代，君主和國家是可以合爲一體的。國家是君主的國家，人民是

君主的人民，但治理國家，管理人民必須以法律爲準則，有法可依，有章可循，國家機構才可以有條不紊地運作。統治者如果憑自己的好惡行賞論罰，有功不得賞，有惡不受懲，那正是國家亂亡的開始。

法律如秤和尺子，有功有罪，可以依法判定；功的大小，罪的輕重，可以依法權衡，在法治的槓桿作用下，弘揚正氣，懲治奸惡，方會海晏河清，國泰民安。

任法

治國容不得半點情感，法律不能有絲毫出入。人的感情，喜怒無常，變化不定。高興時行賞易於氾濫；憤怒時處罰過於嚴酷，這是與法治精神背道而馳的，是治國役民的大忌。

治民，也要任法。有功則賞，有罪當罰，法律是唯一準繩。

超越職權，即使有功也該受罰。

貧窮饑寒者，因爲無功而得不到救助。

法律是無情的，甚至是嚴酷的。法家人物都不約而同地主張嚴刑峻法，懲治奸邪是建立良好的社會秩序、整肅社會風紀的首要任務，法家人物從鼓勵耕戰、富國強兵的根本目的出發，對一切有悖於這一根本目的的言行，都嚴加斥責、懲處，毫不留情。所以法家與儒家勢不兩立，將游說之徒、隱居之士、不勞而獲者統統視爲國家的公害、社會的公敵，對他們深

惡痛絕，大加撻伐。

立法、變法、任法自然不能囊括法家思想的全部精義，法家人物圍繞「法」所做的文章，同中多異，各有千秋，下面作具體評說。

商鞅與前期法家

戰國時期，由於土地私有制的產生和發展，階級關係急劇變化，各國間戰爭頻繁。戰爭，最能考驗一個國家的綜合國力，爲了在戰爭中立於不敗之地，各國一些有爲的政治家對本國的政治、經濟、軍事和社會進行改革，以期在爭霸天下的角逐中立於不敗之地。法家人物應運而生，前期法家中，最具代表性的是李悝、吳起、申不害和商鞅。

李悝其人

李悝，一作李克，魏國人，先秦法家的創始者。李悝曾擔任魏國的上地守、魏文侯的相和中山君（魏文侯的兒子，後繼位爲魏武侯）的相，他在相魏文侯時，和西門豹、吳起等大

刀闊斧地進行了一系列的改革。

《漢書．藝文志》著錄有《李子》三十二篇，惜早已散佚。李悝的法家思想，從零星的史料中歸納爲以下幾個方面。

「盡地力之教」。「盡地力之教」，就是要「治田勤謹」，勤勤懇懇地把田種好，爭取好的收成。治田勤謹，每畝可增產三斗；反之，則每畝減少三斗，那麼，以全國範圍內的耕種面積來綜合估算，就不是一個小數目了。糧食的產量對人民的生活、社會的安定乃至國家的政局有直接的影響，所以，要富國強兵，首先就要提高農業生產力，加強農業生產，提高糧食產量。

制定《法經》。李悝綜合各國刑典，制定了一部法律，叫做《法經》，分爲《盜》、《賊》、《囚》、《捕》、《雜》、《具》六篇。這部《法經》本是爲保護封建私有制度而制定的，但它在客觀上對於維護魏國社會秩序、穩定魏國政局產生了重大作用，是具有進步意義的。同時，這部《法經》也成爲自秦漢以來封建王朝制定法律的藍本，在中國古代法制史上的意義，不可低估。

除此之外，李悝還主張削弱世卿世祿制度，限制奴隸主貴族的經濟、政治特權，重視對人才的選拔和任用，選賢任能，爲魏國官職制度的推行和官僚隊伍素質的提高拓寬了道路。

吳起其人

吳起，衛國人，戰國初期的軍事家和政治家。先在魯國爲將，曾破齊軍，後任魏西河守，改革兵制，體恤士卒，爲魏文侯訓練出一支英勇善戰的軍隊。又與李悝、西門豹一起在魏國進行變法運動。魏文侯死，魏武侯即位，吳起遭讒害，不得不去魏奔楚。

戰國初年，楚國國勢衰微，被中原地區諸夏族的各諸侯國視爲「南蠻」，甚至不被劃在「中國」範疇之內。北遭三晉（趙、韓、魏）的侵襲，西北有強秦的威脅，危機四伏。吳起來到楚國後，深得楚悼王器重，任爲令尹，進行變法。

吳起認爲楚國國貧兵弱的原因在於大臣權勢過重，封君人數過多，他們上逼國君，下虐人民。因而吳起主張取消貴族特權，削弱世卿世祿制度，三世以後的舊貴族和公族疏遠的，就取消其封號，剝奪其俸祿，將他們遷移到邊遠地區去開荒。將沒收來的俸祿用於訓練軍隊。

另一方面，吳起宣布「明法審令」，厲行法治，精簡官吏，裁汰冗員，用節省下來的錢財賞賜軍功，以期強兵，同時保障了官僚隊伍的精幹有力和行政效率的提高。

楚國經過這次改革，日益強大起來。但好景不常。不到兩年，楚悼王死，曾遭到沉重打擊的舊貴族和大臣們乘機圍攻吳起，吳起伏在悼王屍體上，被亂箭射死，新法被廢除，改革

遂告夭折。

申不害其人

據《史記．老子韓非列傳》載：申不害，鄭國京邑人，為鄭國的賤臣，因學術而得韓昭侯賞識，任為相，「內修政教，外應諸侯」，前後十五年，終於使韓國國治兵強，沒有其他國家敢於侵犯。

申不害的法治思想，有兩點最值得一提。

一是「明法正義」與「明君慎令」。「明法」即申明法令，「正義」就是以法令為標準，統一群臣的思想言行。法令應該由君主頒布，英明的君主應該謹慎地頒布法令，並憑藉政令來進行統治。

二是重術。所謂術，就是駕馭臣下的方法。申不害解釋「術」說：根據臣下的能力授予官職，按照官職名分進而查驗其實效，將生殺的權柄牢牢掌握在君主手中，以此來考察群臣的工作能力。君和臣的關係正如身和手的關係，君主的職責在於緊握權柄，把握大方向，以督導臣下去處理各種日常事務。君主用術貴含而不露，使人感覺高深莫測，無法揣摩君主的意圖。

重術是申不害法治思想最具特色的部分，也是其致命的缺憾。他不擅其法，沒有統一規

範法令。因爲韓國是晉國的「別國」（西元前五世紀中葉，晉爲韓、趙、魏三家所分），晉國的舊法沒被廢除，韓國的新法就頒布了；先君的法令沒有收回，後君的法令又下達了。這樣就造成了新法與舊法的牴觸，先令與後令的相悖，造成了混亂，法令沒有發揮其應有的作用，這也是申不害在韓國推行變法十五年但成績平平的原因。

商鞅其人

商鞅（約西元前三九〇年—前三三八年），是衛國王室的遠親，名鞅，姓公孫氏，因此叫公孫鞅，也叫衛鞅。好刑名之學（先秦法家學說。他們把「名」引申爲法令、名分、言論，主張循名責實，愼賞明罰），曾事魏相公叔座，爲中庶子。公叔座死，他在魏國不受重用，於是，帶著李悝的《法經》來到秦國，受到秦孝公的重用，爲左庶長，主持變法，因功封於商，所以，後人稱之爲商鞅。

在秦孝公三年（西元前三五九年）和秦孝公十二年（西元前三五〇年），商鞅在秦孝公的支援下，先後兩次進行變法，從政治上、經濟上、軍事上、思想上進行全面的改革。在戰國時期各國的變法運動中，商鞅變法最爲徹底，取得了輝煌的成績，它直接奠定了秦國富強的堅實基礎，爲秦最終統一六國創造了有利條件。

商鞅法治思想的精華主要體現在三個方面。

第一，不法古，不修今。

在《商君書．開塞篇》中有這樣幾句話：「聖人不法古，不修今。法古則後於時，修今則塞於勢。」意思是說，聖人不效法古代，不拘守現代。效法古代，在當代的條件下，就要落後；拘守現代，在目前的形勢下，就要碰壁。這是一種極為可貴的歷史進化觀。商鞅變法，正是以這種歷史進化觀為理論基礎的。

商鞅將歷史作了兩種劃分。

一種是將遠古歷史分為三個階段。第一階段叫「昊英之世」，人民少而樹木野獸多，人們過著最為原始的生活；第二階段叫「神農之世」，社會向前發展了，男耕女織，社會清平，沒有刑罰、政令，官吏也沒有僕人；第三階段叫「黃帝之世」，出現了恃強淩弱，以多欺少的現象，這時等級觀念、宗法道德開始確立，對內依靠暴力來維持社會秩序，對外依靠戰爭來維護領土完整和國家安定。

一種是所謂「三世」。上世屬於母系社會，「民知其母而不知其父」，血緣關係是維繫社會關係的紐帶，人們都私愛著自己的親人，這樣，勢必引起爭奪，要有「賢者」出來主持公道；中世時代人們尊重賢人，喜歡仁慈，而賢人們都企圖互相超越，這樣，天下就大亂；下世時代，「聖人」出現了，立君置官，定制設禁。時代發展不同，就有不同的歷史特點，歷史是向前發展的，「中世」優於「上世」、「下世」優於「中世」，一句話，就是今勝於古。

變法，是自然之勢，必然之理，是順應歷史潮流之舉，是適合時代發展特點的。沒有變法，就沒有秦國的富強。變法，也是秦國最終統一中國的起點。

第二，重視農戰。

商鞅變法的目的在於「治」（國家安定）、「富」（國家財力充足）、「強」（國力強大）、「王」（成就統一天下的霸業）。重視農戰正是針對這一目的而提出的。

重農在於發展國家經濟，重戰在於加強國家武裝力量。在諸侯兼併、戰爭頻仍的戰國時代，富強則存，貧弱則亡，這是不容置疑的殘酷現實。商鞅清醒地認識到這一點，不遺餘力地推行重農重戰的政策，制定了一系列的法令和措施，如：廢井田，開阡陌，允許土地買賣；裁抑商人，限制商業行爲，打擊一切非農業活動，如儒家儒術等一併視爲國家公害；以優惠政策招引三晉人民爲秦國開墾荒地，增強秦國的經濟實力和戰鬥力，削弱三晉的經濟實力和戰鬥力，我長敵消，一舉兩得；厚賞軍功，按功授爵，死後植樹表彰，爵位還可以繼承。軍人犯罪，由「軍事法庭」來審判，處罰從輕，爵位還可以折罪。對努力耕作，生產多的，可以免除徭役。正是商鞅的重農重戰政策使秦國迅速走向富強。

第三，嚴刑峻法。

商鞅反對儒家的「禮治」，也反對以君主好惡而濫加賞罰的「人治」，而極力主張法治。商鞅的法治主張，除強調法律面前，人人平等外，給後世影響最大的就是嚴刑峻法。

他編訂戶口，定「連坐之法」，五家爲伍，十家爲什，告奸有賞，匿奸同罰，一人有罪，株連親屬鄰里。罪輕而刑重，看起來似乎殘酷，但商鞅重刑的目的在於「以刑去刑」，他認爲：重刑，則人們不敢犯刑，人不犯刑，就歸於無刑，無刑則民安而國治。

嚴刑峻法是商鞅推行法治思想的重要手段，它有利於重農重戰政策的推行和國家各種法令的貫徹實施，其積極意義顯而易見。

爲秦國的富強立下過赫赫功勳的商鞅，在秦孝公死後，秦惠王即位，公子虔與舊貴族強加商鞅以「謀反」的罪名，將商鞅逮捕車裂，並誅殺全家。

商鞅死後，商鞅的新法爲秦惠王和他的後繼者繼續推行。其人雖死，其精神不滅。商鞅爲富國強兵的改革大業而死，死得其所，他的政治理想也得以實現，秦王嬴政最終剪滅六國，成就王業，商鞅當含笑九泉。

法家思想的集大成者——韓非子

韓非子，韓國人，出身於貴族世家，是韓國的公子，其生年已不能詳考，死於秦始皇十四年（西元前二三三年）。

韓非子生活的時代正是戰國晚期，諸侯列強的爭霸已進入白熱化階段。這時的秦國，自孝公以後的歷代都推行法家政策，國富兵強，已成爲七雄之首，大有壓倒山東六國之勢，加上遠交近攻，離間諸侯，正在加緊吞併天下的計畫。而韓國，土地貧瘠，人民困苦，國力衰微，又處在各大國的夾縫之中，尤其是地接強秦，時刻受到威脅和制約。韓國內政又是一片混亂，韓王暗弱，大權旁落，內憂外患，處境艱難，隨時都有滅亡的危險。韓非子目睹這一現狀，憂心如焚，曾多次上書勸諫韓王，但不被採納。這時的韓王既不能修明法制，任勢用術，以求富強，又不能選賢任能，而拒法術之士於千里之外，重用一些虛浮而有害於國的人，對此，韓非深表憤慨；他總結歷史教訓，評析當時各國的政治得失，提出了「法治」主張，發憤著書立說，寫成洋洋十萬字的著作，人稱《韓非子》。

韓非子的法治主張沒有被韓國採納，流傳到秦國後，卻得到秦王（秦始皇）的賞識。秦王讀了韓非子《孤憤》、《五蠹》等篇，甚爲欽佩，感歎道「我要是能與這個人交朋友，就死而無憾了。」他的謀臣李斯告訴他，這些文章出自他的同窗韓非子之手。秦王急於想得到韓非子，於是下令攻打韓國。在這種緊急情況下，韓非被派遣出使秦國。

秦王雖然很高興地接見了韓非，但考慮到韓非是韓國貴族公子，並不重用他。李斯本來與韓非有同窗之誼，但他深知韓非的才華遠在自己之上，如果秦王信任韓非，勢必影響自己的政治前途，於是和姚賈合謀，在秦王面前說了韓非許多壞話。秦王聽信讒言，將韓非投入

監獄，關在雲陽宮中。李斯又派人把毒藥送到監獄，逼韓非自殺。韓非本想向秦王表白自己，但無法相見。等到秦王再度想起他，準備赦免他時，韓非已飲恨自盡。一代卓越的思想家就這樣慘死在異國他鄉，孤獨卓懷，爲自己的學說付出了生命的代價。司馬遷曾說：「韓非子爲《說難》而不能自脫耳！」千古之下，感歎依然。

韓非子的學說，不僅吸取了前輩法家的思想精華，而且與儒道兩家也有不可分割的聯繫。

韓非子與李斯一同向大儒荀況學習「帝王之術」，雖然韓非子並沒有完全沿著荀況的道路走下去，成爲一代儒學大師，而成了法家的集大成者，但韓非的師承關係卻是顯而易見的。試比較：在自然觀上，荀子說：「天行有常，不爲堯存，不爲桀亡。」韓非說：「非天時，雖十堯不能生一穗。……得天時，則不務而自生。」都強調認識客觀規律的重要性，客觀規律是不依人的意志爲轉移的，誰按照客觀規律辦事，就能成功；誰違背客觀規律，就必然失敗。

荀子主張法後王，韓非主張「不期循古，不法常可」，政治必須符合客觀形勢的需要，不能因循守舊，故步自封。

荀子的性惡論轉化爲韓非的人性自利觀。

荀子是無神論者，韓非也主張拋棄占卜迷信，認爲鬼神不足信。

《史記．老子韓非列傳》中說：韓非的學說「歸本於黃老」，不錯，韓非對道家學說是有所吸納，《韓非子》中就有《解老》、《喻老》二篇，但韓非對道家學說更多的是一種改造。不難發現，韓非每每用道家的術語來闡釋與道家完全不同的思想見解。譬如，道家的「道」與韓非的「道」就有本質區別。道家所謂的「道」是一種絕對抽象、純粹精神範疇的東西；而韓非的「道」乃是客觀事物的總規律。道家提倡「無爲」，強調對自然的崇尙，韓非將它改造成爲君主駕馭臣子的「術」，君主只要掌握權柄，讓臣下去處理各種政事。君主不動聲色，循名責實，實行賞罰，臣下就必須安分守己，恪盡職守。

韓非作爲法家的集大成者，他的學說，是在對前輩法家的繼承與發揚的過程中，參酌各家學說，總而成之的治國安邦的帝王經典。

前輩法家中，李悝提倡「盡地力之教」，商鞅倡導重農重戰，申不害的「無爲」用術原則，吳起的「明令審法」等在韓非的法治思想中都得到了充分的體現。尤其是商鞅的理論，對韓非學說的形成產生了至關重要的作用。論法，他們有驚人的相似之處，如他們都強調法對治國的重要作用，指出法不阿貴，法律面前人人平等，都主張嚴刑峻法、以刑去刑等等。在歷史觀上，韓非與商鞅也是一脈相承的。商鞅將遠古歷史分爲「昊英之世」、「神農之世」、「黃帝之世」三個階段；韓非將歷史發展分爲「上古之世」、「中古之世」、「近古之世」、「當今之世」四個時期，無論如何劃分，他們的精神是一致的：社會是進化的，歷史是

發展的，政治制度必須與之相符合。正是基於這相同的理論基礎，他們都勇於正視現實，高擎時代改革的大旗，不同的是，商鞅親自主持參與了變法運動，將自己的理論付諸實踐，取得了巨大的成效，而韓非，只能是紙上談兵。

一個僅僅能相容並取、繼承前人成果的思想家，思想史是沒有他的席位的，韓非當然不是這樣的思想家。

那麼，韓非的貢獻何在呢？

在於他的法、術、勢三位一體的思想體系。

「法」，是政府頒布的「憲令」，治國必須立法，有法必須嚴格執行，論功行賞，按罪處罰；法不阿貴，刑不避親；厚賞以激勵人們爲君主效死力，重刑以威懾人們安分守己、遵紀守法。

「術」，是君主駕馭臣下的一種手段，是君主任免、考核、賞罰各級官吏的一整套措施和方法。「術」與「法」不同，「法」是公開頒布的，唯恐人們不知道；「術」必須藏於胸中，是隱蔽的，暗地裏悄悄運作的，高深莫測的。「術」的這種操作方式有雙重目的，一是爲了使群臣更加兢兢業業地爲君主效勞，二是爲了防奸，讓奸邪之臣無法摸透君主的旨意，杜絕一切取巧的門徑，因爲君臣利益有反，君臣永遠不可能同心同德。

「勢」，是威勢，是權力，即統治者所處的位勢和所掌握的權力。君主代表國家，所以他

的地位必須至尊至貴，君主只有掌握了絕對的、至高無上的權力，才能像「飛龍乘雲，騰蛇遊霧」那樣，縱橫自如，騰飛隨意。失去了「雲」、「霧」之「勢」的龍、蛇形同蚯蚓、螞蟻；君主一旦失去了位勢和權力的「勢」，甚至比普通百姓都不如，只有亡身滅國了。

「法」、「術」、「勢」三者結合，才是明君治世強國之道，三者相輔相成，缺一不可。

毋庸置疑，韓非「法」、「術」、「勢」三位一體的思想體系的核心是專制，是大一統的中央集權。韓非的帝王政治理想是在對當時的環境深思熟慮的基礎上形成的，是時代的產物。試想，在一個群雄爭霸、爭強割據的時代，如何能奢談民主政治？帝王大一統的中央集權無論如何比分崩離析的貴族分治要理想得多。正如章太炎先生所說：「在那種貴族用事的時代，唯恐國君不能專制。國君要是能專制，總比貴族世襲專政的局面好得多。」

《商君書》、《韓非子》及其影響

在先秦法家系統中，商鞅與韓非無疑是兩位最具代表性的人物。早期法家中，如李悝、吳起、申不害等，由於史料的湮沒、文獻的殘闕，無法盡窺其思想、智慧全貌。所以，談「法家智謀」，原始資料的採擇主要來源於《商君書》和《韓非子》。

《商君書》原有二十九篇，現存二十四篇，舊題「商鞅撰」，但其中有商鞅以後的其他法家的作品。可以說是「原著」和「續作」的合編。至於哪些是「原著」，哪些是「續作」，那是專門的研究家和古籍辨僞學家的事。筆者的困惑是：明知道有些篇目非商鞅所作，仍然遵循習慣，將這些篇目中所容的法家智謀歸於商鞅名下。《商君書》中不無明顯的矛盾，如對待「刑賞」，有「嚴刑厚賞」論，也有「嚴刑少賞」說，筆者不得不有意回避這些矛盾，而回避總是遺憾的。

至於《韓非子》，《漢書．藝文志》著錄五十五篇，與現存本子吻合。《史記．韓非列傳》中載：韓非作《孤憤》、《五蠹》、《內儲說》、《說林》，共十萬餘言，這幾篇當然是最爲可靠可信的，但這幾篇，是不足十萬餘言的，可以說，《韓非子》中的大部分篇目，與韓非的思想、行文風格是一致的，也是較爲可靠的作品，當然其間的極少篇目，也可能是後人的「僞作」，但與韓非立說的本旨大體相同，視爲韓非的作品，也未嘗不可。

本書的寫作，多以高亨的《商君書注譯》（中華書局一九七四年版）和《韓非子校注》（江蘇人民出版社一九八二年版）爲藍本，凡文中故事、寓言未說明出處者，都採自《韓非子》，在此作一說明。

《商君書》與《韓非子》不僅是道道地地的「帝王之書」、治國安邦的不朽經典，也是智慧謀略的寶庫，對後世產生了重大而深遠的影響。

是商鞅和韓非催化了一個大一統的新時代。沒有商鞅的變法，沒有韓非的「帝王之術」，就沒有秦始皇的一統天下。

歷代統治者雖然表面上高倡儒家的「禮治」，但眞正支撐起兩千多年君主專制統治政治框架的仍然是法家思想，這是歷史的眞實，儘管統治者隱諱其跡，但歷史的眞實是不容改變的。

法家治世強國的思想，銳意圖新的勇氣，都成爲後代政治家有力的精神武器。

王安石面對北宋「積弱積貧」的局面，在《上仁宗皇帝言事書》中，洋洋萬言，闡述自己的變法主張，目的是「富國強兵」。富國就要依靠天下的勞動力去開發財源，所謂「因天下之力，以生天下之財；取天下之財，以供天下之費」。又以發展農業生產爲當務之急，爲此，他還主張抑制土地兼併，限制官僚地主的特權，爲農業生產的發展創造有利條件。強兵就是訓練軍隊，整修武器，制服遼和西夏，免除國家外患。

這些思想主張都可從商、韓學說中找到源頭。

鴉片戰爭後，中國，這個大一統的帝國屢受外國列強侵擾。一批有爲的政治家倡導變法圖強。梁啓超說：「法何以變？凡在天地之間者，莫不變。」又引《易經》語：「窮則變，變則通，通則久。」（《變法通議．自序》）還強調說：「法者天下之公器也，變者天下之公理也。」嚴復上光緒皇帝《萬言書》中說：「在今天要談救國圖存的學說，我想只有申不害、

韓非的大致可用。」

變法、改革都不是一帆風順的，是必須承擔風險的。先秦法家吳起、商鞅、韓非等爲此付出了生命，從這個意義上講，變法與改革需要勇氣和膽略，需要崇高的獻身精神，這就是法家精神。法家的法制學說，用人政策，政治謀略，都可以在揚棄的基礎上「古爲今用」。法家學說中所展示的人生智慧，更可成爲我們認識社會人生的借鑑與指南。尤其是《韓非子》中那些歷史故事、歷史人物、寓言以及比比皆是的妙言警句，只要我們合理地採擷，批判地吸收，就會化爲我們的精神原動力。

「帝王之學」，也是普通人的生動教材。

【更法篇】

移風易俗
人性自利
國害
富國強兵
說難
孤憤

一、移風易俗

進步的歷史觀，是法家變法的理論基礎。

時代在發展，客觀環境在變化，治國的辦法也必須作相應變化。

法家主張順應時勢，因時制宜，有所革新。韓非子藉寧願相信尺碼而不相信自己腳的鄭國買鞋人、穿鑿附會的燕相國，對主張法先王的儒墨之學進行了猛烈的抨擊和辛辣的諷刺。

變法充滿了艱辛，革新派與守舊派的鬥爭不可調和。要在紛亂中求得國家富強的最佳方案談何容易，商鞅之法、申不害之術都不無偏頗缺憾，唯有法、術並行才是上策。

日新月異

法家以發展的眼光來看待世界，人類社會和生物一樣，都是在進化中發展，由簡單到複雜，由低級向高級。社會進化是法家要求變法的依據。

韓非子在《五蠹》的開篇說：

上古時代，人口少野獸多，人們經不住野獸的侵害。這時有一位聖人起來，在樹上作成像鳥窩一樣的住處，用來躲避野獸的侵害。因此，人們都很擁戴他，推舉他來治理天下，尊稱他爲有巢氏。當時人們吃的是野生瓜果和腥臭的蚌蛤，這些食物傷害人的腸胃，使很多人生了病。這時，有一位聖人出現了，他發明了鑽木取火，用火燒烤食物來去除腥臭味，人們尊重他，推舉他管理天下，稱他爲燧人氏。

中古時候，洪水滔天，氾濫成災，於是鯀和他的兒子禹帶領人民挖溝開渠，疏通河道。

近古時候，夏桀和商紂統治暴虐昏亂，於是商湯和武王起兵征討。

上古、中古、近古，時代不同，社會向前發展了，聖人治理天下的方法不同。從在樹上構房避害，鑽木取火除腥臭，到鯀禹治水，商湯伐桀和武王滅紂，都是切合時代的需要而採取的不同方法。試想，如果在中古時代洪水氾濫成災的時候，人們還仿效有巢氏的方式，構房於樹上，或許能避過一時的水患，但普天之下，瓜果野獸盡被洪水吞滅，那只有在樹上等死了。

斗轉星移，滄海桑田，歷史的車輪是永遠向前的。治國，就必須緊跟時代，順應歷史發展的潮流。

因時制宜

古時候，男人不用耕種，野生植物的果實就足夠人吃了；婦女不用紡織，禽獸的皮就足夠人穿了，那時候，人口少而財物有餘，人們沒有必要爭奪財富。即使不用厚賞重罰，人們也能相安無事。隨著社會的發展，人口逐漸增多，財物就相對缺少了，人們儘管拚命幹活，還是維持不了生計，很自然地，就要為財物而發生爭鬥，即使採取嚴刑峻法，仍然避免不了出亂子。

古代的天子，如堯、禹等生活簡樸，親自參加勞動，而現在一個縣官都可以享受富貴榮華，古代的人輕易辭掉天子的職位，算不上品德高尚，現在的人極力爭取做官或投靠做官的人，也不算什麼品格低劣。因為時代不同，做官的人所享有的權勢大小不同。

韓非子還做了如下類比：

住在山上，要下山去打水，把水看得很珍貴，每逢節日都要用水作禮物互相贈送；住在低窪地方飽受水患的人們，卻要僱人工挖溝排水。前者視水為寶，後者視水為患。

荒年的春上，家裏缺吃時，連自己的弟弟來了也不留吃飯；豐年的秋天，就是關係不密

切的人來了也要請他吃飯。這難道是不疼愛自己的骨肉兄弟而偏愛外來的客人嗎？只是糧食多少不同的緣故罷了。

不同的時代，社會生產力發展的水準不同，直接影響到人們的道德風尚，也制約著人們的價值觀念。

古時候結繩記事，後來才有了文字，人們不可能回到結繩記事的時代。原始社會早期，只有打製石器，用來砍砸、刮削，婚姻形式是群居雜交，比動物進步不了多少。後來逐步進化，到新石器時代，已經有了陶器，有了石斧、石鑿、骨鏃等生產工具，漸漸有了農業。青銅器出現後，中國歷史才結束野蠻時期，進入文明時期。無論如何，人類不能倒退到野蠻時期。

貝殼、獸骨、鐵器，都曾成爲貴族婦女的珍貴飾物，今天平民女子都以金、銀、鑽石、美玉來裝飾自己；古代貴爲天子，皇帝只能坐馬車轎子，今天，平民也能享受小轎車的快捷和舒適。時代在發展，人們的價值觀念在發生變化，治國的君主必須制定出適應時代需要的政治措施，墨守成規是倒退，那是死路。

回家取尺碼

有個鄭國人打算買雙鞋子，他先量好腳的尺碼並把它放在座位上。來到市集上，他挑好了鞋，可他忘了將尺碼帶在身上，他只得返回家去取尺碼。等他匆匆忙忙返回集市時，集市已經散了，他懊惱不已。

有人問他：「爲什麼不用你的腳試試呢？」

鄭人說：「我寧願相信尺碼，也不相信自己的腳。」

鄭人的行爲是荒誕可笑的，他不知道，尺碼是根據腳的長度量出來的。現在我們用這個成語來諷刺那些頭腦迂腐，刻板教條的人。韓非子講這個寓言另有深意。

先王之法有如鄭人買履前量好的尺碼，腳則是社會實際。抱著祖宗成法不放，不研究現實社會的實際問題，要治理好國家無疑是一紙空言。韓非子從歷史進化的觀點出發，認爲歷史是發展變化的，政治制度必須適應當時客觀形勢的需要。他說：上古的人們在道德上互相爭勝；中世的人們在智謀上勾心鬥角；現在（戰國）的人們在力量上一爭高下。

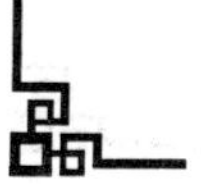

周文王施行仁政而統治天下，徐偃王實行仁政而亡國。仁政並不是永遠的法寶，韓非子認爲，如果想用古代的仁政治理處在亂世中的民衆，好比沒有馬籠頭和鞭子而想去駕馭烈馬一樣。

戰國末年，諸侯爭霸，群雄逐鹿，秦始皇只能用武力剪滅六國，統一華夏，在一個禮崩樂壞的時代，仁義治國只能是一種幻想。

《呂氏春秋．察今》中有一則「刻舟求劍」的故事：

楚國有一個人在過江時，不小心把劍掉在水裏，他連忙在船舷上劍墜落的地方刻上記號。等船駛到彼岸停下後，楚人從刻記號的地方下水找劍，結果自然找不到。

買履的鄭人和刻舟求劍的楚人，都是愚蠢的，妄想用先王之法來治國安民的君主，不是同樣愚不可及嗎？

郢書燕說

郢地有個給燕相國送信的人，由於在夜間書寫，燈不明亮，就對持燭的人說了聲「舉燭」，而在信上誤寫了「舉燭」二字。

燕相國收到信後，在「舉燭」二字上大作文章，自以爲是地說：「舉燭，就是崇尚光明；所謂崇尚光明，就是要選拔有德才的人加以任用。」

燕相國告知燕王，燕王非常高興，國家因此治理好了。國是治好了，但這並不是信的本意。

先王的言論有時像郢人寫的信那樣，後人理解起來卻多屬燕相國看信時的胡亂解釋一樣。

穿鑿附會，往往導致盲目仿效。

魯國有個自以爲高明的人，看見年紀大的人不能把杯中的酒喝光而嘔吐，也模仿他嘔吐。

宋國有個年輕人想仿效高明的樣子，看見年紀大的人喝酒沒有剩餘，自己本來不會喝酒也一飲而盡。

西施是著名的美女，有次病了，蹙眉按胸，鄰居醜女看見了，以爲很美，也蹙眉按胸，這樣一來就更醜了。

君主治國不能盲目仿效古法，讀書爲學，也應該用自己的頭腦思考問題，所謂「盡信書，不如無書」。

宋國有個讀書人，見書上有「反覆約束自己」的句子，就用重疊的帶子將自己捆束起

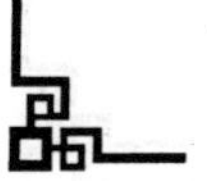

來。人們問他爲什麼這樣，他答道：書上就是這樣說的。

《戰國策．秦策二》中記載「蘇秦佩六國相印」事。說他游說秦惠王失敗後，黑貂皮襖破了，百斤黃金也用完了。後說他不過是住在小巷子裏的挖牆洞爲門，用桑樹枝編成門扉，用樹枝環成門樞的窮苦人家的讀書人。穿黑貂皮襖，擁有黃金百斤，何窮之有？

書上說蘋果的營養全在它的皮上，皮該吃；書上又說蘋果皮上聚集了農藥的毒素，皮不能吃，最好的方法，或許是連蘋果也不要吃了。

變法與守舊的較量

商鞅與甘龍、杜摯共同輔佐秦孝公。他們和秦孝公一起商討國家大計時，在時事變化、政治、法度等方面有很大的分歧。

商鞅對秦孝公說：「我聽說行動遲疑不決，猶豫不定，就不能取得成功。請君主趕快下決心變更法度吧，不要顧忌別人的批評。再說，高出常人的行動，本來要遭世人反對；獨具遠見的策略，必然會被人們嘲笑。俗話說得好，愚昧的人在事情已經做完之後還看不明白，聰慧的人在事情還沒有露出苗頭之前就覺察到了。普通的人，不可以和他們談論事業的開

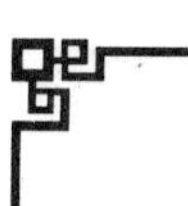

端，只能和他們歡慶事業的成功。郭偃的法書上也說，縱論崇高道德的人不附和俗人，建立大功的人不必和大眾商議。法度是愛護民眾的；禮制是利於國事的。所以聖人治國，只要能使國家昌盛，就不沿用舊的法度；只要有利於民眾，就不遵守舊的禮制。」

甘龍不同意商鞅的主張，他說：「我聽說，聖人不改變舊的禮俗來施行教化；智者不變更舊的法度來治理國家。因襲舊的禮俗去施行教化，不費什麼事就能成功。根據舊的法度去治理國家，官吏既已熟悉，民眾也能相安。現在如果要改變法度，不遵守秦國的舊制，以此來教化民眾，治理國家，我恐怕天下人要批評君主您了，希望您能仔細考慮一下。」

商鞅針鋒相對地說：「你所說的都是俗人的言論。夏、商、周三代的禮制不同，而都成就了王業；春秋五霸的法度也不同，但他們都成就了霸業。所以說，智慧的人創造法度，而愚昧的人受法度制裁；賢人改革禮制，而庸人受禮制的約束。我們不能與這些愚昧的人和庸人商討國家大事，君主您不要疑惑了。」

杜摯也站出來附和甘龍，他對秦孝公說：「我聽說過，沒有百倍的利益，就不變更法度，沒有十倍的功效就不變更器具。我聽說，效法古人就沒有過錯，遵守舊禮就沒有奸邪。請君主三思啊！」

商鞅駁斥道：「古代的政教不同，我們效法哪個古人？帝王不相因襲，我們恪守誰的禮制？無論伏羲、神農、黃帝、堯、舜，還是文王武王，都是針對當時的形勢，建立法度，制

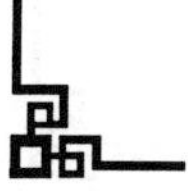

定禮制。所以法度、禮制要隨著時代而制定；命令要符合實際的需要；兵器、盔甲等都要使用便利。所以，治理國家，不必仿效古人。商湯、周武的興起，正由於他們不拘守舊法；殷紂、夏桀的滅亡，在於他們不改革舊禮。由此看來，推翻古法的人，未必可以排斥；拘守舊禮的人，未必值得重視。請君主快作決斷吧。」

秦孝公終於聽取了商鞅的意見，很快就頒布了變法的命令。

秦孝公不愧是英明的君主，商鞅從社會進化觀出發，要求除舊布新，移風易俗，這正是富國強民的根本問題。商鞅的思想，無疑是具有進步意義的。秦國經過商鞅變法後，果然富強昌盛起來，一百餘年後，秦王嬴政便統一了中國，憑藉的是雄厚的國力，而奠定這一基礎的，正是力主變法的商鞅。

商鞅的缺憾

商鞅在治理秦國時，建立檢舉和連坐制度，以此來追查犯罪的事實眞相，他把人民按五家爲一伍，十家爲一什地組織起來，如果哪一家犯了法，別家不檢舉，那麼同伍同什的各家都要同樣問罪。他還主張：獎賞要多，該獎賞的一定要賞；懲罰要重，該懲罰的一定要懲

罰。這樣秦國的老百姓耕種時非常賣力，勞累了也不肯休息；作戰非常勇敢，遇到危險也絕不後退。所以，秦國很快就國富兵強了。這與商鞅的改革和推行法治是分不開的。

然而，君主卻沒有方術去識別臣子的奸邪行爲，結果國家的富強只不過成了奸臣謀取私利的資本。等到秦孝公和商鞅死後，秦惠王當政時，秦國的法制雖然沒有遭到破壞，但是丞相張儀卻犧牲秦國的利益討好韓國和魏國，爲自己謀私利。惠王死後武王即位，甘茂犧牲秦國的利益攻打東周。昭王即位後，穰侯魏冉越過韓國和魏國邊境向東攻打齊國，打了五年，秦國仍然沒有增加尺寸土地，而魏冉卻獲得了定陶縣這麼大的封地。後來應侯范睢攻打韓國八年，也獲得了汝南的封地。從此以後，秦國一度被應侯、穰侯這樣的人掌握了政權。打了勝仗，大臣們的地位就提高了；國土擴大了，就使私人的封地建立起來，這正是因爲君主沒有用方術去識別那些做壞事的奸臣。

商鞅雖然用十倍的努力來修整法令，但那些奸臣們卻反而用秦國強大的實力作爲謀取私利的資本。所以，商鞅憑藉秦國強大的實力，奮鬥了十幾年，但是最終沒有完成封建統一的大業。其原因就在於官府雖然不斷修整法令，而君主卻不能運用方術。

法律條文再具體明確，再完備健全，君主如果沒有方術發現臣子的不法行爲，那法律就如同虛設，條文就是一張廢紙。

商鞅竭盡畢生心力爲秦國的改革大業而奔走，爲秦國法制建設的完善而不懈努力，爲秦

國的強大和最後的統一天下奠定了堅實的基礎。但他重法而輕術，孝公以後的秦國君主幾乎都缺少駕馭臣下的方術，使臣子的奸邪行為不能被及時發現並有效地遏制，直到始皇嬴政即位，在李斯的輔佐下，法術並用，才最後完成統一中國的大業。

申不害的偏頗

申不害是韓昭侯的輔佐大臣，曾為韓昭侯推行術治費盡心機。

韓國是從晉國分離出來的一個國家。晉國的舊法還沒有廢除，韓國的新法就產生了；先王的法令還沒有收回，後王的法令又頒布了。申不害沒有認眞地去統一法令，於是做壞事的人愈來愈多。

韓國的那些奸臣看到舊法對他們有利就用舊法，見到新法對他們有利就執行新法。他們總是利用新法和舊法、前令和後令之間互相矛盾的地方來徇私舞弊，以謀取私利。

儘管申不害為韓昭侯想出了種種謀略。但那些奸佞之臣仍以種種手段來欺騙君主、破壞改革。所以，申不害依靠韓國強大的實力，經歷十七年的奮鬥，還是不能使韓國成為當時最強大的國家。原因何在呢？就在於君主雖然在上面實行術治，而政府官吏卻沒有經常修整法

令。

舊法與新法，先王之法與後王之法，混雜一團，叫人如何去遵守？奸佞之徒利用各種法令之間的衝突和矛盾，從中謀取私利就不足爲奇了。用今天的話說，這些人是鑽了法律的漏洞。鑽法律的漏洞，無論謀取私利還是禍國殃民，都會輕而易舉地逃脫法律的制裁。這些投機取巧者固然應遭譴責，但關鍵還在於法律本身的疏漏使其有機可乘，有洞可鑽。

申不害推行術治，而不重視法令的重要性，這一偏頗使韓國終於未能成就霸業。

法術相輔相成

法術並重，法術一體，是否意味著君主用申不害的術，官吏執行商鞅的法就能治理好國家呢？

問題並不這麼簡單。因爲申不害的術和商鞅的法本身還不是十分完美。

例如申不害認爲在執行政事時，不能超越自己的職權範圍，對於自己職權以外的事情，即使知道了也不應該說。如果說執行政事時不超越自己的職權範圍，這倒可以說是守職行爲；而對自己職權範圍以外的事明明知道了也不說，那就是明知別人有過失也不檢舉報告

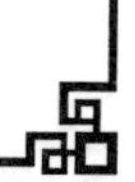

了。君主以全國人的眼睛去觀察，用全國人的耳朵去探聽，因而沒有人比君主看得更清，聽得更明，現在群臣對自己職權範圍以外的事情知道了也不說，那麼君主用誰來做耳目呢？

商鞅的法令說：「砍了一個敵人的頭，就可以賞給一級爵位，想做官，就可以給他俸祿爲五十石的官。以此類推，砍了兩個敵人的頭，就可以賞給二級爵位，可以做一百石俸祿的官。」這就是說，官位和爵位的提升，要和殺敵的多少相一致。如果有這樣一道法令：讓斬殺敵人頭顱多的人去做工匠和醫生。那房子就會蓋不起來，病也治不好。當工匠的人，必須要有手藝，當醫生的人，必須要會調配藥劑，而讓那些殺敵多的人去當工匠和醫生，這與他們的才能是不相適應的。擔任管理政事的人，要有智謀和才能，而殺敵人，憑的是勇敢和力量。如果讓那些殺敵多的人來管理政事，那就等於讓殺敵多的戰士去充當醫生和工匠。由此可見，申不害的術和商鞅的法都不是盡善盡美的。既然如此，申不害之術和商鞅之法的簡單拼合，也是難以將國家治理好的。

法治是行術的前提和保證，行術是爲了保證法治的推行，法和術是一種相輔相成的有機組合。而這種組合仍需要一個必要前提，那就是法和術二者本身都必須完備。

如何使法與術完備呢？簡單地說，就是法、術要與當時的經濟、政治條件相一致，不同的時代，法、術的內容是不盡一致的。申不害的術不能完全適用於商鞅時代，商鞅時代的法也不能完全適用於韓非子時代。更何況，各國的歷史背景、政治經濟實力等有很大差異，不

要說申、商的術與法都有各自的缺憾，就是韓非子那套法、術、勢三位一體的理論也不是永恆的、放之四海而皆準的，相對於進步了的時代，其局限性是顯而易見的。

二、人性自利

人的本性是自私趨利的。

大凡有利益的地方，人們就會忘記自己的嫌惡，勇往直前。做轎子的希望人人富貴，棺材匠希望天天死人，都是爲了自身的利益。

伍子胥利用人性自利的弱點，巧妙過關；衛國老頭教女兒蓄私房錢；夫妻禱告各懷心腸……

自私自利既然是人的本性，那就應該正視它，因勢利導，讓自私的欲望成爲人們從事各種活動的精神動力，法家正是利用人們好利惡害的本性制定了一系列刑賞的法律、法令，以此作爲治理國家、役使人民的重要手段。

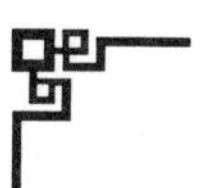

人之初，性本惡

駕車能手王良愛惜馬，越王勾踐愛護人民，那是因爲駕車需要馬，作戰需要人民。醫生吮吸病人的傷口，口含血污，這並不是他們之間有血緣親情關係，是看在病人要付醫療費用的利益上。做轎子的人做好了轎子，巴不得人人富貴；做棺材的做好了棺材，巴不得天天死人。這並不是說做轎子的人心地善良，而賣棺材的人生性狠毒。道理很簡單，如果人們不富貴，有誰來坐轎子呢？假若沒有人死亡，那棺材生意就蕭條，棺材店老板因爲職業的關係要靠賣棺材養家糊口啊。

俗話說，人爲財死，鳥爲食亡，並非大逆不道。人沒有財，如何解決溫飽？鳥沒有食，就得死亡。無論人還是鳥都是怕死的，說得好聽點，人和鳥都珍惜生命，這是本能。爲了利，爲了解決生存問題，人們不惜去奔走，去奮鬥，去拚搏，哪怕有危險，也不能顧及了。

韓非子打比方說：鱔魚滑溜溜、冷冰冰、陰森森，像蛇一樣，蠶蟲軟綿綿的，灰不溜丟，像臭蟲一樣。人們見了蛇，又驚又怕；見了臭蟲，渾身起雞皮疙瘩。但是捕魚的人手握鱔魚，農家桑戶拾著蠶蟲，只要有利益的地方，人們就會忘卻自己的好惡，而爭先恐後地勇

往直前。

人無利無以活，家無利無以養，國無利無以治。既然如此，又何必談利而色變呢？個人做事必須權衡得失；君主治國也必須從國家利益出發。

「人之初，性本善」，那是儒家的觀點，從這一性善的觀點出發，儒家認爲君子遠利，只有小人才近利。明明是唯利是圖，表面上還要裝得一本正經。古代的儒生是很難有逃脫利的圈子的。李白稱讚「紅顏棄軒冕，白首臥松雲」的孟夫子孟浩然，就是這位終身布衣的孟夫子也曾想透過好友王維的引薦直取卿相。無奈，當他戰戰兢兢地讀他的得意詩句「不才明主棄，多病故人疏」時，唐玄帝不高興了，朕不棄你，你何必要自棄呢？一次千載難逢的機會就這樣失之交臂了，這才回到襄陽，穿他的布衣，臥他的松雲去了。難得有龔自珍那樣坦率地宣稱「著書都爲稻粱謀」的君子。幾年前，筆者也以此七字自刊一印，鈐於贈送朋友的拙著上，這是一種坦誠。

伍子胥過關

伍子胥因父兄被楚平王殺害，被迫出逃，投奔吳國而去。來到邊界，守關的官吏不讓他

過去，因為伍子胥是通緝要犯。

伍子胥對守關的官吏說：「君主要捕捉我，是因為我有美珠，現在我已經把它丟失了。你現在把我捕去，我就說，美珠被你搶去吞進肚裏去了。」

守關的官吏於是放了伍子胥。

伍子胥略施小計就順利過關，正是利用了人性自私的弱點。那守關官吏聽伍子胥一說，私下就得為自己著想，萬一國君將自己剖腹取珠怎麼辦？不如做個順水人情，放伍子胥一馬，實則是怕引火燒身。

晉人攻打邢國，齊桓公準備出兵相救。

鮑叔牙說：「太早了。邢國如不滅亡，晉軍就不會疲憊；晉軍不疲憊，就不能顯示出齊國在諸侯中的重要地位。況且，支援處於危險之中的國家的功德，不如恢復已滅亡的國家功德大。您不如晚一點去救邢國，以便使晉國疲憊，對齊國才真正有利。等到邢國滅亡後再幫助它復國，那名聲才眞正美好。」

齊桓公於是沒有出兵相救。

鮑叔牙極有心機，此計可謂一箭雙鵰；見邢有難而不救，讓晉、邢兩方交戰，隔岸觀火，坐收漁翁之利，晉、邢或一死一傷，或兩敗俱傷，這對齊國都有利，齊軍按兵不動，以逸待勞，與被滅之國和疲憊之師相比較，優勢就顯示出來了；然後幫助被滅之國復國，以精

銳之旅對疲憊之師，勝券在握，更重要的是使亡國復興，能贏得好的名聲。

計謀縱然高妙，自私的本性還是顯而易見的。

君主治國平天下，即使勤勤懇懇，勵精圖治，名爲黎民百姓，實爲家天下的基業興盛；臣子兢兢業業地輔政，不無個人名節的考慮；讀書人頭懸梁，錐刺股的苦讀，美其名曰求功名，建功立業，骨子裏還不是高官厚祿，榮華富貴的引誘！不然，讀書人就失去了精神原動力，想到「書中自有黃金屋，書中自有顏如玉」，就像注入了一支興奮劑，頓時精神抖擻，神采飛揚了。

教女聚財

有一個衛國人嫁女兒，教育她說：「妳一定要私下積聚財物，做人家的妻子而被休回娘家是常有的事；能白頭到老的夫妻，畢竟只是少數。」

於是那女子嫁過去之後，就按照她父親的教導，大肆積聚財物。後來，這件事被她婆婆發覺了，就以此爲理由將那女子休回娘家了。

那女子將所積聚的財物全部帶回家中，她父親看了大爲高興，因爲帶回的財物已大大超

過了他給女兒的嫁妝。

這是一個糊塗的父親，他不歸罪於自己教導女兒有錯誤，反而認爲增加財物的方法是聰明的。他哪裏知道，女兒正是因爲積聚私房財物而被休的，他這樣做，恰好破壞了女兒的幸福。

韓非子在講了這則故事後，感歎地說：「現在處在官位上的臣子，都是這一類人。」臣子應常思爲國效力，一味貪圖私利，到頭來，玩火自焚，只能落得個身敗名裂，爲人不恥的下場。

北魏時，孝文帝之子元禧高居宰相之位，生性驕奢，貪財好色，姬妾達數十人之多，還嫌不足，貪求賄賂，奴婢數以千計，田產鹽鐵產業遍及遠近，世宗元恪對他頗爲不滿。元恪即位後，元禧常感不安，便想謀反，終於東窗事發，被捉拿歸案，被賜死在家中。

楊玉環尊爲貴妃，兄弟姊妹都封疆列土，楊門豪奢甲天下。等待安史亂起，馬嵬兵變，楊國忠、楊玉環雙雙被誅，榮華富貴一如流水落花，化成一抔塵土。

錢財不過身外之物，何苦「戚戚於貧賤」而「汲汲於富貴」呢？春秋時的介之推，跟隨晉文公流亡國外多年，後來晉文公復國即位，賞賜功臣，介之推和他母親一起逃到山林中隱居起來，以此避開祿賞。

隋代梁毗，官至刑部尚書，當時蠻夷酋長給他送來金子，他置於座位上，大聲痛哭，

說：「這些東西餓了不能當飯吃，寒了不能當衣穿。人們常爲了這東西互相殘殺，死傷無數，現在你們拿這些東西來，想殺害我嗎？」於是將金子全部退還。

佛云：三界如火宅，利如毒蛇，值得凡夫俗子們三思。

夫妻祈禱

齊桓公問管仲：「富有邊際嗎？」

管仲回答說：「水的邊際，就是沒有水的地方；富的邊際，就是富到已經滿足的地步了。人到了滿足還不知足，就是富到已經滿足的地步了。」

對物質的希求，在於解決衣食住行的基本所需，但人們對於物質的希求，總是無止境的。知足常樂，人們如何樂得起來？功、名、利、色對人太有誘惑力了。於艱難竭蹶之中，只能存聊以卒歲之想，待到吃飽穿暖，就起了非分之想，所謂「飽暖思淫欲」。

從前，衛國有一對夫妻，雙雙求神祈禱。

妻子禱告說：「讓我無緣無故撿到一百錢。」

她丈夫不解地說：「爲什麼只要這麼一點？」

他妻子回答說：「再多了，你就要去買小老婆了。」

這位妻子是明智的，一百錢，聊以解決溫飽，錢多了，丈夫買美妾，宿煙花，狂飲豪賭，那就家無寧日了。

家如此，國也是如此。

據劉晝《劉子．貪愛》中記載：蜀國的國君貪婪成性，秦惠王聽說後準備討伐他。蜀道險阻，兵車難以通過。於是惠王叫人用石頭雕成一頭牛，每天把許多金子放在石牛後面，說是牛糞，並揚言要送給蜀國的國君。蜀國國王貪圖這頭可拉金糞的石牛，便派人劈山塡溝，開鑿道路，又派了五名身強力壯的大力士去迎接石牛。

路修通了，秦軍卻跟隨石牛攻打蜀國，一舉滅掉了蜀國，殺死了蜀國的國君。蜀君因此遭到天下人的譏笑。

這樣的例子是舉不勝舉的，禍根只是一個字——貪。

國君貪而誤國，平民貪而傷身。

佛云：「有求乃苦，無求乃樂」；俗話說「人到無求品自高」。人自然不可能一無所求，但應該量力而行，不苟求，不強求。君子愛財，取之有道。

「有求」是痛苦的，理想和現實總是有距離的。試問有幾人能「金榜題名」、取卿列相、富貴榮華呢？就是至尊的君主也想「萬歲、萬萬歲」，如何求得到呢？「無求」，才能活得充

實、快樂，清風明月何須一錢買？

自利的境界

楚王的弟弟在秦國，秦國不放他回來。

宮中侍衛說：「請給我百金，我能讓他回來。」於是帶著百金來到晉國，見到叔向，說：「楚王的弟弟在秦國，秦國不放他回來，我想用百金委託您辦好這件事。」

叔向收下了百金，就去進見晉平公說：「可以在壺丘築城了。」

晉平公問：「爲什麼呢？」

叔向說：「楚王的弟弟在秦國，秦不放他回去，表明秦國憎恨楚國，那就一定不會阻止我們在壺丘築城。如果阻止，我就說：『只要爲我放出楚王的弟弟，我們就不築城了。』他們如果放出楚王的弟弟，可以使楚國對我國感恩；秦國如果不放人，表明它始終憎恨楚國，就一定不會阻止我們築城。」

晉平公說：「好吧。」於是在壺丘築城。

叔向對秦景公說：「爲我放出楚王的弟弟，我們就不築城。」

秦國於是放回了楚王的弟弟。楚王大為高興，送給晉國百鎰純金作為酬謝。叔向施計，一箭雙鵰，既讓秦王放出了楚王的弟弟，又使楚王感恩於晉，在壺丘築了城，還得了黃金百鎰。雖然叔向替楚王解憂排難不無自利（從晉國利益和自身利益）的考慮，但客觀上有利於楚王。簡言之，動機是自利，效果是互利，即自利利人。

韓非子窺視到了人們內心深處的自利弱點，自利並不值得譴責，這是人類的共性，但如果能同時顧及別人，做到兩全其美，由單純的自利走到互利，這樣的好事，何樂而不為呢？所以，韓非子在《外儲說．左上》中又說：

僱傭人來耕種，主人不惜花費精美可口的飲食招待他們，不惜付給他們優厚的報酬，主人的行為並不是愛惜雇工，而是想讓他們更賣力地為自己幹活；雇工呢？賣力地幹活不過是為了得到可口的飯菜、優厚的報酬罷了。

雇工與雇主之間各盡其心，各得其利，雖然他們都存在著為自我打算的心理，但終究還是互利互惠的。

佛家不殺生，不姦淫，不惹事生非等等清規戒律是用來律己的信條，佛徒恪守清規戒律的目的是自利——為修成正果，但客觀上卻對社會風氣的淨化起了良好的促進作用，最後也是自利利他的。

三、國害

國害是國家的蛀蟲，社會的公敵。

法家倡導農戰政策，將一切阻礙農戰政策推行的人、事視爲國害。

商鞅力斥無功受祿的世襲貴族、人浮於事的冗官現象和儒書、儒術、《詩》、《書》、禮、樂等十種惡勢力，要求用法制之火焚燒六種「蝨害」；韓非將稱頌先王之法的儒士、高談闊論、故弄玄虛的縱橫家、害怕服役的人、屯積居奇的商人和製造粗劣器物的工匠叫做「五蠹」（五種蛀蟲）。

只有去除國害，農戰政策才能順利實行，國家才能向著富強的目標邁進。

世襲貴族

魏文侯曾問李悝：「怎樣才能治理好國家？」

李悝回答說：「治理好國家的關鍵在於把俸祿給予有功勞的人，任用有才能的人，獎賞和懲罰得當。」

魏文侯說：「我實行獎賞和懲罰都很得當，爲什麼人民不來歸附呢？」

李悝回答道：「國家是否有淫民呢？」

李悝所謂的「淫民」，就是那些依靠祖先功勞而獲得世襲祿位過著驕奢淫逸的奴隸主貴族。

李悝主張削奪「淫民」的俸祿以招攬四方賢才。他說：「父親有功勞而獲得俸祿，兒子沒有功勞坐享其成。出門則乘車馬，穿美裘，炫耀其榮華富貴；在家則縱情聲色，擾亂地方教化。所以應該削奪他們的俸祿用來招攬天下賢才。」

魏文侯還稱得上是明君，李悝的這一主張得到了採納，魏國的世卿世祿制度得以大大削弱，分封制雖然仍然存在，但封君的權力已經很小，他們只能在封國收取一定數量的租稅作爲俸祿，不能隨意役使封國的人民，更重要的是，封君必須嚴格遵守魏國的國家法令，不得凌駕於國家法令之上，一旦違法，則依律論處。

「淫民」是君主專制制度下的怪胎，是「家天下」的必然產物。君主可以世襲（也只能是世襲），那功勞爵祿豈有不世襲之理？

大澤鄉的陳勝振臂一呼，揭竿而起，發千古之詰問——帝王將相寧有種乎？

有種。

一部《紅樓夢》，就是一群「淫民」演繹的風花雪月，這批錦衣玉食的公子小姐們，享受的正是祖上的功勞俸祿。他們自然不必爲溫飽發愁，讀書應舉、爲官作宦的所謂「釣祿之階」也爲他們所厭棄，簡直無所事事，他們太閒暇，太優裕，當然也很無奈，很無聊。

中國人有一種天性，樂爲子孫計。爲什麼有那麼多人孜孜以求功名？封妻蔭子，或許是植入骨髓的原動力。殊不知，自古雄才多磨難，從來紈袴少奇男。歷史的玩笑開了一代又一代，先輩們寒窗苦讀，嘔心瀝血，或沙場征戰，九死一生；子孫們坐吃山空，辱沒祖先。「淫民」，自古至今，不絕如縷。

六蝨

什麼是「六蝨」？

商鞅在《去強篇》中作了這樣的界定——

第一，「歲」蝨，即農民每年收成減少；

第二，「食」蝨，即農民浪費糧食；

第三，「美」蝨，即商人販賣華麗物品；

第四，「好」蝨，即商人販賣玩好物品；

第五，「志」蝨，即官吏存在自私之心；

第六，「行」蝨，即官吏有舞弊行爲。

這六種「蝨害」的根源在農民、商人、官吏這三種有經常職業的人，可見商鞅對社會劣根性的針砭是無所不及的。更爲可貴的是，他認爲六種「蝨害」的根在國君身上：「能用法律來治國，國家就強盛；專靠政令來治國，國家就削弱。」（《去強篇》）也就是說，國君是依靠法制治國——法治，還是依靠政令治國——人治，直接關係到國家的盛衰。

商鞅所說的法，就是一切服從於農戰，這是國家的根本大法，是一切行爲的準則與規範。如果國君依據這一根本大法來治理國家，就不會產生六種「蝨害」。農民不敢偷懶取巧，減少糧食收成，更不敢隨意浪費糧食；商人販賣的華麗物品和玩好物品就會沒有市場，因爲農民日夜辛勤農作，戰士毫不懈怠守土戍邊或征戰沙場，誰還有閒心去消費那些華麗物品和玩好物品呢？官吏在嚴刑峻法面前，必須恪盡職守，心存自私的貪污舞弊行爲必定受到嚴厲懲處。相反地，如果國君憑個人意志，依靠行政手段來治國，「六蝨」就自然橫行了。

蝨子，實在是一種微不足道的小東西，但它的確是可怕的，它不僅寄生在人和動物的身上吸食血液，還會傳染疾病，如斑疹、傷寒等等，往往會致人於死地。推而廣之，國家有了

「蝨害」，國家的肌體就會遭致損壞，還會傳染上病毒，那國家就危險了。

國家有了「蝨害」，國君就不得不警惕了，務必用法制的熊熊烈焰焚燒群蝨，這樣，國家的肌體才會健康強壯。

冗員

吳起來到楚國後，爲楚悼王所用，吳起厲行政治，裁汰冗員，精簡機構，除去那些可有可無的官吏，取消與王族血緣關係疏遠的貴族的特權。將節省下來的錢財，用來獎勵作戰勇敢、立有軍功的將士和撫養爲國捐軀的將士們的子女，目的在於強兵。

兩千三百多年前的吳起將裁汰冗員作爲改革的重要內容，作爲強兵的手段之一，的確具有眞知灼見。

冗員即冗官現象，在歷代封建王朝中都或多或少地存在，最突出的要算北宋。

趙匡胤「杯酒釋兵權」，黃袍加身後，爲了取得地主階級的支援，官僚隊伍迅速膨脹起來。州縣之官，竟多至原先的三倍。宋代做官的途徑很多，大官僚的旁系親戚甚至門客都可以蔭官。宋代還設所謂「祠祿」之官，這些官只食俸祿，並不實際任職。與唐代相比，宋代

的科舉考試名額擴大，一次取士可過千人，唐代的吏部考試在宋代也被取消，及第後即可授官。

官僚機構的臃腫，官員質量無疑十分低劣，辦事效率極其低下。

據歐陽修《再論置兵禦賊劄子》載：郢州（今湖北鍾祥）知州王昌運老病衰邁，腰腿行動不便，每日令二人扶出坐衙。三年之內州政大壞。接替他的劉依，七十多歲，昏昧不堪，曾問歐陽修：「中書有一個王參政，叫什麼名字？」身爲最高地方行政長官竟然不知道中央首腦官員的名字，其昏庸程度可見一斑。

冗官勢必出現冗費，宋代官吏待遇優厚，有俸錢、祿粟、職錢、元隨（侍從）、傔人（承差）、衣糧、茶、酒、廚料、薪、炭、鹽、馬料等等，眞可謂「皇恩浩蕩」、「關懷備至」了。浩繁的支出導致國庫空虛，冗官是造成宋代「積貧」局面的重要原因。後來，被女眞掠去半壁河山，留下千古難雪的「靖康之恥」也就不足爲怪了。

鑑古觀今，冗員仍是現代社會的毒疽之一，人浮於事，拖拉推諉現象比比皆是。臃腫的機構是不會有高效率的，現代社會所需要的恰恰是高效率。

十類

商鞅將農、戰作爲國家政治的綱領，富國強兵的根本，一切與農、戰相違背，阻礙農、戰正常進行的人及其活動都是農、戰的敵人。

那麼，農、戰之敵有哪些？

商鞅在《農戰篇》中列舉了十類：

《詩》、《書》、禮、樂、善良、賢能、仁慈、廉潔、辯論、智慧。

這難免使我們錯愕：《詩經》、《尚書》是萬世不朽的文化經典；禮、樂似乎也是健全社會風尚不可或缺的因素；而善良、賢能、仁慈、廉潔、辯論、智慧正是人們應該具備的優秀品德和良好素質，而商鞅不這麼看，請看他在《農戰篇》中的精闢分析：

現在治國的人大多沒有綱領，講起政治來，衆說紛紜，都力圖推翻別人的說法。國君被各種學說弄糊塗了，官吏被各種言論弄混亂了，人民也懶惰不肯從事農作了。所以境內的人民都變得愛好辯論，喜歡學問，經營商業，搞手工業，來避免農、戰。一旦國家有事，儒生憎恨法度，商人投機取巧，手工業者不願替國家出力，這就離亡國不遠了。農民少，到處都

是遊手好閒的人，國家就會貧窮而危險。這些遊手好閒的人，比吃田苗的螟、螣、蚼蠋等蟲更爲可怕，除了對社會的腐蝕，是有百害而無一益的。《詩》、《書》每鄉一捆，每家一卷，對治國毫無益處。

聖人治國的綱要，就是要使人民專心務農。人民專心務農，就樸實而容易治理，忠厚而容易役使，誠信而可以守土，可以戰爭了。人民意志專一，就少有欺詐，安分守己，朝廷才可以用賞賜和刑罰督促他們，才可以團結他們的力量一致對外，人民不聽從役使，是因爲他們看見巧言善辯的說客們可以陪伴國君，謀取個人的尊貴地位；看見商人賺錢發財；看見手工業者也可以維持生計，這三種人生活自由而又有利可圖，人民都去仿效他們而逃避農、戰。

空談的人雖然排成長隊，對於國家的安危是不起絲毫作用的，作爲明君總是修明政治，實行一個政策，除去無用的東西，禁止搞浮華的學問和從事遊蕩的活動，務必使他們專心於農、戰，人民的力量才可以集中，國家才可以走向富強。

不除去這十類惡勢力，農戰政策就不可能順利實行，就無從談及富國強兵。商鞅對這十類戕害農、戰的惡勢力深惡痛絕，力圖徹底剷除之。在這裏，有兩點值得注意：

第一，這十類惡勢力是與農、戰水火不相容的，他們不勞而獲，消耗社會的財力、國家的經濟，是社會的蛀蟲，國家的大蠹。

第二，這十類惡勢力敗壞了社會風尚，擾亂了人民的價值觀念，既然遊手好閒能名利雙豐，何必臉朝黃土背朝天空辛苦勞作？何必冒著生命危險去衝鋒陷陣，肉搏拚殺？

商鞅的腦子裏只裝著兩個字——農、戰，他所牽掛繫念的是富國強兵，剷除農、戰之敵勢在必行，刻不容緩！

縱橫家

戰國時，齊、楚、燕、趙、韓、魏、秦七雄爭霸天下。秦國從孝公任用商鞅變法以來，逐漸強盛。關東六國為了抗拒強秦，組成軍事聯盟，稱為「合縱」。秦為了拆散各國聯合，以便各個擊破，就在關東積極爭取與六國中的一國結盟，稱為「連橫」。在「合縱」與「連橫」的對峙與交鋒中，一批游說之士應運而生。

他們就是縱橫家。

這批人沒有正當職業，以游說君王混飯吃，他們沒有固定的政治主張，朝秦暮楚，忽橫忽縱，落魄時困窘潦倒如乞丐，得志時，取卿列相，不可一世。韓非子很討厭這幫人，認為他們的高談闊論於事無補。在《五蠹》篇中他指出：

許多討論外交事務的大臣們，不是屬於合縱或連橫的黨派，就是想憑藉國家的武力來報私仇。所謂合縱，就是聯合許多弱小國家去攻打一個強國，所謂連橫，就是事奉一個強國去攻打許多弱國。這兩種方法都是不能用來保全國家的。那些主張連橫的臣子說：「不事奉大國，一遇強敵就會遭殃。」事奉大國就要拿出實際行動，這就是交出本國的地圖，獻上本國的印信，一切聽命於大國。把地圖獻給大國等於割地，把印信交出來就降低了國家的聲望，於是國弱政亂。那些主張合縱的臣子說：「不去救助弱小國家而去攻打大國，那就失去了天下各國的信任，這樣，自己的國家就危險了，君主的地位也就降低了。」救助小國也要拿出實際行動，那就是出兵與大國作戰。救助小國未必能使它存在，而與大國作對難免有疏忽。有疏忽就受到強國的挾制。出兵要打敗仗，退守時城池要被攻陷。救助小國，實行合縱，沒有見到它的一點好處，土地卻喪失了，軍隊也被擊敗了。

因此，事奉強國，就讓那些主張連橫的人借助國外勢力在國內獵取官職；救援小國，就讓那些主張合縱的人借助國內的實力向外得到好處。國家沒有得到利益，那些游說之士卻得到了封地與厚祿；君主的威望雖然降低了，臣子的名聲卻提高了；國家的土地雖然削減了，臣子的私產卻富足了。如果事情成功，他們可以憑藉掌握的實權在國內長期受重用；如果失敗了，他們就靠已經獲得的財富退職安居。

君主在傾聽臣子的言論時如果不循名責實，就輕易相信了他們，那麼，事情還沒成功，

他們的官爵俸祿已經提高了；事情失敗了，也不懲罰他們。這樣，那些專靠游說君主的人，誰不願意不擔風險地用虛言浮辭來獵取這種富貴呢？所以國破君亡，都是因為聽信了那些高談闊論者的虛言浮辭。

縱橫家，搖唇鼓舌游說君主的目的，是為了給自己撈取好處，對國家，對君主是毫無益處的。韓非子認為虛言浮辭，儘管華美動聽，只能迷惑君主，不能使國家治強起來。國家治強必須從內政入手，而不能從外交中獲得。只有在國內實行法和術，國家才有治強的希望。

患禦者、商工之民

患禦者，即害怕服兵役的人。商工之民，指商人和工匠，韓非子認為這兩種人也是國家的蛀蟲。

害怕服兵役的人，聚集在私家貴族的門下，用錢行賄，透過有權勢的人說情，逃避汗馬之勞。免除了兵役就可以遠離戰爭，遠離戰爭就能安全。只要用錢財賄賂當權的官吏就可以有求必應，有求必應就能獲得利益。安全和利益所在之處，人們當然趨之若鶩，這樣為國家出力的人少了，而為私家貴族做事的人就多起來了。

商人工匠們製造些粗劣的器物，蓄積了許多奢侈貨物，囤積居奇，等待時機，企圖從農民身上撈取更多的利益。

韓非子建議君主要使商人、工匠和奔走求食的人儘量減少，壓低他們的社會地位，目的就是使人們都轉向農耕而疏遠商工等行業。但現在的狀況是，投靠君主親信的風氣很流行，這樣官爵就可以用金錢賄賂來買到，那商人工匠的地位就不會低下。既然投機謀利的活動在市場上行得通，那麼商人就自然不會減少。奸商們聚積的財物大大超過農民，他們的地位也高過士兵和農民，那麼耕戰的人就會減少，貪財謀利的人就會增多。

韓非子的分析頭頭是道，也合情合理，他的根本出發點仍然是強調耕戰的重要性，重耕戰，輕工商，在當時的情況下，這是韓非子爲君主設計的一條富國強兵的終南捷徑，也是必由之路。

逃避兵役的那種人，靠賄賂官吏而達到目的，罪不可赦；奸商囤積居奇，投機謀利也應該堅決打擊。

以發展的眼光看，韓非子的觀點也有其偏頗之處。

隨著時代的進步，社會分工愈來愈細，工、農、商、學、兵等都是社會需要的，他們在不同的行業爲社會做出自己的貢獻。如果只有農民和士兵，整個社會就無法正常運作，即使在當時也是這樣，農民種田，士兵打仗，誰來打造農具兵器？商業也是社會發展不可缺少的

行業，富國強兵離不開經濟的發展，經濟的發展又怎能缺少商業呢？

急功近利是韓非子的思想精華所在，也是其缺陷所在。

儒、墨者流

韓非子認爲，當時著名的學派儒家、墨家的學說都是愚誣之說，完全是騙人的鬼話，對治國安邦是百無一用的。

儒家學者們稱頌先王之道，借重仁義來進行說教，講究衣著容貌，修飾辭令，用來擾亂當今的法制，從而動搖君主實行法治的決心。

魯國有個人跟隨君主去打仗，在三次戰鬥中三次敗退，孔子問他敗退的原因，他說：「我家裏有年老的父親，我戰死了就沒有人供養他。」

楚國有個正直的人，他的父親偷了人家的羊，他就去向官府告發，令尹說：「把他殺了。」

那個三次敗退的魯國人，孔子竟然認爲他有孝心，推薦他做了官；而告發父親偷羊的楚國人，令尹認爲他雖然對君主正直無私，但背叛了他的父親，判了他的死刑。

由此看來，父親的孝子，竟是君主的叛臣；君主正直無私的臣民，竟是父親的逆子。

孔子讚賞臨陣逃脫的人，魯國人作戰則輕易地逃跑或投降；令尹殺了告發父親的人，從此楚國奸人的犯罪行爲就無人報告官府了。

君主如果讚賞儒家者流的做法，又想謀求國家的福利，那是絕對沒有希望的。

游俠刺客們聚集黨徒，標榜氣節品格以顯示名聲，卻屢屢違反國家的禁令。

墨家的葬禮主張冬天就用冬天的衣服作壽衣，夏天就用夏天的衣服作壽衣，用三寸厚的桐木板作棺材，守三個月的孝。而儒家則認爲葬禮的費用要花到傾家蕩產的地步。當世君主既讚賞墨家的節儉，又稱頌儒家的孝心，都很禮貌地對待他們。

墨儒兩家學說雜亂、矛盾，而君主卻都聽取，那麼，天下學者的言說還有沒有法則？行爲還有沒有標準？這樣的學說怎能治國呢？所以韓非子認爲：君主對這兩種人都很尊重，就是國家禍亂的原因。

另一方面，官吏收稅的對象是種田人，君主所養的是學士，種田人負擔重稅，學士們卻受到厚賞，這樣，要叫人民繼續努力耕作、少說空話是不可能的。士兵英勇殺敵，有功勞不獎賞，而勇於聚衆私鬥的人卻受到尊重，獲得榮譽，這樣，要叫人民努力作戰，抵禦強敵，不作私鬥，也是不可能的。

韓非子在《八說》中更明確地說：「像孔子、墨子，是學識淵博，擅長說理，很有智慧

的聖人，但孔子、墨子並不能耕作，那對國家有什麼益處呢？像曾參、史鰍，是修行孝順，清心寡欲的賢人，但曾參、史鰍並不作戰攻城，那對國家有什麼益處呢？」由此韓非建議君主要禁止學術的講習，遏止個人私利的發展，一切爵位俸祿的賞賜都以功勞大小作爲權衡的標準。

在韓非子眼中，儒、墨者流不僅無用，而且有害，是國家的蛀蟲，要堅決剷除。韓非子從純粹功利主義（是否有利於耕、戰）出發，對儒、墨學派發起了全面的攻擊，對此，我們應作辯證認識，重視耕戰，一切爲了耕戰，在戰國那個非常時期的確可以收到立竿見影的效果，但他學術本身的局限性也是顯而易見的，那就是他將社會勞動簡單化了，在他看來，研究古代文獻和善於談論的人都是不勞而獲。從事腦力勞動的人多，法制就會敗壞；從事耕戰的人少，國家就會貧弱，這就是社會混亂的原因（《五蠹》）。他只看到了事物的一面，耕戰對於富國強兵的重要性，但他忽略了事物的另一面，社會畢竟需要從事腦力勞動的人，更何況，學術是有其價值的，道德也可以在一定程度上教化人、約束人的行爲。人類社會的發展從野蠻到文明的進化，光有體力勞動者是不夠的。用今天的話說，光有物質文明是不夠的，還需要進行精神文明的建設。當然，在戰國那個群雄逐鹿的時代，韓非子是不可能想得這麼深遠的，只要我們讀讀歷史，就不難發現，每個面臨外族入侵的時代，都有一批文人學士走出象牙塔，投筆從戎，保家衛國，成爲民族的英雄。

四、富國强兵

橫成則秦霸，縱成則楚王。小國求自保，大國欲爭霸，唯有富國強兵。耕戰，是富國強兵的途徑。法家立法旨在用法令推動耕戰，以增加農業生產，加強國防力量，建立國家的實力基礎。

法家所倡導的耕戰政策，大致包括以下內容：

1. 對土地的充分開發與合理調配。
2. 增加農業人口，不僅要讓商工、遊民等歸於農業，而且要移殖國外的人民來開墾土地。
3. 崇尚武力，厚賞軍功，教育全體國民爲國家建功立業。
4. 了解國情，掌握國家人口、財富等的數目。
5. 推行愚民、弱民政策以消耗民力。

爲了實現富國強兵的治國目標，法家人物苦心孤詣，制訂了一系列法令、措施，在當時

的歷史條件下，應該說是行之有效的。

平糴

李悝替農民算了一筆帳：

一個五口之家，種田百畝的自耕農，平年畝產一石半，除繳納什一稅外，剩餘部分用於衣、食和春秋祠祭外，已感不足，更不消說遇到疾病死喪之事及官府額外的賦斂。

因此，官府必須按照「年情」收穫的情況來收購糧食，因爲「歲收」的多少直接影響到糧價的貴賤，糧價太貴或太賤，都會損害農民利益，所以國家應平抑糧價，要普設「常平倉」一類的機構，密切注意年景好壞。豐收年成，分上、中、下三等，規定收購的數量，使農民滿足，糧價持平就可以了；饑荒之年，也分上、中、下三等，由國家拋售相應數量的糧食救饑，這樣，即使饑荒、水旱之年，因糧價不貴，農民也能安定下來。安定下來的農民在自己的土地上精耕細作，社會秩序穩定，農業增產豐收，國家就會繁榮富強。

農民的問題，實在是爲政者不可忽略的問題，從某種意義上講，解決了農民的問題，就解決了國家的問題。

縱觀歷史，王朝更迭最主要的方式就是農民起義，而農民起義的直接原因幾乎無一例外的是不堪統治階級的賦稅重負而走投無路。

隋煬帝時無限制地徵用人力，修長城，開運河，築西苑，營洛陽，繕離宮，討高麗，「舉國就役」的農民在官吏的殘暴驅使下，先後有上百萬的男丁和婦女死於過度徭役，更重要的是社會經濟遭到巨大破壞，農村勞力缺乏，田地荒蕪。於是，在山東、河北一帶，隋統治者搜刮財賦的中心首先爆發了農民起義。

唐懿宗、僖宗時代，政治空前黑暗，賦稅剝削層出不窮，財政虧空達三百萬貫。關東大旱之年，農民「所在皆饑，無所依投」，只有坐以待斃，而官府的壓榨仍有增無減，即使伐木拆屋，鬻妻賣女，仍難以糊口，豈有不造反之理？於是黃巢領導的唐末農民大起義應時而起。

宋、元、明、清各朝無不盡然。

農民雖然落後愚昧，目光短淺，但統治者如果讓他們無以生存時，就只有揭竿而起了。

今天，對富裕了的農民，如何真正減輕他們的負擔，也是刻不容緩的社會現實問題。

抑商

商鞅是重農的極力鼓吹者，爲了重農，他認爲首先要裁抑商人，限制商業活動。在《墾令篇》中，他提出了一系列抑商的措施。

朝廷下令商人不得賣糧食，農民不得買糧食。商人不得賣糧食，豐年，他們並不快樂；災荒年，他們更無利可圖，這樣商人對自己的行業就膽怯了，只得改行去做農民。農民買不到糧食，懶惰者也會勤於耕種。

朝廷不准音樂、雜技到鄉下去，那麼農民無論在勞動時還是在休息時，都看不到這些，聽不到這些，這樣，他們就能意志專一從事耕種。

朝廷禁止人開設旅館。那麼，奸巧、虛僞、狡詐、交結私人、迷惑農民的人們就不能遠行，開設旅館的人們也就沒有飯吃。

朝廷不許闊家僱用傭人，這樣，做雇工的人就沒處吃飯，只有從事農作。

朝廷提高酒肉的價格，加重酒肉的稅，讓稅額比成本高十倍，那麼，賣酒肉的商人自然會減少，農民就不會嗜酒，也不會耽誤農作。大臣也不會荒淫沉醉，國家的政事也不會拖

延，國君的一切措施就不會發生錯誤。同時，賣酒肉的商人減少，節約了大量的糧食，可以解決相當一部分人的吃飯問題。

以當時的社會結構和型態而言，商鞅的抑商措施無疑是有積極意義的。國力的強盛有賴於社會財富的積累，農業生產在當時的歷史條件下，成為創造社會財富的幾乎唯一的方式。

全民皆農

抑制商人和商業活動，商人去幹什麼呢？轉業務農。傭人、開設旅館的人、遊手好閒的人、富家子弟等等都來務農，農民的數目就會大大增加，農業自然會發達起來。

全民皆農只是商鞅重農主張的一個方面，如何把農民束縛在他們的土地上，全力以赴於耕種勞作，商鞅想了很多辦法。

最直接的辦法莫過於禁止農民購買糧食，買不到糧食就必須自食其力，奮力勤耕。

間接的辦法最重要的是愚民政策，《墾令篇》中說：「國君不許國中大臣和大夫們追求見多識廣、能言善辨，不許閒居遊逛，尤其不允許他們到各縣閒居遊逛。那麼，農民就聽不

到什麼奇談，看不到什麼異能。這樣，有知識的農民無從拋開舊業，沒有知識的農民也無從求得知識，更不可能喜歡學問。無論有知識和沒知識的農民都只有努力於耕作了。」

將農民與知識完全隔絕開來，目的是使他們愚昧無知，不生異心。在商鞅看來，農民愈愚昧愈好，沒有頭腦，沒有思想，驅使起來豈不易如反掌？

商鞅愚民政策的負面影響是不容低估的，這一思想樂於爲統治者所接受，在漫長的封建社會，農民在不同程度上是被剝奪了受教育、獲得知識的權力的，但農民也並非愚不可及，當他們走投無路時，也懂得反抗，爲求得生存而反抗，商鞅者流或許始料未及。

此外，商鞅還主張整頓吏治，減少官員，保持官員的廉正。他說：各縣的政治制度都是一個型態，則人人遵從，狡黠的官吏就不敢玩弄花樣；接替他的官吏就不敢變更制度；怠忽職守的官吏就不能掩蓋他的錯誤行爲，這樣奸邪之徒就會減少，官吏也會相應減少，農民就不致疲於供應，農民的負擔減輕了，有了多餘的時間，當然樂於耕墾荒地了。

還有，朝廷不許農民自由遷徙。

將山澤之利收歸國有，使那些厭惡農作、懶惰、貪婪、靠山澤謀生的人無以生存。

打擊五種人——褊急之民、狠剛之民、怠惰之民、費資（浪費財物）之民、巧諛噁心之民，加重刑罰，實行親屬連坐法。

商鞅謀劃得詳密完備，秦國的強大正是以此爲起點的。

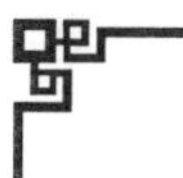

殖民

殖民政策可看作是重戰政策的延伸。

用武力征討，獲取別國的財富，佔領別國的領土還不夠，還要移殖別國的人民，爲我所用，爲本國開荒種地，生產糧食，以加強本國的戰備，即將經濟力量化爲軍事力量。

《商君書．徠民篇》的作者首先分析了秦國國土與人民的現狀：現在秦國的土地有五千平方里，而耕作面積不到十分之二，田數不滿百萬，湖澤、河澗、山川的材物和財寶沒有得到完全利用，因爲人民沒有充實土地，即存在著地廣人稀的現象。更何況，要靠武力征服他國，沒有相當數量的軍隊是不行的。如果以每一百平方里住五萬人計算的話，秦國的五千平方里可住二百五十萬人；每五萬人出一萬軍人的話，二百五十萬人應該出五十萬軍人，而秦國卻無法招募這麼多的軍人。怎麼辦呢？只有移殖人民。移殖計畫從秦國近鄰三晉（趙、韓、魏三家分晉）入手。

移殖三晉人民的可能性是客觀存在的：三晉土地狹而人民多，房宅雜居共處。客民和租房住的百姓，朝廷沒有他們的名冊，自然就分不到田地和房宅地。人民在山前山後或池澤河

流旁邊鑿洞居住的超過一半。人民想要的是土地和房屋，三晉沒有，而秦國有餘，也就是說秦國能夠在本土爲三晉人民提供他們想要而在三晉得不到的土地和房屋。

有了這一良好的契機，還必須實行優惠的政策：要在法律上明文規定：三晉的人民前來歸附秦國的，就讓他們三代免租免役，不服兵役。在秦國的四境之內，耕墾嶺坡、丘崗、窪濕土地的三晉人民，就十年不徵收他們的賦稅。這項政策的確具有誘惑力，成功地實施，可以使三晉人民紛紛西來，足以招致農民一百萬，充實秦國的勞動力，讓他們在秦國本土專心耕墾，爲建設強大的秦國不惜流血流汗。

更深一層的考慮是，百萬三晉農業大軍在秦國耕種，無疑是削弱了三晉，壯大了秦國，因爲三晉的子孫們在爲秦國效力的同時，三晉也就失去了人民，失去了生產力，失去了農民，失去了軍人。秦國一天天強大起來，三晉一天天削弱下去，此長彼消，三晉將不堪一擊，或不戰自亡。

殖民政策在秦國，不失爲一條富國強兵的有效途徑。

厚賞軍功

與重刑相對應，商鞅極力主張實行厚賞，尤其是對待有軍功的戰士。

凡立有軍功的戰士，各按其功勞大小，授予較高的爵位。《境內篇》明確規定：士兵能夠獲得敵國甲士（非普通百姓）的一顆首級，就賞給他一級爵位，給他田地一頃，給他住宅地九畝，給他「庶子」（其地位接近僕人）一人，他還可以做軍隊或衙門中的官吏。

商鞅還制定了二十級爵位，嚴格規定了各級爵位佔有田宅、臣妾奴婢的數量和衣服的等次，從公士、上造直到關內侯、徹侯。宗室貴族沒有軍功者，不能授予爵位。有軍功者，可以享受榮華富貴；無功者，即使家資富厚，也不得鋪張。

軍功是凌駕於一切之上的，是獲得爵位的唯一途徑。

軍人一旦獲得爵位，就擁有某種「特權」。

軍人的訴訟不歸一般官吏審判，而是由爵位高者審判爵位低者。《境內篇》說：二級爵位以上的人犯了刑罪，就降低他的等級；一級爵位以下的人犯了刑罪，就取消他的爵位。

因軍功而獲取的爵位是尊貴的，可以用來抵罪。可見商鞅對軍功者是厚愛有加的，對他

們犯了刑罪的發落也是從輕的、從寬的。

爵位對於軍功者不僅可以終生受用，死後仍能發揮效用。

《境內篇》中說：「小夫」以上至「大夫」（小夫、大夫爲爵位等次），如果他死了，他的官爵每高一級，他墳墓上的樹就多種一棵。誰的墳墓上樹種得多，他的軍功就愈大，也就愈榮耀。

如果有軍功者犧牲在戰場上，他家中的一個人可以繼承他的爵位，享有其爵位應該享有的一切待遇。

重賞之下必有勇夫，厚賞軍功無疑在鼓勵戰士英勇殺敵，刺激戰士不惜性命去建立軍功，獲得爵位。

所有的戰士都「爲國犧牲敢捨身」，就會成就一支戰無不勝的精銳之師，進而爲王者的霸業奠定堅實的根基。

壹教

壹教就是統一教育。

教育全體國民向著一個目標——建立軍功。

試讀《商君書·賞刑篇》中的這段話：

所謂統一教育，就是人們雖然見聞多、能辯論、有智慧、誠實、廉潔、懂禮樂、結黨羽、行俠義、有聲名、清高，但朝廷不允許憑藉這些取得富貴，不允許以此評論刑罪，不允許向君主陳述自己的政見。聖智、巧辯、忠厚、樸實的人也不得利用無益於國家的東西來謀求利祿。

富貴的途徑是唯一的，那就是戰爭，只有在戰爭中建功立業才能得到君主的賞賜。這樣一來，無論智者、貴者、勇者、賢者，還是愚者、賤者、怯者、不肖者，都必須用盡智慧和力量，拚死爲君主效力，因爲捨此一途，並無他法，除非你自甘淪爲窮者、賤者。在一個人心趨利的時代，面對富貴，人們是不會不屑一顧、無動於衷的。

統一教育的結果，勢必形成這樣一種態勢，全體國民對戰爭有一種特別的敏感，特別的興趣，甚至特別的依戀和嚮往，戰爭的危險已拋在一邊。戰爭，那是可以獲祿取爵的美事啊。

你看，父子、兄弟、朋友、親戚、同鄉等都在說：「我們努力的方向在於戰爭而已。」與其說在於戰爭，不如說在於富貴。在富貴的驅使下，強壯的人不消說，衝鋒在前，死而無怨，老弱者也努力守城，死而無悔。除了戰爭，人們似乎再也找不到適合他們胃口、振奮他

們精神的話題。聽到戰爭，就互相慶賀，起居飲食所歌唱的也是戰爭。一日戰爭來臨，人民會毫不猶豫地奮勇向前，那前面有富貴在等待啊！在戰場上，那敵人的頭顱，簡直可以幻化成一堆黃燦燦的金子。倘若那個時代有軍歌，歌詞一定會這樣寫——向前進，向前進，爲了獲貴富，爲了得利祿；殺敵人，殺敵人，爲了黃金屋，爲了顏如玉……

用富貴利祿武裝起來的戰士是會失去理智的，是危險可怕的。當年，那些被武士道精神毒害的大和民族的「優秀子民」們，在中國大地上犯下過令人髮指的罪行，戰敗之時，他們用切腹自殺來表示對天皇的最後「效忠」。商鞅者流或許沒有想過，「壹教」與戰爭狂人之間並沒有鴻溝，或許，那個時代正需要戰爭狂人。

弱民政策

什麼是強國之道？

商鞅的回答是——弱民。

《去強篇》中開門見山地提出：國家採用使人民強悍的政策來除去不守法的強民，國家必弱。國家採取使人民怯弱的政策來除去不守法的強民，國家必強。朝廷做慈善的事，奸詐的

人必然就多。國家富，而當窮國來治，就會富上加富，國家必強；國家窮，而當富國來治，就會窮上加窮，國家必弱。

在商鞅看來，只有人民怯弱而又怯弱，國家才能富強。爲什麼呢？因爲只有人民怯弱，國家才能強迫人民盡力勞作；只有人民怯弱，官府才可以肆無忌憚地對人民巧取豪奪，爲國家積累財富；只有人民怯弱，統治者才可以高枕無憂，不擔心人民反抗剝削和壓迫。這一思想，在《弱民篇》中說得更明白直接：

人民弱，國家就強；人民強，國家就弱，所以有法度的國家，努力使人民弱。人民樸實就弱，就會遵紀守法；人民放蕩就強，就會恣意妄爲。遵紀守法的弱民，就會聽從役使，恣意妄爲的強民必定難以控制。

人民，不僅要使他們怯弱，而且要使他們卑賤，使他們貧窮。人民卑賤，就會重視爵位，貧窮，就會重視賞賜。人民如果地位很高，而又富裕，他們必定視爵位、賞賜如草芥，那朝廷如何統治他們，如何使他們樂於效力於國家？兩軍對陣，又如何使他們效命於朝廷？

商鞅弱民政策的出發點是爲了國治、國富、國強，從這一點上說，應該是無可厚非的。用現代眼光來看，弱民政策和愚民政策一樣，說它是反動的並不過分。

弱民政策爲後世統治者對人民的壓榨剝削提供了理論依據，怯弱的人民在皇權下戰慄著，惶惶不可終日，無論如何卑賤，如何貧窮，絕無怨言，或者敢怒不敢言，最好連怒意也

不存在，那該是多麼愜意啊！簇擁著佳麗，沉湎於竟日笙歌，欣賞著終宵曼舞，而江山依舊妖嬈無比，社稷依舊穩如磐石——這便是統治者的如意算盤。

弱民在溫馴沉默中日出而作，日入而息，能飽口腹、暖肌體也就相安無事，甚至還會對「浩蕩皇恩」感激涕零。走投無路的時候，怯弱就會變成強悍，溫馴沉默的羔羊也會變成長嘯威猛的雄獅，這時，統治者的滅頂之災就降臨了。

消耗民力

在對待人民的態度上，商鞅一貫主張要讓他們愚，讓他們弱。《商君書．壹言篇》說：聖人治國，既要能夠集中人民的力量（使他們專心於農、戰），又要能夠消耗人民的力量（不能讓他們力量壯大），這是商鞅的用民技巧。

農、戰沒有人民的力量不行，所以，治國者想千方設百計，使人民力量集中，用來鞏固國家的經濟和兵力，以實現富國強兵的終極目標，另一方面，人民力量的壯大，勢必對統治者造成危機感，如果群起而攻之，那統治集團就搖搖欲墜，岌岌可危了。到了這時，治國者就要想辦法來消耗壯大起來的人民力量，鼓勵他們去殺敵，用敵人的力量去消滅他們，力量

自然就削弱了，統治者的危險也解除了。眞是一箭雙鵰，詭譎巧妙。

消耗民力的另外一些方法是：對富人，用爵位來削減他們的財富。朝廷透過賣官鬻爵，還可以充實國庫，增加國家財富，反正官爵有的是，何況可以是空頭支票，這一招，也是厲害的一箭雙鵰。對於遊蕩的人，用刑罰來禁止他們遊蕩，使他們埋頭務農，不然就會受到懲處。

商鞅對於人民主張兩手抓，二者不可偏廢。只知道集中人民的力量而不消耗之，國家必亡；只知道消耗人民的力量而不會集中之，國家必亡。只有配合使用這兩項政策，國家才能強盛。

統治階級對於人民歷來都是「恩」、「威」並重的。先向他們「施恩」，讓他們努力耕作恪盡職守；再向他們「發威」，各種苛捐雜稅，將他們剝削得所剩無幾，各種兵役徭役，使他們不堪重負。說到底，統治者不可能不依靠人民、利用人民，但同時又惟恐人民犯上作亂，因而他們害怕人民。

十三種數目

商鞅認為十三種數目是強國必須掌握的。

歸納起來計七大類：

1.境內糧倉和金庫的數目。

2.壯男和壯女的數目。

3.老人和弱者的數目。

4.官吏和學生的數目。

5.靠言談吃飯的人的數目。

6.靠利潤謀生的人的數目。

7.馬、牛、草和莊稼稻子的數目。

這十三種數目可看作是一份國家資訊備忘錄，它涉及到國家財富資訊、人口（年齡、職業）資訊和生產、消費資訊。

最值得一提的是人口資訊。

首先是人口的數字。戶口登記制度是商鞅變法的重要內容之一，準確掌握全國戶口的數字，並且隨時核查糾正，生者予以登記，死者予以登出，這樣，農民就不可能逃避賦稅，田野就沒有荒草。

其次是人口的年齡。壯男、壯女、老、弱、病、殘等都要有具體確切的數字，掌握了這一數字，就等於掌握了國家的生產力和戰鬥力。

《兵守篇》將部隊分爲三軍：壯男自成一軍；壯女自成一軍；老弱者自成一軍。其職守分別爲：壯男的一軍，備足食物，磨好兵器，列好陣勢，以待敵人；壯女的一軍，裝好食物，背好土籠，列陣待命。敵人一到，就到城外修築掩體，挖掘陷阱，拆屋毀房，或搬運進城，或就地燒毀，不能使敵人有所利用；老弱的一軍放牧牛馬豬羊，做好後勤服務。

掌握人口年齡（包括身體健康狀況），旨在人盡其用，將人力資源合理有效地運用到農、戰上來。

最後是人口的職業。有多少知識份子，多少官吏，多少商人、手工業者，多少農民，應該清楚明細，因爲人口職業的比例直接關係到國家命運前途，這一點也不誇張，試想，如果全國絕大部分的人都去做官、充當游說之士、經商，那誰來種地，誰來打仗？

在商鞅全民皆農、戰的思想支配下，自然要嚴格限制官吏、知識份子、商人的數目，所

謂「一百個人務農，一個人閒居，就可以成就王業。十個人務農，一個人閒居，這樣國家就強盛。一半人務農，一半人閒居，這樣國家就危險」（《農戰篇》）。

社會的發展，必須關注人口問題；人口的數量、職業比例、人口素質直接關係到國家盛衰。

五、說難

法家人物爲推行自己的政治主張，想方設法向君主陳述游說。天生口吃的韓非子，用他犀利的文筆描摹了諫說的種種困難，探討了諫說的種種技巧。

龍有逆鱗，是觸怒不得的，那就換一種方式，委曲陳辭，投其所好；只要能達到目的，可以不擇手段，一旦進說成功，受到重用，就可以明言利害，直陳是非。

韓非子只能在文章中設想諫說成功的境界，李斯的一道奏章，卻使秦王收回成命。說難，不在進說者本身，明君才能廣開言路，虛懷納諫；昏君，無論你的進說技巧如何高明，也是枉然。

武公伐胡

鄭武公準備討伐胡國，先將自己的女兒嫁給胡國國君爲妻，以使他高興。

鄭武公問群臣：「我準備用兵，討伐哪個國家呢？」

大夫關其思說：「可討伐胡國。」

鄭武公聽後大怒，將關其思殺了。他說：「胡國和鄭國親如兄弟，你說要討伐胡國，是何用意？」

胡國的國君聽說後，以爲鄭國親近胡國，於是就放鬆了對鄭國的警戒。不久，鄭國對胡國發起突然襲擊，一舉消滅了胡國。

武公狡黠，欲擒故縱，一舉滅胡。然而，關其思卻成了武公詭詐的犧牲品。

韓非並非讚賞武公的謀略，而是從另一個角度說明了進說的困難。

宋國有一個富人，大雨淋壞了牆壁。他的兒子認爲，如不將牆修補好，就會有被盜的危險。富人的鄰居老頭也這樣說。晚上，富人家果然失竊大量財物。富人認爲自己的兒子聰明過人，懷疑是鄰居老頭盜竊了他家的財物。

關其思和鄰居老頭的話都是正確的，但其結果是一個被殺，一個被疑。可見，了解事情並不難，難的是對了解到的事情如何理解、分析，並作出正確的判斷，制定出切實可行的處理方法。

秦國大夫繞朝被殺也能說明這一點。

晉國大夫士會逃到秦國後，晉國用計謀誘騙他回國，繞朝識破了這種詭計，力勸秦康公

不要讓士會回去，秦康公不聽。

士會回到晉國後，用反間計，說繞朝與他同謀，於是秦王將繞朝殺了。繞朝被晉國看作是明智的人，在秦國卻被殺了，這是很值得君主深思的。說真話被殺被疑，誰還願意冒風險？

在一個假話充斥的國度，君主如何了解國情，體察民情，制定出有利於國計民生的政策法規？

從實際出發，才能富國強民。

投其所好

投其所好，也不失一種好的進說方法。

彌子瑕是衛靈公寵幸的臣子。衛國法律規定，擅自駕馭君主之車者，論罪當處以刖刑（砍掉腳的刑罰）。彌子瑕的母親患病，有人將這一消息秘密地報告給彌子瑕。彌子瑕於是假託君命，駕馭君車去探望他的母親。衛靈公聽說這件事，認爲彌子瑕很有德行，稱讚他是大孝子，爲了探望患病的母親，連刖刑之罪也忘記了。

有一次，彌子瑕與衛靈公在果園遊玩，吃到一個甜美的桃子，沒有吃完，將吃剩的那半個給衛靈公吃。衛靈公感歎地說：「這是愛我啊！竟然將自己喜歡吃的東西讓給我吃。」

等到彌子瑕美色衰微，寵愛減退，得罪了衛靈公。衛靈公便說：「這個人本來就曾經假託君命用我的車子，又曾經給我吃他剩下的桃子。」

其實，彌子瑕仍是彌子瑕，並沒有改變，為什麼以前君主認為他有德行而後來又獲罪呢？這是因為君主的愛憎起了變化。

臣子在被君主寵愛時，智慧就顯得適當而受到加倍的親近；那麼，在被君主憎惡時，他的智能就顯得不適當而愈來愈被疏遠。對於進說者來說，在進諫陳說之前，務必觀察君主的愛憎喜惡，揣摩他的心理，投其所好，避其所惡，然後進說，成功就有把握了。

龍顏大悅時，任你口若懸河，縱橫捭闔，句句都是金玉良言；龍顏大怒時，管你理直氣壯，字字珠璣，輕則貶，重則死。

手段服從目的

進說的要領，在於懂得美化進說對象自以為得意的事情而掩蓋他認為羞恥的事情。君主

如果有私人的迫切要求，進說者一定要指明這是合乎公義的而且鼓勵他去做。君主心中如有卑下的念頭，又不能克制，進說者就應把他這種念頭粉飾成美好的，抱怨他不去幹。他心中有過高的要求，而實際不能達到，進說者就應當爲他列舉出這件事情的缺點，揭示它的壞處，稱讚他不去做。有的君主想自誇智慧，進說者就應給他舉出同類的其他事情，多爲他提供依據，使他能借用進說者的說法，而進說者卻假裝不知道，這樣來幫助他自逞其才。

進說者想向他進說相安之言，就必須用好的名義闡明它，而又暗示它合乎君主的私利。進說者想要陳說有危害的事情，那就要說明此事會遭到誹謗，而暗示它對君主也有害，稱讚另一個與君主行爲相同的人，規劃另一件與君主考慮相同的事。有人和君主行爲同樣卑污，進說者必須大加粉飾，說它沒有害處；有人跟君主遭受同樣的失敗，進說者必須爲之掩飾，說他沒有過失。君主誇耀自己的力量時，就不要用他難辦的事來壓抑他；君主自以爲計謀高明時，就不要用失敗去困窘他。

進說的內容與君主沒有什麼違逆，言辭和君主的心意沒有什麼牴觸，然後就可以充分施展自己的智慧和辯才了，由此，君主親近不疑，就能暢所欲言。

進說的確是一門藝術，韓非並不是提倡進說者要卑躬屈膝，阿諛逢迎。他強調手段服從目的。要施展自己的智慧，實行自己的治國方略，首先是要取得君主的信任，受到重用後就能直陳利弊，辨明是非。

伊尹希望得到商湯的任用，曾設法做商湯的廚師，後來商湯發現他有才能，就任他為相。

百里奚曾是虞國大夫，晉滅虞時，百里奚淪為奴隸，後來晉獻公嫁女到秦國，叫他做陪嫁小臣，他途中逃跑，被楚國人抓住。秦穆公發現他有才能，就用五張羊皮將他贖去，並任命他為大夫。

韓信曾受胯下之辱，忍辱負重，成一代名將；劉玄德棲身於曹操處，以種菜為務……

貓以捕鼠能力的高下分優劣，何必在乎牠顏色的黑白玄黃呢？

諫逐客

李斯在秦國為客卿時，秦國的近鄰韓國畏懼秦的強大，派了一名叫鄭國的水利工程人員到秦國幫助修建水渠，其目的在於消耗秦國的人力、物力、財力，以削弱秦向外擴張的實力。秦發覺後，宗室大臣乘機勸說秦王驅逐所有的客卿，秦王便下了「逐客令」。李斯是楚國上蔡人，也在被逐之列，於是作了一道奏章——《諫逐客書》，呈給秦王，論述逐客是錯誤的。

李斯先列舉了秦國歷史上的四位賢君重用客卿的事跡，說明了客卿在秦國歷史上的功勞。他說：「從前秦穆公訪求人才，從西戎收取由餘；從宛地得到了百里奚；從宋國迎來了蹇叔；從晉國招來了丕豹和公孫支，秦穆公正是重用這些人，才吞併了二十個諸侯國進而在西戎稱霸的。秦孝公採用了衛國人商鞅的變法主張，移風易俗，使百姓富足，國家強盛。秦惠王採用魏國人張儀的計策，瓦解六國合縱聯盟，迫使他們向西來侍奉秦國，功績一直延續到今天。秦昭王得到了范睢，罷免了丞相穰侯，驅逐了華陽君，強化王室，杜絕私門，吞併諸侯，使秦成就帝業。由此看來，客卿有什麼對不起秦國呢？」

接著，李斯歷數秦王喜愛異國之珍寶、音樂、美女等玩好之物，唯獨不喜異國之才，這種行爲是極不明智的：「如果一定要秦國出產的東西才可以用的話，那麼，這夜光之璧就不該裝飾您的朝廷，犀牛角、象牙做的器物就不該成爲您的玩賞之物，鄭、衛兩國的美女就不會住滿您的後宮，那些打扮入時、花容月貌、體態婀娜的趙女也不會陪伴在您身邊。那敲打甕缸瓦缽彈著箏拍打大腿而嗚嗚地歌唱，才是正宗的秦國音樂，而現在您將這些都拋棄了，而去欣賞《韶虞》、《武象》這些鄭、衛、桑間的音樂，這又是爲什麼呢？」李斯還特別強調，如果看重美女、音樂、珍寶而輕視人才，「這不是用來統一天下、制服諸侯的策略啊」。

李斯進而勸諫道：「作爲國君，不應該拒絕百姓的歸附，就像泰山，不捨棄泥土，能成就其高大；河海不捨棄細流，而成就其深廣。如果不加區別，將客卿全部逐走，讓他們去資

助別國，這種做法就是人們所說的『借武器給敵寇，送糧食給盜賊』。這樣，對內，使國力空虛，對外，與各諸侯國結下仇怨，這樣做，要想使國家沒有危機，是萬萬辦不到的。」

秦王讀了李斯的奏章，沉吟良久，感歎萬千。是啊，要不是李斯高瞻遠矚，曉以利害，險此誤入歧途。於是秦王力排眾議，毅然下令：廢除「逐客令」，恢復李斯官職。

李斯不僅以無可辯駁的事實寫下了著名的《諫逐客書》，使秦王收回成命，他更以卓越的政治才能為秦吞併諸侯，剪滅六國，完成統一中國的偉業，立下赫赫功勳，為統一中國後國家體制的建立及一系列政治、經濟、文化政策的制定——設立郡縣制、統一文字、統一法度等，作出了順應歷史潮流的巨大貢獻。

李斯，昭示了一條樸素的眞理——得人才者得天下。

六、孤憤

卞和懷抱荊山璞玉先後進獻給楚厲王、楚武王，結果被砍去雙腳，韓非子藉此抒發了法術之士報國艱難的憤懣。

法術之士厲行法治必定遭到權臣的忌恨、打擊和陷害。在法術之士與權臣的殊死較量中，失敗的總是法術之士。原因很簡單，權臣根基深厚，黨羽眾多，君主也多受蒙蔽而站在權臣一邊，而法術之士勢單力薄，勝負已在不言之中。

法術之士懷著匡時救世之心，明知山有虎，偏向虎山行，哪怕獻出生命也在所不惜。法術之士自強不息的進取精神和崇高的人格力量，令人感奮不已。

和氏璧

春秋時，楚國人卞和在荊山中得到一塊璞玉，進獻給楚厲王。厲王請玉匠鑑定，玉匠說

是塊石頭，厲王認定卞和欺騙他，於是砍去他的左腳。

楚厲王死後，楚武王即位。卞和又捧著這塊璞玉進獻給武王，武王請玉匠鑑定，玉匠也說是石頭，武王也認爲受騙了，於是砍去卞和的右腳。

楚文王即位後，卞和懷抱這塊璞玉在荊山中痛哭，一連三天三夜，淚哭乾了，血流了出來。文王聽說後，派人去詢問：「普天下，被砍去腳的人很多，你爲什麼哭得這樣傷心呢？」卞和說：「我傷心的並不是被砍去雙腳，是寶玉被人看作石頭，忠貞之士被視爲騙子。」

楚文王派人雕琢那塊璞玉，果然得到了稀世珍寶，於是命名爲「和氏璧」。

珠寶美玉是君主所迫切需求的。卞和即使進獻的璞玉不美，對君主也沒有什麼損害，然而，要待到砍去雙腳後寶玉才被認定，識別珍寶是多麼艱難啊。

帝王的法術好比璞玉。君主對珍寶美玉的企求，何等迫切，對於法術，卻沒有引起足夠的重視。然而法術是用來禁止群臣士民的自私邪惡行爲的，因而法術之士必然遭到攻擊、誹謗，以致落得與卞和同樣悲慘的下場。

吳起，著名法家，傑出軍事家。先在魯國爲將，立下戰功；後到魏國，被魏文侯任命爲西河郡守，又建功勳。到魏武侯時遭人讒害，不得不離魏去楚。在楚悼王大力支持下，整肅軍令法紀，嚴厲打擊舊貴族勢力。悼王死後，舊貴族乘機作亂，殺害了吳起，變法夭折。

商鞅，曾幫助秦孝王推行治理，移風易俗，奠定了秦國富強的基礎。孝公死後，商鞅因

受讒害而遭車裂。

楚國不用吳起國力衰弱，秦國用商鞅之法而國強民富，他們的理論都被證明是正確的，是順應歷史潮流的，但他們同樣慘遭殺戮，韓非分析其原因是：大臣苦於法治而小民憎恨法治。

不變法社會無以前進，而變法需要勇氣和膽識，並需要付出慘重代價。

勢不兩立

法術之士與權臣之間存在著不可調和的矛盾。

法術之士以國家利益為計，以天下興亡為己任；權臣從個人利益出發，以滿足私欲為準則。法術之士推行改革就勢必觸動權臣的利益，權臣就會極力阻撓改革的進程；法術之術要維護君權，就勢必削弱權臣們的特權，權臣就會想方設法對法術之士進行構陷與迫害。無論從哪一個角度看，法術之士與權臣之間都無可避免地要步入勢不兩立，你死我活的境地。

韓非子在《孤憤》中開宗明義：通曉術的人，必定要有遠見卓識和明察秋毫的本領，否則就不能洞察隱私；推行法治的人必定要堅定果敢，剛勁正直，否則就不能懲辦奸邪之徒。

那些遵循法令、履行職責的臣子並不是掌握大權的人。掌握大權的人卻是這樣一些人：他們無視國家法令而胡作非為，破壞國家法制以謀求私利，損耗國家財富以便利私家，他們權重勢大，足以控制挾持君主。

如果法術之士得到任用，他們的主張被君主採納，那麼，權臣的隱私就會被曝光，他們奸邪不法行為就不會為法制所容，他們就將受到法律的制裁。

由此可見，法術之士和權臣只能是勢不兩立的仇敵關係。

這種仇敵關係說到底是公與私的矛盾，是國家利益和個人利益的衝突，是改革家與阻撓改革者之間的對立，不可避免，也不能調和。

權臣有四助

俗話說，得道多助，失道寡助。事實並不盡然。

「道」是個最說不清楚的東西，且不說老、莊之「道」如何神秘玄妙，孔、孟之「道」如何花樣翻新。就說山川草木是「道」、吃飯穿衣是「道」，甚至盜也有「道」，就可明白「道」實在是遊移而模糊的。道，究竟是什麼？

權臣有其「道」，法術之士也有其「道」，都可謂「得道」，而法術之士處境孤危，煢煢孑立，而權臣之士卻有「四助」：

其一，諸侯如果不依靠權臣，有事就得不到回應，因而就為權臣歌功頌德。

其二，百官企圖遷升，就必須依靠權臣在君主面前多多「美言」，不然，建立的功業就沒有進獻的機會，所以群臣百官都樂於為權臣奔走效力。

其三，君主的近侍為了接近君主，必須透過權臣牽線搭橋，於是拚命拉攏巴結權臣。一旦侍從君主，就必然「知恩圖報」，於是在君主面前極力隱瞞權臣的罪行。

其四，寒門學士如果不依附權臣，就收入微薄，禮遇低下，甚至連衣食都沒有保障，於是這些學士們為了表示對權臣的「效忠」，就會拚命為他吹捧。

有了這「四助」，即為權臣效勞的四種幫兇，權臣就因此而粉飾自己。國內國外，朝上朝下，對權臣的歌功頌德之聲不絕於耳，就完全可以混淆視聽，眾口一詞，由不得君主不信。君主甚至會認為權臣原來是那麼完善無缺，無瑕可指。

權臣絕不會推薦自己的仇敵——法術之士為君主國家效力，事奉君主的就只能從四種幫兇中產生。君主被權臣及其幫兇所控制，又怎麼能越過「四助」而看清權臣的陰謀與奸邪呢？結果只能是君主愈來愈受蒙蔽，而權臣勢力愈來愈大。

四種幫兇為了自己的利益，甘當權臣的爪牙，而受蒙蔽的君主也自覺不自覺地為權臣所

用。「四助」的行爲還只是爲虎作倀，而君主的寵幸好比爲虎添翼。這「一助」較之「四助」實有過之而無不及。得此「五助」，權臣所玩弄的不僅僅是手中的大權，而是整個國家，勢單力薄、「寡助」的權術之士的處境就可想而知了。

勝負已定

在法術之士和權臣這場殊死較量中，其勝負實際上早已確定。

權臣的優勢是明顯的，從國內到國外，從朝上到朝下，從君主到文武百官，結成了一條嚴密的「統一陣線」，或聲援權臣，或赤膊上陣參與搏擊。

法術之士呢？孤立無援，寡不敵衆，要在重重圍圍中殺開一條血路，談何容易。權臣的朋黨爪牙且不說，君主不信任你，你如何推行自己的法治主張，如何懲辦權臣的奸邪不法行爲？

從具體的情形分析，權臣有五勝，法術之士有五不勝：

以君主疏遠的法術之士與君主親近、喜愛、信任的權臣相爭，權臣勝券在握。

法術之士如新來的旅客，根底淺薄，哪裏敵得過早已織就如蜂巢般嚴密的關係網的權

臣？

權臣逢迎君主的旨意，投其所好，法術之士與君主的好惡不同，思想相乖，君主自然站在權臣一邊。

權臣地位高貴，重權在握，法術之士地位卑賤，官職低下，依常理看，法術之士是難以取勝的。

權臣黨羽衆多，門徒廣布，法術之士勢單力孤，兩相爭鬥，勝負不難判定。

法術之士處在五種不利的情況下，又常年得不到君主的接見；權臣憑藉五種有利條件，又隨時可以單獨進見君主。這樣，法術之士得到任用的門路便被堵塞了，君主也不知道什麼時候才能幡然醒悟。法術之士處境孤危又與權臣勢不兩立，那他們處處都潛伏著危險。

對法術之士可以羅織罪名加以陷害的，就假藉國家法令進行屠殺；對加不上什麼罪名的，就派刺客進行暗殺。這樣，推行法治的人，不是死於官府的刑殺，就是死於刺客的暗殺。而那些互相勾結結成死黨以蒙蔽君主、顛倒黑白、混淆是非的人，就會得到權臣的重用。對可以用功勞作藉口的，就封官賜爵使他們顯貴起來；對那些實在找不出任何可以假藉的名義的，就利用其他諸侯國的勢力使他們居於重要地位。

被蒙蔽的君主往往聽信權臣的一面之詞，不對具體情況進行考察就對法術之士大開殺戒，而對權臣及其黨羽們不等待建功立業就授予爵祿。

權臣得勢，法術之士豈有好日子過？

法術之士固然心懷鴻鵠，以天下興亡爲己任，但在一個是非顛倒、法術之士慘遭屠戮的時代，有誰甘願冒生命危險去對昏君陳述自己的主張呢？奸邪的權臣更不會在如魚得水、左右逢源的有利時機而自行引退，倘若希望奸邪之臣良心發現，改惡從善，那等於與虎謀皮。

結果是——君主的地位愈來愈低下，權臣的身分愈來愈尊貴，自然，法術之士的處境就更加艱難。

進說者的命運

對昏庸的君主滔滔不絕地陳述自己苦心孤詣探討而得的治國之道，那是對牛彈琴，枉費心機。

君主不聽還不罷休，輕的把進說言辭看作是詆毀和誹謗，重的就會使進說者遭到災禍，甚至讓進說者從思想到肉體統統消失。由此可見，仁厚忠貞、賢良而有道術的人進說之艱難，命運之悲慘。

韓非子在《難言》篇中列舉了十多個歷史人物因進說而招致災禍或被殺害的故事：

伍子胥在幫助吳王夫差打敗越國後，越向吳求和，伍子胥加以諫阻，吳王不聽；後吳王北上伐齊，伍子胥又加勸阻，吳王大怒，賜劍逼伍子胥自殺。如果夫差聽從了伍子胥的勸諫，哪裏還有勾踐臥薪嘗膽，三千越甲吞滅吳國的歷史演義呢？

孔子周遊列國，到處碰壁，到宋國時，曾受到匡人圍攻。

上古時的伊尹多次向商湯陳述自己的治國主張而未被採納，只好做商湯的廚師，乘機進言，商湯這才發現伊尹的賢明而任用他。

周文王在姬昌做西伯時，因不滿商紂王的所作所爲，被囚禁在羑里。

因勸說商紂王，鄂侯被烤死，九侯被殺後做成乾肉，比干被剖心，梅伯被剁成肉醬。

孫臏才能爲同學龐涓所嫉，被龐涓誣告而受臏刑。

吳起任西河守時，魏武侯聽信王錯的讒言，將他召回，他回到岸門，眺望西河，預見這個地方終將爲秦國所奪，痛心流淚。吳起到楚國任楚悼王令尹，實行變法，爲舊貴族不容，遭亂箭射死後又遭車裂。

田成子發動政變，殺死齊簡公，控制了齊國政權，宰予因反對田成子的行爲而被殺。

范雎曾受人陷害而被打斷肋骨。

……

在君主專制獨裁的時代，進說者的命運大抵相同。遇到一個賢明的君主，或許會有一方

用武之地；遇到昏庸的君主，注定是「淒淒慘慘戚戚」的。杜甫曾懷抱「致君堯舜上，再使風俗淳」的理想，終究落得個「飄飄何所似，天地一沙鷗」的淒涼。辛棄疾曾感歎「閒愁最苦」；陸游臨終時「但悲不見九州同」，告誡兒女們「王師北定中原日，家祭無忘告乃翁」，但大宋的半壁江山都最終被蒙古族剽悍的鐵騎踏碎。「精忠報國」的岳飛被秦檜以「莫須有」的罪名所殺害，「還我河山」只能是永遠的夢想和遺憾的泡影。戊戌維新志士「有心殺賊，無力回天」，一腔熱血喚不醒沉睡的東方雄師……

良藥苦口利於病，忠言逆耳利於行，這種衆所周知的道理，一般的君主是不能得其奧旨的。專制統治下，民衆可憐的願望是呼喚「眞龍天子」——賢君的出現。數千年君主專制統治，出了幾個「眞龍天子」？賢君在哪裏？即使爲帝王們造牒譜的封建正史，也掩飾不住斑斑血跡和冤屈者無奈的呻吟。

韓非子所謂「難言」的確異乎尋常，意味深長。

風高無坦途

法術之士是一個極其悲壯的群體，位卑不忘憂國是他們的特質。他們如獨行客那樣，在

布滿荊棘的旅途上，義無反顧地前進，步履蹣跚，前途渺茫……

面對衆人的誣陷，在流言蜚語的海洋中沉浮。他們一心爲君主，君主並不領他們的情，甚至不能保證他們的人身安全，或許到臨死的時候他們仍無建樹，沒沒無聞或悲慘無比地死去，儘管可悲，都是法術之士共同的命運。

韓非子講了這樣一個故事：

楚莊王的弟弟春申君有個愛妾叫餘，陰毒而有心計。她想叫春申君休掉他的正妻，於是故意弄傷自己，又跑到春申君那裏哭泣。春申君被她的淚水軟化了，問及她的原委。

餘一邊哭一邊說：「我能夠做您的小妾已經深感榮幸了。但是，我如果順從了夫人的旨意就不能很好地侍奉您了；如果順從了您的旨意又不能使夫人滿意。我本來不賢惠，我能力有限，不能同時服侍好您和夫人，我與其死在夫人的手下，不如死在您的面前。我死以後，假如您身邊再有得寵的人，希望您一定要察明這種情況，以免被人恥笑。」

春申君看到餘可憐兮兮的模樣，愈發憐愛，於是相信了餘的話，將正妻休掉了。

餘還不滿足，又想殺死正妻所生的兒子甲，好讓自己的兒子成爲合法繼承人，於是自己撕破了貼身內衣，跑到春申君那裏哭訴：「我被您寵愛已經很久了，甲不是不知道，但他今天卻企圖對我非禮，我與他爭鬥，他就撕破了我的內衣。」

春申君大怒，於是將自己的兒子甲殺死了。

父親沒有不愛自己兒子的，但仍然可以聽信讒言而殺掉他。君臣之間的交往，沒有父子之間那種親密關係，而群臣之中講壞話的，又不像春申君的妾那樣只有一個人，那些法術之士遭到殺害又有什麼奇怪呢？

魯迅曾說：「改革，是向來沒有一帆風順的，冷笑家的贊成，是在見了成效之後的。」法術之士或許在未見成效之前，就被殺害了。即使像商鞅、吳起變法已大見成效之後，不照樣逃不掉被屠戮的命運嗎？

法術之士，可悲可敬，可歌可泣。

【法治篇】

法治興國
明法去私
執法如山
嚴刑峻法
賞罰分明

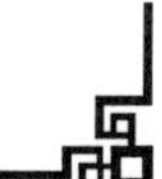

一、法治興國

法治，是國家長治久安、繁榮興盛的根本。

法的作用在於將整個統治階級的意志和利益法定爲統治者施政的準則，藉以排除統治者個人的私心和主觀成見對國家利益的干擾和破壞，從而保證國家的安定和政權的鞏固。

法作爲一種客觀尺度，它需要有統一固定的標準，功過是非全憑法來權衡度量，依法刑賞，才能最大限度地整齊民心，調動民力，所以，取得戰爭勝利的決定性因素是政治上的勝利。只有建立法度，使人民養成重戰的風氣，才能加強戰備，提高戰鬥力。

法家對於司法隊伍的組織和建設也提供了可資借鑑的模式。

興國之本

無規矩無以成方圓，無法則無以治國。

魏文侯、武侯變法改革時期，彰明《立辟》，積極從事法令建設。有功必賞，有罪必殺，天下歸正，國家強盛，威勢達到四方鄰國；待到法令懈怠，胡亂地賞罰，國家日漸衰落。

趙武靈王胡服騎射，變法強兵之時，彰明《國律》，大力從事軍隊建設，於是滅中山，擊匈奴，攻取齊國的昔陽等地，將領土拓展北至燕、代。等到《國律》施行鬆懈，執政者懦弱無能，國勢日漸衰微。

燕昭王變法圖強的時候，彰明《奉法》，重視官府決斷，向東，將齊國作爲自己的郡縣，向南，滅掉中山國。等到《奉法》消亡，君主身邊的親信爭鬥不休，君主聽從臣下作出決斷，於是兵弱地削，國家受他國的控制。

法制嚴明，國家就昌盛；法制鬆弛，國家就衰弱。

家庭有固定的產業，即使遇上荒災之年也不會挨餓。同樣，國家有固定的法制，即使遇到危難也不至於衰亡。

法制是立國之基石，興國之根本。

遼興宗重熙初年（西元一〇三二年）曾詔令大臣耶律庶成等說：「現今國家的法令輕重失調。法令，是治國的先決條件，它關係到人的性命，不能不慎重。希望你們審察、衡量法令的輕重，根據合宜的原則加以修正、制定。」耶律庶成等參考、斟酌古今法令，改正了當時法令中的錯謬之處，編定後上呈興宗，興宗看過後稱讚說編得很好。

健全的法制，是人類社會走向文明、進步的重要標誌，是國家長治久安的根本保障。遼興宗將法制建設作爲興國治民的先決條件，的確是務本之舉。

儒家講「仁」、「義」、「禮」之類，道家將「道」看得至高無上，但這些都是道德的範疇，只能從一定程度上約束人們的行爲，何況道德具有抽象性、模糊性，可操作性不強。法制就不同，條分縷析，具體可行，對號入座，是非立辨。就像鏡子，一經對照，美醜就顯露出來；又如衡器，一經度量，誰輕誰重，一目了然。

自古至今，任何朝代，任何時期，法制健全，國家就興盛；反之，則衰敗，這是不容置疑的。

法者，國之權衡

法度，是國家的秤和尺。

測量長短，靠尺子；判斷輕重，離不開秤。

評判人們行爲的是非功過，進而確立對人們的褒貶賞罰，也要依靠秤和尺，那就是法度，因而，法度就是國家的秤和尺，是須臾不能拋棄的。

就賞罰而論，如果失去準則，朝廷給予官爵不根據人們的政績大小，忠臣就不肯效忠了；施行祿賞，不與人們的戰功相配，戰士就不肯賣力了。處罰如果不依據人們犯罪輕重來量刑，或者有罪不懲，有惡不除，必然導致整個社會的大動亂。

君主如果拋棄法度而想治理好國家，就好比希望不挨餓，而拋棄糧食；希望不受凍，而拋棄衣服；希望到達東方，卻走向西方——簡直就是南轅北轍。

另一方面，人臣侍奉國君，總是以國君的愛好爲轉移。國君愛好言談，人臣就用言談來侍奉他；國君愛好法度，人臣就用法度來侍奉他。國君愛好言談，說長道短的人就會圍繞在他的左右，國君愛好法度，正直的人必定出現在他面前。只有法度分明，小人才不嫉妒賢人，無能的人才不嫉妒有功的人。

諺語說：蠹蟲多，樹木折；空隙大，牆壁壞。國君拋棄法度而喜歡私人議論，奸臣就會出賣國君的權柄來追求利祿，官吏就會瞞上欺下，騷擾百姓。那麼，人民就會離開國君，國家就有了空隙，瞞上欺下的官吏是人民的蠹蟲，國家豈有不亡之理。

所以《商君書．修權篇》說，治國有三個要素：一是法度；二是信用；三是權柄。國君只有運用法度，才不會被蒙蔽、欺騙，這樣才能明察秋毫，恰當地運用賞賜和刑罰。文武之道，一張一弛，這才是國家長治久安的途徑，是治國不可缺少的重要因素之一。

法度，是國家的秤和尺，國君必須牢牢掌握在手中。

壹刑

壹刑就是統一刑罰。

《商君書．賞刑篇》說：統一刑罰就是不論人們的等級，自卿相將軍到大夫平民，如果不服從國王的命令，違犯國家的法禁，破壞國家的制度，就是死罪，絕不赦免。至於那些掌握法律，負責執法的官吏，如果不執行國王的法律，不僅要處以死罪，而且要加刑於他的三族。以前立過功，後來犯了罪，絕不減輕刑罰；以前有過善行，後來犯了罪，也不得赦免；忠臣孝子有了過失，必定按其情節輕重來判罪。

由此可見刑罰之重，用刑範圍之廣。其目的是什麼呢？目的就是以刑去刑。

加重刑罰，可以對人民產生威懾作用。古代帝王的法律，或殺死人，或斬斷人的腳，或刻刺人的面，並不是希望傷害人，而是爲了杜絕奸邪，禁止罪過。而杜絕奸邪，禁止罪過的最好方法是加重刑罰。爲此，《賞刑篇》的作者舉了兩個例子——

其一，晉文公想要修明刑罰，愛護百姓，於是召集諸侯大夫於侍千宮，大臣顛頡遲到了，晉文公令官吏依法腰斬顛頡，並拿他示衆。晉國人都膽戰心驚地說：「顛頡那樣受寵，

還被殺死示衆，何況我們！」後來晉文公舉兵攻打曹國和五鹿，又摧毀了鄭國的城牆，將衛國的田地改爲東西壟，戰勝楚兵於城濮。他命令三軍戰士停止前進，就像斬斷他們的腳一樣；命令三軍戰士行動，就像水向下流一樣，三軍戰士沒有人敢違抗。

其二，周公旦殺死了背叛周王朝的管叔（周公之兄），將霍叔（周公之弟）貶爲庶人，並告示天下：「管叔、霍叔是犯了法的人。」天下的人都說：「親兄弟有了罪，都不能免刑，何況疏遠的人！」周公的天下因而大治。

這是兩個以刑去刑的成功範例。

有罪惡的存在，就必須使用刑罰來懲治罪惡，這只是短期目標，是不得已而爲之。使用刑罰的長遠目標在於去掉刑罰，社會清明，盜賊不起，罪過不生，刑罰也就失去其繼續存在的價值。然而，無論是古代還是現代，以刑去刑只是一種理想，時至今日，還沒有聽說哪一個國家不要刑罰，只是有輕重緩急之別。

政勝

決定戰爭勝負的因素是什麼？

人民衆多、武器精良、謀臣策劃，這些因素固然重要，但商鞅強調，政治上的勝利才是戰爭勝利的決定性因素，是成就王業的基本條件。

在《立本篇》中商鞅提出了贏得戰爭勝利的三個步驟：

1. 當軍隊沒有動用的時候，要建立法度。
2. 在法度之下，養成人民重戰的風氣。
3. 在重戰的風氣下，完備戰守的器物。

這三個步驟的實行，還有賴於兩個條件：第一，國君輔助法度，法度從而貫徹；第二，國君措施得當，法度從而確立。

商鞅進一步闡述道：「至於依靠人民衆多，那好比修茅屋；依靠武器精良，那叫做取巧；依靠有計謀的大臣，那叫做騙術……所以說：強國必須堅強人民的鬥志；人民有鬥志，才肯盡力作戰；人民盡力作戰，才能無往不勝，無敵於天下。國君能夠貫徹政令，才能夠積累財富；能夠積累財富，才能夠加重對戰功的賞賜。賞賜要出於一個途徑，爵位才顯得可貴，人民才認爲爵位有利。」

商鞅強調的是：強國必定治，治國必定強；富國必定治，治國必定富；強國必定富，富國必定強。這是三條治強之路，都是針對政治的根本而言的。將政治上的勝利看作是戰爭勝

利的決定性因素，這是商鞅的重要軍事思想。

一支沒有經過政治武裝、缺乏鋼鐵般意志的軍隊，是沒有戰鬥力的，人數再多，也是一群烏合之衆；武器再精良，操縱在一盤散沙式的軍隊手中，不過是一堆廢物；神謀妙計對他們而言，只能是一紙空文。

「政勝」是戰勝的根基。

司法建設

法律是人民的生命、治國的根本、防止民衆作惡的工具、國家長治久安的保障。法律不過是一些條文，要眞正發揮作用，有賴於法律的實施，因此，司法官吏的任命和培養就顯得尤爲重要。

在這方面，《商君書．定分篇》作了可貴的探索。

首先，它敘述了設置法官、法吏和收藏法律副本的辦法。

國君要爲法令設置官吏，讓通曉法律條文的人做各級地方主管法律的官吏，這些官吏由地方推薦給天子，天子就任命他們主管法律。整個國家的法官組織形式是：天子設置三個大

法官，分別主管天子殿、御史衙門（外加一法吏）和丞相衙門。地方上的諸侯和郡縣，也由天子委任一個法官和法吏，他們聽命於朝廷中的一個法官。

法令都有一個副本放在天子殿中，殿中建「禁室」存放副本，鎖好，再加上封條，鈐蓋「禁室」之印。私闖「禁室」偷看副本或私自竄改法律條文的，處以死罪，絕不赦免。每年一次，依照「禁室」所藏法律條文，向官吏頒布。

其次，規定了法官、法吏的責任和義務。主管法律的官吏必須通曉法律條文，並嚴格按照法律條文執行法令，如果有所疏忽，就治他的罪，擅自改變法律條文是死罪。主管法律的官吏遷移或死亡，都要及時補充，補充者必須在規定期限內通曉法律條文，否則就治他的罪。主管法律的官吏有義務向其他官吏和人民解釋法律條文，要準確明白，而且要制一個一尺六寸長的「符」，符上寫明年、月、日、時及所有法律條文的內容。主管法律的官吏如果不肯對詢問者解釋，待詢問者犯了罪，所犯的正是詢問的那一款時，就按那一款治主管法律官吏的罪。在問答的同時，將記錄問答內容的符片的左半邊給予詢問者，主管法律的官吏將右半邊藏封在木匣中，加蓋印封，即使這官吏死去，也要按符片上所寫的執行。

第三，法律要規定人們的權利範圍，確定人們的「名分」。人民通曉法律，就不會犯法，同時對法官、法吏也是一種督促，他們不敢以非法的手段對待人民，其他官吏也不敢用非法的手段對待人民。從法官法吏到普通官吏到平民百姓都通曉法律，明確自己的權利範圍，就

不至於爭奪紛亂，這正如人們看到在野地上奔跑的兔子，會有一百個人去追趕，並非這兔子可以分成一百份，而是由於兔子的歸屬沒有確定。市場上賣的兔子很多，而盜賊不敢取，這是因爲兔子的名分已經確定。

最後，關於法律條文的解釋，務必明白易懂，沒有歧義，讓法官、法吏做天下人的老師，教導他們懂得法令，讓天下人民都知道應該躲開什麼，走向什麼，如何避開禍災，走向幸福。人民都懂法，就會自覺守法，人民都能自治，天下也就大治了。

戰國時代的法家就設想出這樣完備健全的法制隊伍建設，的確是對中國法制史的巨大貢獻，在今天，仍不失其價值。

二、明法去私

法是公平的、公正的，它所體現的是國家的公利。君主的私威、臣下的私義都是與法制背道而馳的。

情感代替不了法，社會輿論也不能作為刑賞的標準。個人的好惡、恩怨、情仇都必須服從國家利益，《韓非子》中有很多這種生動的事例：趙武薦賢，外不避仇，內不避親；解狐推舉仇人為相；吳起為了厲行法治，不顧夫妻私情；公儀休守法不受魚；子罕為官，以不接受珍寶為寶。只有去除了不合國家公利的偏私言行，法才能成為治國的最高準繩。

公私分明

「私」表示為自己打算，「公」指背棄「私」。「公」與「私」是相反的。

君主治理國家必須公私分明，明確法制，去掉那些不符合法制的個人恩惠。對於君主而言，行公義就必須有令必行，有禁必止；如果只爲個人打算，講朋友之間的信用，賞賜鼓勵不了，刑罰阻止不了，那是臣子的私義。

私義風行，國家就混亂；公義風行，國家就太平。公私之義關係到國家的治亂。

孝文帝時，太子元恂厭惡讀書，常與他的心腹一起爲非作歹，又殺死了勸諫他的大臣。孝文帝決定廢黜元恂。許多大臣都替元恂求情。孝文帝說：「你們求情只是出於個人利益，而我提議廢除太子卻事關社稷命運，今日如果不廢除他，便爲元魏江山留下一個大大的禍根，等我死之後，永嘉之亂的慘劇恐怕會再度重演。」

於是廢元恂爲庶人。後來有人告發元恂與手下人意欲謀反，孝文帝於是派人攜帶椒酒詔賜元恂自盡，元恂當時年僅十五歲。

隋朝時，華陰一帶盜賊叢生，朝廷準備選派有才能的人去擔任華州長史一職。丞相楊素推薦有「能吏」之稱的榮毗去任職。

楊素的田地住宅多在華陰境內，他的手下人放縱恣肆，榮毗依法嚴懲他們，毫不留情。

榮毗參加朝廷集會時，楊素對他說：「我舉薦你，正好用來懲罰我自己的人啊。」

榮毗回答說：「我之所以秉公執法，是怕辜負了您的舉薦。」

楊素笑著說：「我剛才是跟你開個玩笑，你奉公執法，正是我所期望的。」

孝文帝以江山社稷爲重，大義滅親；榮毗秉公執法，不徇私情，擺正了公私關係，不愧是明君賢臣。

君主如能時刻將國家利益放在首位，以法制爲楨桿來治國，臣子就會去除私心而行公義；如君主只顧自己享樂，將治國安民置之腦後，臣子就會去除公義而謀私利。君臣一心，去私爲公，需要法制的支撐和監督。爲公義有功而賞，爲私利違法而罰，那麼，就會形成天下爲公的局面，天下爲公則天下大治。

不能感情用事

《韓非子．難三》中引用管仲的話：「看到合法的事，表示喜歡，就給予賞賜；看到不合法的事，表示厭惡，就給予懲罰。君主察見到的事情，賞罰都兌了現，雖然有察見不到的地方，還有人敢做壞事嗎？看到合法的事，雖然喜歡而不給予賞賜；看到違法的事，雖然厭惡而不使用刑罰。君主親自見到的事賞罰都沒有信用，而求查出君主看不到的違法行爲，那是不可能的。」

管仲這段話指出了君主「信賞必罰」的重要性，是有一定道理的，韓非子卻立足於一個

更高的層面來審視這個問題：

在大庭廣衆和嚴肅的場合，大家都表現得莊重恭敬；獨自在自己的家中，就是像曾參、史鰍那樣品德高尚的人也會輕慢隨便。觀察人們在嚴肅的場合的言行，那是了解不到眞實情況的。況且在君主面前，臣下總是要掩飾自己的。只根據自己所見到的定好惡，臣下要掩飾自己的奸邪行爲來愚弄君主，也是必然的。

君主的明察不能洞察遠離身邊的壞人和隱蔽著的壞事，而透過觀察經過掩飾的行爲去對待臣下，決定賞罰，不也是一種弊病嗎？

英語中有句諺語：Seeing is believing，意思是「眼見爲實」，其實，很多時候，眼見的未必都是實情，甚至恰恰是一種假象，人們如果被這種假象所迷惑，對事物的判斷只能作出錯誤的結論。君主對臣下巧飾的行爲如果缺乏辨別能力，錯將奸佞作賢良，最後導致身死國滅，也就不足爲奇了。

更爲重要的，如果僅憑君主的好惡來實行賞罰，那麼，法治就會變成人治。法律是不能摻雜私情的，是要絕對排除感情因素的，否則，就會失去其純潔性和嚴肅性。

堡壘最易從內部攻破，歷史上每一個朝代的「壽終正寢」，都與其朝綱混亂有直接關係，而朝綱混亂，不是沒有健全完善的法律制度，就是有法不依、執法不嚴。

諸葛亮揮淚斬馬謖，爲古今楷模，包拯鐵面無私，執法如山，「青天」美名傳揚至今。

每當社會秩序混亂、冤獄叢生的時候，人們總是由衷地呼喚時代的「青天老爺」能匡扶正義，爲民伸冤。

君主的好惡不能決定賞罰，法律條文才是鐵的原則。

「小忠」之過

楚共王與晉厲公交戰於鄢陵。楚軍大敗，共王也被射傷左眼。

正當兩軍酣戰之時，司馬子反口渴求飲，找不到水，豎谷陽只好端著酒觴遞給他。司馬子反接著酒觴說：「不能喝，這是酒。」

豎谷陽騙司馬子反說不是酒。司馬子反於是端起酒觴狂飲。子反是個嗜酒的人，覺得這酒味道不錯，喝個不停，結果醉了。

稍事休整後，共王想再戰，叫人召司馬子反來聽令。司馬子反覺得頭重腳輕，不能再戰，就謊稱心痛而推辭了。

共王駕車前往，到司馬子反帳幕中，聞到了一股濃烈的酒味，知道了其中的情由。共王說：「今日一戰，我被射傷左眼。我所依仗的，是司馬子反，而他又醉成這樣，是存心讓楚

國滅亡而不體恤我的部下。」

班師回朝後，共王將司馬子反斬首陳屍。

豎谷陽獻酒，並不是仇恨子反，他的內心是忠愛於子反的，卻不料給子反招來了殺身之禍。

韓非認為「小忠」（個人之間的忠）得以實行，那麼「大忠」（對君主的忠）就要受到危害。

個人私情與國家利益常常是矛盾的。

北魏太武帝「賞不遺賤，刑不避親」，有功的，便給予賞賜，哪怕是曾經做過盜賊的人；犯了法的就必須嚴懲，即使是自己的親屬也不能逃脫，臣子犯法，絕不無原則地減輕處罰。

唐太宗根據功臣們的功勞大小排定等次，確定相應的封地。名臣房玄齡、杜如晦排在首位，太宗的叔父淮安王神通不服。太宗說，房杜有運籌帷幄、安定社稷之功，可比漢代蕭何，雖無汗馬功勞，但能指揮策劃，輔佐君王成就大業，因而功勞位居第一。叔父對於我來說，是最親近的人，但不能徇私情而毫無原則地與功臣同樣獎賞。

漢明帝不給外甥封官，諸葛亮揮淚斬馬謖，傳為千古美談。

無論君主還是臣子，都不能因「小忠」而損害「大忠」，個人交情服從大眾利益、國家法

令，公而忘私是爲君爲臣應有的品質。

法制之敵

智慧高強，機巧善辯，本來是一個人的長處，他如果能出以公心，爲國效力，可能是難得的人才，但如果一心想謀取個人私利，狡黠多詐，巧言令色，以此迷惑君王，那必然成爲國家的禍患。

所以，韓非就認爲，智巧之人如果能夠做到「以道爲常，以法爲本」，即把道作爲治事的常規，將法作爲立國的根本，那就行得通，否則就行不通。要治理好國家，僅僅憑藉智慧巧慧是不夠的，還必須依靠法制，法制是萬全的。

丟掉規矩而單憑技巧，放棄法制而單憑智慧，是使人迷惑混亂的方法。昏庸的君主使民衆用智巧粉飾自己，這是不懂得道的緣故，只能勞而無功。

一旦法制鬆弛了，朝綱必定混亂，群臣賣官爵而得報酬，利益歸於私門而權威落入群臣之手，那麼民衆就不可能盡力侍奉君主，而會想方設法巴結大臣，財貨就流入大臣手中，那些善於花言巧語的人就被錄用。這些透過不正當途徑進入官場的人，他是否有眞才實學暫且

不論，至少，他不會全心全意爲國家出力，爲百姓謀利，他爲了升官發財，不得不繼續巴結大臣，這就需要大量的財貨行賄，那麼，他要做的事只有一件，那就是巧立名目加緊對民衆的搜刮和剝削。國家的前途，民衆的命運，就可想而知了。

投機鑽營也是一種本領，他總是設下騙局，假託某種事來親近君主，又喜歡談論那些天下少見的東西，這就是暴君亂主所以受迷惑，賢能的臣子所以受侵害的原因。

漢武帝時有個叫欒大的人，自稱頗知方術，又擅長夸夸其談，很快贏得了漢武帝的寵信。漢武帝拜欒大爲五利將軍。當時漢武帝正爲水患而憂慮，欒大謊稱能通天意，武帝便給他兩千戶之地，並封他爲樂通侯，賜給他列侯的甲等封號，僮僕千人，出則乘車，豪奢無比。又將女兒衛長公主嫁給他，送黃金萬斤。王公大臣都置酒於五利家，大獻殷勤。這還不算，武帝又命人刻製「天道將軍」玉印，派使者身穿鳥羽衣，夜晚站在白茅上，五利將軍也身穿鳥羽衣，站在白茅上接受玉印，表示他不是一般臣子，而是通於天道、專爲皇帝說神仙的人。欒大經常在家中祭祀，說是等待神仙光臨。統統是一派胡言。

後來，欒大的詭計被漢武帝識破，漢武帝就把他殺了。

智巧之徒，顛倒黑白，迷惑君主。他們往往憑個人智巧否定國法，用智巧來肯定邪惡的東西，詆毀法制，這種做法，君主是一定要禁止的。

君主要牢牢掌握法制這柄利劍，把智巧之徒當作法制的大敵，那麼，再狡詐善辯之徒，

在法制面前都會原形畢露。君主就可使用法制之利劍，除惡務盡。同時，多聽聽那些忠臣賢才的治國良言，這樣，國家大治就有了希望。

外舉不避仇，內舉不避子

中牟縣缺一個縣令。

晉平公問趙武：「中牟縣相當於國家的胳膊大腿，地理位置特別重要，我想派一個有才能的人去做中牟縣令，你看派誰去合適呢？」

趙武說：「邢伯子能行。」

晉平公說：「他不是你的仇人嗎？」

趙武說：「私人的仇怨關係不要帶到公事中來。」

晉平公又問：「誰可擔任內府的長官？」

趙武說：「我的兒子可以。」

這就是古代傳頌一時的「外舉不避仇，內舉不避子」（對外舉薦不避開仇人，對內舉薦不避開兒子）的佳話。

趙武唯才是舉，無論是自己的仇人，還是自己的兒子，只要有才，就應該讓他事國奉君。無私就能無畏，哪管別人說長道短呢？

趙武先後舉薦了四十六人，到他死後，來弔唁時都坐在客位上，可見趙武舉薦人，並不是培植個人恩德。

千秋功過，自有後人評說。晉平公曾問叔向群臣中誰最賢能，叔向說：「趙武。」晉平公以爲趙武是叔向的老上級才這麼說的。叔向說：「趙武站立的時候，好像不勝衣服的重量，講話時好像吶吶不能出口，但他舉薦的幾十個人，個個都合乎他推薦時的本意，國家能依靠他們。當趙武在世時，不利用他們爲自己謀取私利，死時不將孤兒託付給他們照顧，所以我認爲他最賢能。」

舉賢需要有一雙慧眼，像相馬的九方皋、伯樂一樣，善於發現「才美不外見」的千里馬。

舉賢更需要坦蕩磊落的胸懷，不要爲培植親信、結黨營私而薦才，也不要唯恐別人超過自己而壓抑人才。歐陽修爲唐宋八大家之一，有「文章太守」的美稱。作爲北宋詩文革新運動的領袖人物，在他的周圍團結了一大批詩人作家。對朋友，他不唯我獨尊，而是互相切磋；對後進積極扶植、提拔。歐陽修看出蘇軾「他日文章必獨步天下」，曾說：「老夫當避此人，放出一頭地」，由此可見歐陽修的眼光和襟懷。

曹操曾三下求賢令，只要有治國安邦之策、領兵打仗之才，不忠不孝也不要緊，唯才是舉，值得後世借鑑。

私怨不入公門

晉國大夫解狐舉薦他的仇人做趙簡子的相。他的仇人以爲解狐已經消除了對自己的仇怨，於是前去拜謝他。

解狐於是拉開弓迎頭射擊他的仇人，說：「我舉薦你是爲公，因爲你有能力擔當此任。我和你有仇，這是我的私怨，我不能因爲與你有私仇而使君主不能了解和任用你。你走吧，我還和先前一樣怨恨你。」

這就是《韓非子．外儲說左下》中記載的「私怨不入公門」的故事。

解狐難能可貴之處就是能分清國家利益和私人仇怨的關係。國家利益第一，私人仇怨第二，涇渭分明，毫不含糊，正因爲如此，他才舉薦自己的仇人爲趙簡子的相，原因是他的仇人堪當此任，並不是想以此來化解私人間的仇怨，私人仇怨無條件地服從國家利益。

戰國時趙國大將軍廉頗和上大夫藺相如的故事也是傳誦至今的佳話。

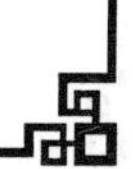

藺相如起初只是趙國太監頭領繆賢的門客，後因繆賢的舉薦，隨趙王出使秦國，不辱使命，完璧歸趙有功而被提拔為上大夫，位尊廉頗之上。

廉頗為趙國良將。在趙惠文王十六年（西元前二八三年），廉頗統兵討伐齊國，大獲全勝，攻佔晉陽，被任命為上卿。在當時，以勇氣而聞名於諸侯。當廉頗得知藺相如位居其上時很不服氣，認為自己有攻城野戰的大功勞，而藺相如僅僅因為口舌之勞就位居自己之上，何況藺相如不過是一名卑賤的門客。廉頗不甘心位處其下，並揚言遇到藺相如，要當面侮辱他。

藺相如虛懷若谷，不肯與廉頗相見，常常藉口有病而不上朝，偶爾遇到廉頗也遠遠避開。

藺相如的門客為他抱不平，認為有失尊嚴。藺相如問：「廉將軍與秦王相比誰更厲害？」門客們都說廉頗不如秦王厲害。

藺相如說：「憑秦王那樣的威勢，我敢於在朝廷上斥責他，侮辱他的群臣。我雖然愚劣，難道就怕廉將軍嗎？但我是想，強大的秦國之所以不敢對趙國用兵，就是因為有我們兩人在。如今兩虎相鬥，必定兩敗俱傷。我之所以這樣做，是以國家需要為先，而以私仇為後啊。」

廉頗知道後，負荊請罪，兩人結為生死至交。

好一個「先國家之急而後私仇」！

當時的秦國採取了各個擊破的戰略戰術，不斷地攻打六國，壯大自己的實力，爲稱霸天下打下基礎。趙國雖然擁有一定的軍事力量，但與秦國是無法抗衡的。但秦國也不敢貿然進攻趙國，因爲趙國有驍勇善戰的廉頗和深於韜略計謀的藺相如，尤其是藺相如，不僅智慧超群，而且不畏強暴，寧死不屈，秦王是領教過他的厲害的，早就懼怕三分。

應該說藺相如是無所畏懼的，但他深明大義，爲國家急需而忍辱負重。

吳起休妻

吳起是戰國時著名軍事家、法家代表人物。

一次，吳起叫他的妻子織了一條絲帶，吳起發現寬度不夠，就叫她重織。

他妻子答應了，織成後，吳起一量，還是不符合尺度要求。

吳起大怒，他的妻子說：「我開頭就把經緯線確定好了，不能更改了。」

吳起於是將妻子休掉了。

他妻子請求他的哥哥去勸說吳起接她回去，他哥哥說：「吳起是制定法的人。他制定的

法，是想用來爲大國建功立業，首先必須實行於自己的妻妾，然後才能推行，妳不要希望回去了。」

他妻子的弟弟被衛君重用，於是憑著這種身分去請求吳起，吳起還是不聽。

僅僅爲了一條絲帶織得不符合尺度，吳起就休掉了自己的妻子，一日夫妻百日恩，這似乎太不注重夫妻情分了。

在以男子爲中心的古代社會，休妻本不足爲怪，但總得有個冠冕堂皇的理由，或者不孝敬公婆，或者生不出兒子來，或者紅杏出牆等等，類似於吳起休妻，大約還是少見的，除非是沒有血性、沒有德性的男人。如果這樣看待吳起，那就歪曲了韓非子的本意了。

吳起作爲一個法家人物，講究令出必行，法治先從「齊家」做起，正如吳起哥哥所說的那樣。不掃一室，何以掃天下？一個在妻妾面前都不能言必信、行必果的男子，又如何能將國家治理得井井有條呢？

公儀休拒不受魚

公儀休是戰國時魯國的相，他喜歡吃魚，魯國人都爭相買魚送給他，但他拒不接受。

公儀休的弟弟不解，問道：「你喜歡吃魚，為什麼不收下別人送來的魚呢？」

公儀休回答說：「正因為我喜歡吃魚，所以才不收。如果收了，一定會有遷就他們的表現，這樣就難免違背法令，違背法令，就會罷免相位。雖然愛吃魚，我罷相後誰還再給我送魚呢？不收魚，就能保住相位，我也就能經常自己弄到魚。」

這則故事出自《韓非子．外儲說右下》。司馬遷《史記．循吏列傳》中也有類似記載，文字略有出入。

大凡行賄都是有所圖謀的，因而行賄的對象都是居官掌權的人。行賄也要講究技巧，最重要的一條，莫過於投其所好。公儀休愛吃魚，魯國人就爭著買魚送給他；帝王們想長生不老，定有方士獻所謂「長生不老」之靈丹，結果誤了性命。

俗話說，拿了人家的手軟，吃了人家的嘴軟。當行賄者有所要求，而這要求又與法律、原則等相違背時，那只有暫時犧牲法律、原則。拿了人家的錢財，就得替人「消災」。待到東窗事發，悔之已晚，一失足鑄成千古恨，豈不惜哉！

自古至今，貪官污吏，代不乏人，但清正廉潔的官吏也不少。

《後漢書．楊震傳》載：當時的昌邑縣令王密曾得了楊震的舉薦，一直圖謀報答，恰逢楊震赴任路過昌邑，王密到晚上便去看望楊震，並送金十斤。楊震正色地說：「老朋友了解你，你為什麼不了解老朋友呢？」

王密說：「晚上不會有人知道。」

楊震說：「天知，神知，你知，我知，怎麼說沒人知道呢？」王密慚愧地走了。

後來，楊震的一些老朋友或長輩，想要他爲子孫置產業，他說：「讓後世的人稱他們爲清白官吏的子孫，將這個遺留給他們，不是一份厚厚的產業嗎？」

公儀休拒不受魚，爲一時佳話。東漢羊續懸魚不用也傳爲美談。

羊續做南陽太守時，當時豪權之家多尙豪侈，羊續深惡痛絕，常常破衣薄食，駕著老馬破車，體察民情。

府丞看到羊續生活太清苦，就給他送了一條活魚，羊續收下後，懸掛於庭中。過了不久，府丞又來送魚，羊續就拿出以前所送的掛在庭中的魚給他看，以絕其送魚之念。

後來羊續的妻子與兒子羊秘都到了郡舍，羊續閉門不納，妻子帶著羊秘走了。他的全部家產只有布被、破衣、食鹽、麥子數斛而已。

貪欲如火，玩火必自焚；賄風似刀，殺人不見血。

當廉政風暴席捲全球的世紀末，貪官污吏們是該有所收斂了。那些貪得無厭、巧取豪奪的官僚們，從公儀休拒不受魚的史實中難道不應該捫心自問：道德良知何在？國家法令、原則何在？請記住：多行不義必自斃，這是古訓。

子罕之寶

宋國有個邊域的小民得到一塊璞玉，進獻給大夫子罕，子罕卻不肯接受。

這位小民說：「這的確是塊寶玉，應該是君子所用的器物，而不該讓普通老百姓擁有。」

子罕說：「你認爲璞玉是珍寶，我認爲不接受你的璞玉才是珍寶。」

璞玉的確是珍寶，但在子罕看來，不接受珍寶，爲官清正廉潔，才是無上的珍寶。價值觀念的不同，往往使人們對同一事情作出完全不同的看法。

後漢時的劉睦好學博識，深得光武帝喜愛。劉顯爲太子時，劉睦更受優寵。進則侍陪顯宗讀書，出則與顯宗同車。

有一年年終，劉睦派中大夫拿著玉璧進京向顯宗朝賀。臨行之前，他召中大夫問道：「天子如果問我的情況，你將用什麼話來回答呢？」

中大夫回答說：「大王您忠孝仁慈，敬重賢良，喜歡名士，我雖笨如螻蟻，怎敢不將實情上告聖上呢？」

劉睦說：「你這就使我陷入危險的境地了。你應當回答我承襲封爵以來，意志衰退懶

惰，沉湎於聲色犬馬。」

中大夫聽從了他的吩咐，進京去了。

劉睦深知，只有縱情聲色，不思進取，才可以使顯宗相信自己無意於天下，這樣才能免遭厄難。因爲劉睦與中大夫思維出發點不同，所以知進退，明得失。

愚公每天帶領子孫挖山不止，他相信，只要子子孫孫不懈努力，終究是要將山移走的，而河曲智叟卻笑他愚蠢。

鯤鵬展翅，拍擊巨風，直上九萬里的高空，背負青天，一往無前地向南翱翔，蜩和學鳩嘲笑說：「我迅急起飛，突過榆枋，有時尚且不能，落在地上算了，你爲什麼要飛上九萬里的高空，再向南飛行呢？」眞是燕雀不知鴻鵠之志！

人們普遍認爲生命是最寶貴的，而孟子卻認爲可以捨生而取義。

三國時荊州劉表，自動開城出降。人們多以爲他是儒弱無能之輩，實際上，能使荊州百姓免遭塗炭，何況劉備乃仁德之君，重百姓而輕名節，這種大智大勇之舉不是可敬可佩的嗎？

君主當以國家民衆爲重，以法治爲寶。

三、執法如山

有法不依，執法不嚴，法律便是一紙空文。

商鞅立木以示信，若執法者失信於民，法治就不能推行。

楚莊王的一個小小廷理，對違法的太子嚴懲不貸，誰還敢藐視國法？

西門豹將妖言惑衆的巫婆投入漳河，剷除爲河神娶妻的惡俗。

衛嗣公不惜用一座城市去引渡逃犯，警示臣民，一旦違法亂紀、作奸犯科，即使逃到天涯海角，也難逃懲處。

執法如山，才能維護法律的尊嚴。

商鞅立木

商鞅制定了一系列的法令，尚未頒布，他恐怕老百姓不信從，便在都城廣場的南門樹立

起一根三丈長的木頭，徵募百姓中能將它扛到北門去的，賞十金。

百姓不相信有這麼便宜的事，沒人去扛木頭。

商鞅又下令：「能將這根木頭扛到北門去的賞五十金。」

有一個人將木頭扛到北門去了，商鞅立即賞給他五十金。

商鞅於是獲得了百姓的信任。隨之，他頒布了法令。

國君如果不能取信於民，那再好的法令也只是一紙空文。

韓非子也強調信義的重要，在《說林．下》中他講了一個故事：

齊國攻打魯國，齊國向魯國索要讒鼎，魯國拿假的送去。齊國人發現了，說是假的。魯國人一口咬定是眞的，相持不下。

齊國人說：「叫樂正子春來證明，我就相信你。」

魯國國君請來樂正子春，樂正子春說：「爲什麼不拿眞的送去？」

魯國國君說：「我愛讒鼎。」

樂正子春說：「我也愛惜我的信譽。」

國家無法不能治，有法不依就等於無法，法律是神聖的、莊嚴的，信義是保障法治得以貫徹實施的關鍵所在。

廷理懲太子

楚莊王有事急召太子。楚國法律規定，車子不能開到茅門。當時正下大雨，庭院中有很深的積水，太子於是讓車夫將車趕到茅門。廷理（掌管外朝的執法官）出來阻攔說：「車子不能開到茅門，開到茅門是違法的。」

太子說：「大王有事急召，我不能等到積水乾了再去進見。」於是命車夫將車子趕到茅門。

廷理舉起長槍刺向駕車的馬，並搗毀了太子的馬車，殺了車夫。

太子非常憤怒，進宮向楚莊王哭泣道：「因爲庭院中有積水，我讓車夫將車趕到茅門，廷理說這是不合國法的，用長槍刺我的馬，毀了我的車，父王一定要殺掉廷理，替我出這口怨氣。」

楚莊王說：「這個廷理爲了執行國家法律，不顧忌我這老國王的情面，而對太子網開一面，也不爲了討好你這未來的國君而依附於你。這是守法的賢臣啊。」於是下令，提升廷理，進爵兩級，打開後宮宮門，讓太子從那裏出去，並告誡他說：「以後不要再輕視國法

了。」

太子知道自己錯了，於是離開居所，露宿三日，誠心悔過。

王子犯法，與庶民同罪。法律面前，人人平等，這就是法律的尊嚴。但在古代等級森嚴的社會裏，又有幾人能做到這一點呢？

北魏高恭之也不愧是一位執法不阿權貴的良臣。

一次，皇上的姐姐壽陽公主出行，正趕上皇上外出巡幸，高恭之負責爲皇上清道。那些士卒大呼小叫讓壽陽公主停靠一邊，她就是不聽，高恭之便命令手下的人砸了她的車子。

壽陽公主懷恨在心，跑來向皇上哭訴。皇上便對她說：「高中尉（高恭之時爲御史中尉）是一個清廉正直之人，他秉公辦事，怎麼能夠心懷怨恨而責備他呢？」

後來高恭之來朝見皇上，皇上說：「前幾天，我的姐姐冒犯了高中尉，我很慚愧。」

高恭之摘下帽子謝罪說：「臣承蒙陛下恩寵，爲陛下執法，不敢對公主有所特殊而破壞國家的法令，否則就有負陛下對我的重託。」

法律是神聖不可侵犯的，不論你是王子公主，還是布衣草民，法律面前，人人平等。

西門豹懲巫婆

鄴邑（今河北臨漳），地臨漳河，連年水患，莊稼歉收，百姓苦不堪言。

魏文侯派西門豹到鄴邑去做縣令。

西門豹深知責任重大，來到鄴邑後，首先了解當地情況。當地百姓反映說，最苦的事情就是「爲河伯取妻」。西門豹進一步了解到，當地「三老」和縣屬官吏「廷椽」們，利用水患之事，與巫婆互相勾結，胡謅什麼只有爲河神娶一位年少貌美的姑娘爲妻，討得河神歡喜，便能免除水患。這無疑是一個大騙局。其目的是爲了搜括民財，以中飽私囊。

在爲河伯娶妻之前，先由巫婆選定民家少女，關進河邊的「齋宮」裏，這樣過一段時間後，由巫婆爲這女子梳妝打扮，然後強迫女子坐在一張蓆子上，放在水面，順水漂流而下，直至沉入河底淹死。在每年舉行的所謂「河伯娶妻」之後，漳河水仍舊氾濫成災。凡有少女的民家，害怕被巫婆選中，紛紛攜女逃亡他鄉，以致城中居民愈來愈少，景象十分淒慘。

西門豹了解到這些情況後，決定懲治這些危害民衆的「三老」、「廷椽」、巫婆，剷除這種荒誕迷信之舉。他表面上不動聲色，並叫巫婆們安排「河神娶妻」的事宜，還說，到時

候，把自己的女兒也送去。

「娶妻」儀式開始了，西門豹看了看那「新娘」，說長得不漂亮，吩咐大巫婆去向河神「請示」：換一個美貌的女子，改日送去。立刻命令吏卒將大巫婆投入河中。等了一會，不見回音，西門豹又命將巫婆的徒弟也投入河中，讓其繼續催問，仍無回音。西門豹再將「三老」投入河中去問訊。最後只剩下幾個「廷椽」了，他們早已嚇破了膽，面如灰土，他們齊刷刷跪下叩頭，以致額血流地……

從此，再沒有人張羅爲河神娶妻的事了。

西門豹用嚴刑峻法，「以其人之道，還治其人之身」，從容懲處了妖言惑衆、榨取民財的「三老」、「廷椽」和巫婆之後，帶領鄴邑的老百姓，開鑿十二條大渠，引漳河水灌溉田地，使鹽鹼地變成了米糧倉。

西門豹在爲官鄴邑期間，清正廉潔，使百姓富庶，人民安定，得到鄴邑人的同聲稱頌，也深得魏文侯的賞識。

用城市作交換引渡逃犯

衛嗣公的時候，有個正在服勞役的囚犯逃到魏國去了，並且經人的舉薦，為魏襄王的王后治病。

衛嗣公獲得了這一消息，就派人到魏國去交涉，想用五十金將那個逃犯引渡回國繼續服役，往返五次，魏襄王都不答應。

衛嗣公提出用左氏城作為交換條件，群臣都來勸諫：「用一座城市去換回一個逃犯，這合算嗎？」

衛嗣公說：「個中微妙不是你們所能知道的。任何一件小事都必須謹慎對待，混亂往往不是起因於大事，而是由小事演變而成的。法制不確立，刑罰不執行，即使有十座左氏城也沒有益處；法制確立，刑罰嚴格，就是失去十座左氏城也沒有害處。」

魏王聽到後說：「衛嗣公想治理好國家，我如不聽從他的要求，就不吉利了。」

最後，魏襄王用車子把逃犯送去，無條件地交給衛嗣公，既沒有要五十金，更沒有要左氏城。

一個逃犯與一座城市相比，一座城市無疑要重要得多：一座城市和國家法制尊嚴、政治安定、國家強盛相比，那一座城市就顯得微乎其微了。失去一座城市，維護了國家法治，犧牲一點暫時的小利益，是爲了換取長遠的大利益。韓非子在《八反》中這樣表述道：

古時候有句俗語說：「處理政事就如洗頭髮，洗的時候難免掉些頭髮，但還是要洗。」因爲掉頭髮是暫時的，也是必然的。頭髮經過清洗護理可以更快更多地滋生新髮。

用石針刺膿瘡治病，會覺得很痛苦，但如果害怕痛苦，不用針刺，那病就永遠好不了，延誤久了，病入膏肓，就無可救藥了。

一家人經營產業，辛勞勤勉，忍受饑寒，家底殷實富足，即使遇到災荒之年或兵匪之亂，這家人仍然不缺吃少穿。平時好逸惡勞，穿好吃好，落得個家徒四壁，一遇饑荒，即使嫁妻賣兒也不能糊口。

法治的目的在於揚善禁惡。去除社會的毒瘤頑疾，社會才能健康有序地發展，國家才能繁榮昌盛，人民才能安居樂業。

衛嗣君不惜用城市作交換去引渡一個逃犯，正是權衡利弊後作出的冷靜而明智的決策。

四、嚴刑峻法

嚴刑峻法是法家的一貫主張。

韓非子將刑罰比作深澗猛火，深澗難越，猛火燒身，誰敢觸犯？輕刑，民眾不把它當回事，在利益的誘惑下，不惜以身試法，到頭來受到懲處，那等於給民眾設置了一口陷阱。

唯有嚴刑峻法，才能有效禁惡止奸。

殷法規定棄灰斷手；商鞅發明連坐之法；晉文公殺死遲到的重臣；太公望誅殺隱居躬耕的狂矞、華士兄弟。

這是嚴刑峻法的實例。

在倡導嚴刑峻法的同時，法家也主張立法要有利於民眾，順應民情，齊景公發現踴貴而減刑旨在說明這一點。

深澗猛火

董閼於爲上黨郡守。一天，他走到石邑山中，來到一條陡峭如牆、深達百仞的山澗前，問隨行的人：「有人去過深澗嗎？」

隨行的人說：「沒有。」

董閼於又問：「嬰兒、癡聾人、精神失常的人來過深澗嗎？」

隨行的人回答：「沒有。」

董閼於再問牛馬豬狗是否到過深澗，隨行的人仍說沒有。

董閼於感歎地說：「我能治理好上黨地區了。假如我對犯法的人嚴懲不赦，令犯法的人如同掉進深澗中必死一樣，就沒有人敢觸犯法令，怎麼會治理不好呢？」

子產在鄭國爲相，大病將死時對游吉說：「我死後，您一定會在鄭國執政，一定要用嚴威治理民衆。火的樣子是嚴酷的，所以很少有人被燒傷；水的樣子是溫和的，所以很多人被淹死。您務必嚴格執行刑罰。不使人們因您的柔弱而觸犯法令。」

子產死後，游吉不用嚴刑，鄭國的青年人一個接一個作盜賊，藏身於萑苻於澤中，成爲

鄭國的禍患。

游吉親自帶兵前往征討，才用了一天一夜，就將他們剿滅了。

游吉感歎地說：「我早按子產的教導去做，一定不會懊悔到這個地步。」

刑罰如深淵，觸犯法令者如同掉到深淵中，必死無疑，誰不怕死呢？刑罰如猛火，人們避之唯恐不及，擔心被燒傷，誰敢以身試法？

在平地上，人們可以任意奔走，因爲沒有危險；人們總是害怕獅子、老虎，而不怕綿羊和家貓，因爲前者吃人，後者溫馴。這是顯而易見的道理。韓非子也作過類似的比喻：八丈高的城牆，連樓季那樣的勇士也攀不過去，因爲牆太陡；千丈高的山，跛足的牧羊人也容易上去放牧，因爲坡度平緩。見了十幾尺布，普通人見了也不願放手；正在熔化的幾千兩黃金，連柳下跖都不敢去拿。不一定受到傷害時，就是十幾尺布也捨不得放手；必定傷手時，就是幾千兩黃金也不敢去拿。

君主一定要立法嚴峻，行刑嚴厲，使人們有所畏懼，服從法令，那麼人們就會規規矩矩去做自己的事情，天下也就太平了。

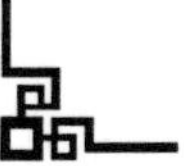

輕刑如陷阱

在韓非子看來，英明的君主治國，要多設耳目以察奸，並對犯罪的人實行重罰。使民眾停止作惡的，不是廉潔自愛的品德修養，而是法令的約束。

重刑之下，奸邪行爲就少了。而輕刑，民眾不把它當回事，在利益的驅動下，敢於犯罪，不怕懲罰，這樣就不能有效地制止奸邪不法的行爲。

先前的聖人有句諺語說：「人不會被高山絆倒，而會被小土堆絆倒。」上高山，險象環生，戰戰兢兢，因而格外謹慎；在平地上，健步如飛，不擔心有危險，一不小心，就被小土堆絆倒了。用這句諺語來觀照刑罰：輕刑，民眾必然忽視它的存在，犯了罪而不處罰，等於驅使國人犯罪；讓人犯了罪再加以懲罰，等於爲民眾設下了陷阱。重刑，對民眾有威懾、警示作用，使他們時刻提防，約束自己，那就不至於落入陷阱。

重刑，是愛護民眾；輕刑，是傷害民眾。

有人認爲民眾之所以怨恨君主，犯上作亂，是因爲賦稅沉重導致他們日用不足，韓非子不贊同這種說法。

韓非子認爲：凡是受到重刑的人，本來就是在他財富滿足之後犯罪的；即使財物富足之後君主加以厚愛，用以輕刑，還是會亂的。比如母親愛自己的兒子，給他提供足夠的財物，財物多就會肆意揮霍，以致過分奢侈。而母親出於愛心，對兒子的行爲不嚴加約束，這樣會使兒子驕橫放縱。過分奢侈而使家貧，驕橫放縱而使行爲暴虐。這樣，雖然財貨足用而慈愛有加，兒子還是奢侈暴虐，這正是刑罰的過失。

從人的本性來考察，財用充足就懶散不想做事，君主懦弱民衆就放肆地爲非作歹。財用充足仍然勤於勞動，只有神農氏能夠做到，君主懦弱而行爲美好，只有曾參、史鰍具備這樣的修養，而普通民衆是不能與神農氏、曾參、史鰍相提並論的。在滿足之後不再要求什麼的，只有老聃，但民衆怎可與老聃同日而語？

民衆是永不知滿足的，說貪得無厭也未嘗不可，你滿足了他的財物，他還想做天子呢！而桀未必以當上天子爲滿足。基於此，只能用重刑來禁止奸邪，使民衆用勞動致富，因立功受賞，因犯罪被罰，不要施仁慈恩惠，這才是君主的治國之道。

棄灰斷手

殷朝的法律規定：將草木灰倒在人們行走的大路上，就要砍斷他的手。

子貢認爲倒灰的罪過很輕，斷手的刑罰很重，古人也太嚴酷了，他於是去請教孔子。

孔子說：「殷君眞正懂得治國之道啊！將草木灰倒在大路上，有可能灼傷過路人的腳，草木灰隨風飛揚，遮掩人的視線，要是吹到路人的眼中，路人一定會動怒，一旦動怒就難免要打架，說不定會導致大規模的家族械鬥殘殺，那後果就不堪設想了。因爲隨便倒灰而可能導致流血事件的發生，將那人的手砍了，是一點也不過分的。何況，嚴刑峻法是一般的人都害怕的；不隨便倒灰，是一般人都容易做到的。讓人們做容易做的事，免遭許多不必要的禍難，這正是治民之道啊。」

這是韓非子假孔子之口，宣揚自己重刑的主張。

隨便倒灰看來是件小事，但斷手的刑罰似乎過重了。凡事都是由小到大，由量變到質變地轉化的。倒灰可能引起流血的後果，並非危言聳聽，孔子的分析入情入理，這樣看來，砍手的刑罰還輕了。

從孔子對子貢的解說中可以看出，用重刑的目的，在於使人們從細微處著手，避免招致大的禍害。劉備於白帝城托孤時，告誡劉禪，勿以善小而不爲，忽以惡小而爲之，的確值得我們深思。

連坐

連坐法是商鞅的一大發明。

商鞅是一位主張重刑厚賞的政治家。所謂連坐法，一是一人犯法，親屬等連坐；二是通過編制戶口，五家爲伍，兩伍爲什，各家互相糾察，不告發罪犯者，處以腰斬之刑，告發罪犯者，與在戰場上斬殺敵首一樣獎賞，窩藏罪犯者，與投降敵人論處。在戰場上，連坐法規定，每五人編成一名冊，一人逃亡，四人連坐。

親屬之間互相監督，伍什之間互相糾察，對於減少犯罪率，的確是行之有效的。

不僅如此，商鞅在《墾令篇》中還規定：不准老百姓同情犯人，嚴禁親友給犯人送飯吃，不准親友以任何理由照顧犯人。

對犯人採取毫不妥協的嚴厲措施，一方面便於實現除惡務盡，徹底整肅社會秩序的遠端

目標。另一方面透過震懾罪犯，懲辦奸惡，以重新確立社會價値觀念，造成一種全民守法的社會風尙。在此嚴刑峻法之下，誰還敢拿法律當兒戲？

《史記．商君列傳》中記載：太子傅公子虔犯法，商鞅劓（割鼻）公子虔，黥（在臉上刺記號或文字並塗上墨）其師公孫賈，太子犯法尙且如此，普通百姓哪敢不循規蹈矩。

商鞅的連坐之法在當時所收到的效果是很明顯的，這一重刑的思想也爲後代法家所吸納，韓非子對嚴刑峻法的倡導費盡心機，另一位法家人物李斯更是不遺餘力地推行這一主張。

連坐法一旦實施，就成爲統治者手中的一張王牌。

商鞅發明了連坐法，據《史記．商君列傳》記載，商鞅在秦孝公去世，太子即位後，公子虔等人告發商鞅企圖謀反，秦惠王於是車裂商鞅以示衆，商鞅的家族也在這場劫難中被誅滅。連坐降臨到自己家族的頭上，商鞅或許未曾料及。

另一位法家人物李斯，曾爲秦始皇統一中國立下赫赫功勳。秦二世時，爲那位指鹿爲馬的趙高所構陷，落得個腰斬咸陽，夷滅三族的可悲結局。

數千年君主專制，連坐法不知造就了多少冤魂，因此說連坐法是中國古代法制史上最黑暗、最慘烈的刑法之一，當是不過分的。

殺一儆百

晉文公是春秋五霸之一。他曾經問他的舅舅子犯：「我將美味的東西賜給朝廷內的人，只有少量的酒肉放在宮內，酒釀成後未等澄清就給大家喝，鮮肉不存放就煮給大家吃，殺一頭牛也全部分給國人，一年織成的布都給士兵做衣服穿，這樣做足以使民衆爲我打仗了吧？」

子犯說：「不足。」

晉文公又說：「我的民衆有失去財產的，我親自派遣郎中去查看處理，對有罪的人免除刑罰，對貧窮的人予以救濟，這樣足以使民衆爲我打仗了吧？」

子犯回答說：「不足。這些都是適合民衆生存要求的辦法；而讓他們打仗，等於是要殺死他們。民衆追隨您，是爲了平平安安地活著，而您卻違背他們的願望去殺掉他們，這樣有誰還肯替您打仗呢？」

晉文公接著問：「那究竟如何才能使民衆爲我打仗呢？」

子犯說：「使他們不得不去打仗。」

晉文公說：「怎樣才能使他們不得不去打仗呢？」

子犯說：「有功必賞，有罪必罰就可以了。」

晉文公問：「刑罰的最高原則是什麼呢？」

子犯說：「刑罰不避開親近和顯貴的人，法治實施到你所寵愛的人。」

晉文公說：「我懂了。」

第二天，晉文公下令在圃陸圍獵，約定以中午為期限，遲到者按軍法處置。

晉文公的愛臣顛頡遲到了，官吏請求給他治罪，晉文公傷心得流下淚來。官吏說：「請您用刑吧。」

於是晉文公腰斬顛頡，告示百姓，以顯示有法必行，而後百姓非常害怕地說：「君主對顛頡愛得那麼深切，尚且按法治罪，那對我們就不會手下留情了。」

晉文公看到時機成熟了——民眾不得不為他打仗，於是起兵討伐原國，一舉攻克。征討衛國，將衛國原來的田畝阡陌方向改為東西向，以利於晉國兵車東進，還奪取了五鹿。後來攻打陽樊、虢國、曹國、鄭國，無往而不勝，又解宋國之圍，還於城濮大敗楚軍，於是，乘勝進軍衡雍，在踐土大會諸侯，被推為盟主，一舉建立了八項功業。

晉文公之所以能成就功業，稱霸諸侯，並沒有其他原因，是由於聽從了子犯的建議，殺愛臣顛頡而警示百姓，顯示了「信賞必罰」、「不避親愛」的法治原則。

晉文公曾經顛沛流離十九年，嚐盡了人間冷暖、世態炎涼，對百姓是寬厚仁愛的，有福

同享，體恤士卒，救濟貧窮，但所做的這一切，充其量只能贏得百姓的愛戴與感激。而要使民衆不惜犧牲生命去爲國打仗，光憑寬厚仁愛是不夠的，因爲在民衆眼裏，對君主的愛戴和感激與自己的性命相比，孰輕孰重，是容易掂量得出的。

君主連自己寵愛的臣子，曾與晉文公一起逃亡在外的顛頡都按罪腰斬，誰還心存僥倖君主會對自己特別開恩寬宥呢？那只有拚死爲國效力了。

太公望殺狂矞、華士兄弟

太公望是呂望，即姜子牙的尊稱。狂矞、華士兄弟是兩位隱居的士人。

太公望被分封在齊國，齊國東邊海濱隱居著狂矞、華士兄弟。他們立下規定說：「我們不向天子稱臣，不與諸侯交往，自己耕作就有飯吃，自己挖井就有水喝。我們用不著向別人求助。我們不要君主給的名聲，不要君主給的俸祿，不做官而從事耕作勞動。」

太公望來到齊國都城營丘，派官吏將他們抓來殺了，開了殺人懲罰的首例。

周公旦在魯國聽到消息，派出特快的傳遞緊急公文的使者，詢問道：「這兩個人是賢者啊！您剛到封地就殺了賢者，爲什麼呢？」

太公望回答說：「他們兩人立了一套規矩，按他們的說法，我不能使他們臣服，他們也不會聽從我的差遣。他們自耕而食、掘井而飲，自力更生，無求於人。這樣，我就不能用賞罰來鼓勵和約束他們。況且，他們不要天子給的名位，即使再聰慧，也不能爲我所用；不依靠君主給的俸祿，即使再賢明，也不能爲我效力；他們不願意做官，就無法管束；不接受任用，就不能對我忠心。從前先王之所以能驅使臣民，不是依靠爵祿就是依靠刑罰。現在爵、祿、刑、罰都不足以驅使他們，那我還做什麼國君呢？他們兩人既不能手持兵器，身穿鎧甲去作戰，又不能精耕細作，但他們卻有顯貴的好名聲，這不是教化國人的方法。打個譬喻，現在這兒有一匹馬，看樣子很像天下最好的千里馬，但是拿鞭子驅趕，牠不前進；勒緊籠頭，牠不後退，要牠向左不向左，要牠向右不向右。即使是最愚劣卑賤的奴僕，也不肯騎牠來代步。狂矞、華士自以爲是天下賢士而不願爲君主所用，自以爲行爲好到極點而不肯爲君主效勞，這不是英明的君主所能用來做臣子的，如同良馬不能使喚一樣，因此要殺掉他們。」

狂矞、華士兄弟自食其力，何罪之有？太公望竟然將他們殺了。在韓非子看來，他們的確有罪，而且罪不能赦，因爲獎賞、稱讚不能使他們奮勉，懲罰、譴責不能使他們畏懼，就應當除掉他們。

每個人都應該爲國家、爲社會盡一份責任，貢獻一份力量，像狂矞、華士兄弟這樣離群索居，他們對名位、俸祿等一無所求，並由此而博得極好的名聲，衆多的百姓去仿效他們，

這樣，如何推行法治與教化？既然他們的行為有礙於法治和教化的推行，難道不是有罪的嗎？

如耳曾經去游說衛嗣君，衛嗣君非常高興，卻長長地歎息。左右的人說：「您為什麼不任用如耳為相呢？」

衛嗣君說：「一匹像鹿一樣的馬可以標價千金，然而有價值千金的馬而沒有價值千金的鹿，因為馬能為人所用而鹿不能為人所用。現在如耳是在萬乘大國作相的人才，有到外面大國謀職的想法，他的心並不在衛國，他雖有出色的辯才和智謀，但不能為我所用，所以，我不能任他為相。」

衛嗣君的這番話是極有見地的。法家的價值觀體現在個人對社會、對國家的貢獻，是否能為國效力是前提條件。聰慧睿智是個人的良好素質，但只有將聰慧睿智用於國家，這種個人素質才有價值，才有意義。倘若當年諸葛孔明只是做一介高臥隆中、躬耕壟畝的隱士，那他的經天緯地之才也是毫無價值的。

所以，太公望殺了狂矞、華士兄弟；衛嗣君不任用如耳為相，都是因為他們不能「為我所用」。

在《外儲說右上》中韓非子還用馴烏為例加以說明：馴養烏鴉的人剪去牠的翅膀和羽毛，牠就不能飛翔覓食，只有依靠人的施捨，那牠也必須乖乖地聽人的話。一個不貪圖君主

的名位、俸祿的臣子，正如翅膀硬朗、羽毛豐滿的烏鴉一樣，君主是無法使他們馴服的。

齊景公減刑

齊景公去探望晏嬰，說：「您的住宅太小了，又臨近集市，請搬到豫章的花果園中居住。」

晏嬰拜謝齊景公，婉言相辭說：「我的家很貧窮，靠上集市買東西吃，早晚都要去，隔遠了不方便。」

齊景公笑著說：「您熟悉集市行情，知道什麼東西價格昂貴，什麼東西價格便宜嗎？」

晏嬰說：「踊（被刖足的人所穿的鞋子）價格昂貴而屨（常人所穿的鞋子）價格便宜。」

齊景公問：「這是爲什麼呢？」

晏嬰回答說：「刑罰太多了。」

齊景公吃驚得變了臉色說：「我太殘暴了啊！」於是減去五種刑罰。

韓非子一向主張嚴刑峻法，他認爲只有這樣才足以震懾不法之徒，以實現天下大治的清明政治。刑，不在乎多與少，而在於使用是否適度。他這樣論述道：

晏嬰說踊貴，不是他的真心話，他是想藉此來勸說齊景公不要多用刑法，這是他不懂得治理國家的過錯。

刑罰適度不嫌多，刑罰不當雖少也不好，晏嬰不以刑罰不當提醒齊景公，而以刑罰太多來勸說齊景公，這是不懂得術的過錯。

打敗仗的軍隊被殺掉的人雖以千百計算，還是敗逃不止；即使治理禍亂的刑罰用得唯恐不夠，而奸邪還是不能除盡。現在晏嬰不去考察齊景公的刑罰用得是否恰當，而以刑罰太多去勸說齊景公，這不是很荒唐嗎？

愛惜茅草，就損壞了莊稼；寬容盜賊，就傷害了良民。現在減輕刑罰，實行寬惠，是有利於奸邪而傷害好人的，這不是用來治國的方法。

刑罰是用來禁止奸邪，懲治不法之徒，震懾那些蠢蠢欲動想作奸犯科的人，這是古今一致的。刑罰的多少，量刑的標準古今差別卻很大，說到底，刑罰要與當時的社會狀況相適應，刑罰才能適度，才能產生應有的作用。像陳世美富貴忘本，不認結髮糟糠之妻，還有一條罪狀就是欺君，這還了得，包青天臉一黑，虎頭鍘下，陳世美人頭落地，直到今天看到戲本，人們仍拍手稱快，活該！要是在現在，陳世美頂多判個重婚罪，蹲幾年大獄就算了，或者只屬於道德範疇的事，受一點道德譴責。

古代刑罰名目繁多，殘忍慘烈，如刖足、割鼻、炮烙、連坐法、凌遲處死等等，現代都

棄而不用。一人犯法，夷滅九族，本來就是不合理的，這可能與一人得道，雞犬升天有關，一榮俱榮，一損俱損。凌遲處死極其殘忍，將犯人綁在柱子上，一刀一刀剝他的皮，割他的肉，要割上幾百刀，過幾天時間才慢慢死去，明末的袁崇煥就是這樣處死的。現代是文明社會，這類野蠻的刑罰當然不會再用，世界上有些國家，如加拿大等國，甚至連死刑也廢除了。隨著社會的進步、人類文明的向前發展，刑罰也應有所改變。

五、賞罰分明

賞與罰是法的兩大內容，賞以揚善，罰以懲惡，如何才能達到這個目的呢？賞罰分明。

有功當賞，用不著感激，翟黃坐著華麗的車子招搖過市；有罪當罰，絕無怨言，被刖足的看門人不計前嫌。

吳起行賞以勵士氣，魯哀公行罰使萬民救火，賞罰的作用立竿見影。

齊桓公以落帽為恥，以開倉濟窮，赦免罪犯來雪恥，趙襄子不賞有功之臣，而重獎無功的家臣，都是不明賞罰真諦的君主。

賞不感激

田子方往魏國去，遠遠望見一輛華麗的軒車過來，前後有騎隊護衛，好不威風！田子方

以爲是魏文侯的車，連忙將自己的車子轉移到另外一條路上避開。等到軒車走近一看，原來是翟黃坐在裏面。

田子方問：「你爲什麼乘坐這麼高級華貴的車子？」

翟黃說：「魏文侯準備攻打中山國，我推薦了翟角爲他出謀劃策，最後果然取得了勝利；將要攻打的時候，我又推薦樂羊爲主帥，樂羊領兵攻打，一舉奪取了中山國；佔領中山國後，魏文侯又擔心沒有人能治理好它，於是我推薦了李克，李克將中山國治理得井然有序，所以，魏君賞賜給我這輛車。」

田子方說：「您得到的賞賜與功勞相比，還是薄了一些。」

翟黃有功而受賞賜，理所當然。坐著華麗的車子，絲毫沒有對魏文侯的感激之心，似乎有些居功自傲，其實，就翟黃功勞與一輛軒車相比，軒車再華美也嫌單薄。翟黃是難得的伯樂，他先後向魏文侯舉薦了李悝、吳起、樂羊、西門豹等人，這些人都不負所望，都幹出了一番轟轟烈烈的大事業，沒有這些人，魏國文侯時代的歷史就要改寫。

君主論功行賞，是治國用人的重要方略之一。行賞，不僅僅是賞賜某人的功勞政績，而且爲全民樹立了楷模，讓全民去仿效他，積極建功立業，被賞賜的個人，因自己付出的努力和艱辛得到了肯定和回報，他就會加倍地爲國家效力；沒有得到賞賜的人也會向那些受賞賜的人看齊，爭取建立功勳得到賞賜，這是一種良性循環，賞賜了一個人的功勞等於獎勵了全

國的民衆。一個有心治理好國家的君主，何樂而不爲呢？

賞與不賞，如何賞，都應該有一個標準，這個標準就是法，如果失去了法的準繩，君主高興就多賞，不高興就不賞或少賞都是不行的。從前，秦國和韓國聯合攻打魏國，昭卯向西游說於秦、韓兩國，使其退兵；齊國和楚國計畫攻打魏國，昭卯又向東去游說齊、楚，使其罷兵。魏襄王用五乘食邑的待遇供養昭卯，昭卯就有怨言，說：「我退了四國之兵，而大王只給我五乘的報酬，這和我的功勞比較起來，好比賺了很多錢的人卻穿著草鞋一樣。」如果再有敵國入侵，或許昭卯就不會全力以赴去游說退兵了。

孤竹君的兒子伯夷，因辭讓君位而逃至周，周武王起兵伐商，他極力反對，認爲是「不仁」、「不孝」。後來伯夷和他的弟弟叔齊逃到首陽山，採薇度日，義不食周粟而餓死。伯夷死後，周以將軍的禮儀將其葬在首陽山。天下人都說，以伯夷的賢德和仁愛而只用將軍的禮儀埋葬他，就好像連他的手腳都沒有埋葬好一樣。

漢武帝時，蘇武奉命出使匈奴被扣，置於北海（今俄羅斯西伯利亞貝加爾湖）上，叫他放牧公羊，說只有等到公羊懷孕時才能回國，蘇武九死一生，面對高官厚祿的誘惑，毫不動心，他持漢節（使臣所持的符節）牧羊十九年，節旄（符節上所飾的犛牛尾）落盡。回國後，漢昭帝只給了他一個典屬國（掌管外國歸服等事務）這樣的小官。唐代詩人王維在《隴頭吟》中爲蘇武鳴不平：「蘇武才爲典屬國，節旄空盡海西頭。」

西漢名將李廣，抗擊匈奴數十年，身經百戰，屢建奇勳，但終身也得不到封侯。初唐四傑之一的王勃，在《滕王閣序》中就有「馮唐易老，李廣難封」的句子。

賞，是君主手中的王牌之一，運用得當，能激勵民衆，鼓舞鬥志；運用失準，不僅僅會引起怨言內亂，而且會使民衆心灰意冷，失去對君主的信任。論功行賞，賞而有度，是君主應盡的本分，不要認爲這是對臣民的「恩賜」，這是有功臣民應該得到的。

是功臣就應該理直氣壯地接受賞賜。

罰無怨言

《韓非子．外儲說左下》故事：

孔子任衛國相（史書不見記載），他的弟子子皋是掌管訴訟、刑獄的官吏。有人犯了罪，子皋依法砍掉他的腳，後來又派這人去守大門。

有人在衛君面前中傷孔子，說他想造反。衛君準備逮捕孔子。

孔子聞訊後連忙出逃，他的弟子緊隨他一起逃跑。子皋剛跑到門邊，被砍掉腳的看門人引導他逃到自己的房子裏躲藏起來，官吏們沒有追捕到他。

半夜裏，子皋問砍掉腳的看門人：「我不能破壞君主的法制而親自下令砍掉了你的腳，現在正是您報仇的好時機，您為什麼反而引導我逃走，我憑什麼得到您的幫助呢？」

被砍斷腳的人說：「我被砍腳，本來是罪有應得，沒有辦法的事。然而，當您給我按刑法定罪時，曾反覆推敲過，先後為我說話，想免去我的罪，這我是知道的。當我的罪定下來的時候，您皺緊眉頭，侷促不安，這我也是知道的。並不是私情袒護我才這樣做，而是您那種天生的仁愛之心本來就是這樣的。這就是我要幫助您的原因。」

看來被砍掉腳的看門人是深明大義的，子皋砍斷他的腳是依法辦事，並且在量刑定罪時反覆考慮，唯恐有什麼不妥當。不濫罰，也不偏袒，法律條文擺在那裏，對號入座，對誰都一樣，即使因罪受罰，又有什麼怨言呢？因此，君主或普通的長官對犯罪的人，必須嚴格依法懲處，絕對不要有什麼顧慮。關鍵問題在於處罰得當。

張釋之是漢文帝的廷尉，一次文帝出行，忽有一人從橋下跑出來，驚嚇了文帝駕車的馬。文帝令人將那人逮捕，交給張釋之審訊。那人交代：「我從外縣來到長安，聽到御駕經過，禁止通行的法令，就躲到橋下。等了很久，以為御駕已經過去了，就鑽了出來，誰知驚嚇了御駕的馬。」

張釋之按照當時的法律處以那人一定數量的罰金。

文帝大怒地說：「這人驚嚇了我的馬，幸虧馬的性子溫馴，假如是另一匹性子暴烈的

馬，我就翻車跌傷了，這還得了！而廷尉居然只處他罰金。」

張釋之回答說：「法律是皇上和天下萬民共有的，不應有所偏私。現在法律已規定得很明確，如果擅自更改加重刑罰，百姓就不會相信法律了。而且在當時，皇上要嚴辦他，派人抓起來殺掉不就完了。如今既然交給廷尉，廷尉就應該做公正執法的模範，一有偏差，天下執法人都會隨意加重或減輕刑罰，那叫老百姓怎麼辦呢？希望皇上明察。」

文帝過了好一會兒才說：「看來廷尉的判決是正確的。」

法律應該有自身的嚴肅性，嚴格執法正是法律嚴肅性的保障。張釋之敢於犯龍顏維護法律的尊嚴，殊屬難得。

處罰不在於輕與重，而在於是否適度，依法處罰，罰而無怨。

告奸當賞，隱惡當罰

魯穆公問子思：「我聽說龐𥞊氏的兒子不孝順，他的行爲怎麼樣？」

子思回答說：「君子以尊重賢人來崇尚道德，以提倡好事來給民衆做示範。至於不好的行爲，只有小人才牢記不忘的，我不知道。」

子思出去了，子服厲伯來見魯穆公，魯穆公問子服厲伯關於「龐𫜦氏之子不孝」一事，子服厲伯說：「龐𫜦氏兒子的過錯有三條。」

子服厲伯所說的龐𫜦氏兒子的三條過錯都是魯穆公不曾聽說過的。從此以後，魯穆公看重子思而輕視子服厲伯。

有人（韓非子）說：魯國的政權，三代都被季孫氏所控制，不是應該的嗎？英明的君主發現有人做好事就給予賞賜，發現有人幹壞事就給予懲罰，賞罰兩種手段得到的效果是一樣的。所以把好事報告給君主的人，因爲他喜歡好事的心情和君主是一樣的，這正是應該給予獎賞和讚譽的。不把壞事向君主報告，就是和君主兩條心而和壞人緊密勾結，這正是應該給予貶斥和處罰的。

現在子思不把龐𫜦氏兒子的過錯告知魯穆公，魯穆公卻尊重他；厲伯把龐𫜦氏兒子的過錯告訴了魯穆公，魯穆公反而鄙視他。人的心情都是喜歡受到尊重而厭惡被鄙視，所以季氏作亂的事已經發生而沒有人向君主報告，這正是魯國國君所以被挾持的原因。

告奸不受賞，誰還願意冒著被作奸者報復的危險去告發呢？

隱惡不受罰，包庇縱容不法之徒的事就會暢行無阻，更沒有人將自己的過錯公諸於衆。

季孫氏把持魯國朝政，從魯哀公、悼公到元公三代，竟然無人告發，既然君主對這種告奸的行爲不實行獎賞，季孫氏權傾朝野，誰敢去太歲頭上動土？魯國三代以來的悲劇，正是

告奸不賞、隱惡不罰這種風氣所造成的。

現在通緝潛逃罪犯時，通緝令上都寫明瞭對檢舉揭發、提供線索者的具體獎勵辦法，這樣便為潛逃犯的落網提供了更大的可能性。法律更是明文規定對窩藏罪犯、知情不報者要依法處以徒刑，這是對隱惡者的懲罰。賞告奸、罰隱惡就能使不法之徒無處藏身，成為人人喊打的過街老鼠，社會風氣就會向好的方向發展。

行賞勵士

吳起是魏武侯西河郡的守將。在西河邊境有個秦國的瞭望亭，吳起想把它拔掉。如不拔掉，對魏國的種田人危害很大；要拔掉小亭，則又犯不著為這點小事去調集軍隊。

於是，吳起將一根車轅曲木斜靠在北門外頭，下命令說：「如果有人能將這根木頭搬到南門外，就賞給他上等的田地和住宅。」

人們半信半疑，沒人去搬。好不容易才有人鼓起勇氣，將木頭搬到南門外，吳起馬上兌現，賞給那人上等的田地和住宅。

不久，又在東門外擺了一石紅豆，下命令說：「如果有人把這些紅豆扛到西門外，照起

初的約定一樣行賞。」

這時，人們爭先恐後地去扛紅豆。

吳起乘機下命令：「明天就要去攻打秦國那個瞭望亭，誰最先攀登上去的，任命他爲國大夫，賞給他上等的田地和住宅。」

人們爭搶著去攻小亭子，只一個早晨的功夫就將亭子攻下來了。

吳起言而有信，說賞就賞。因爲有利可圖，人們爭著去攻亭。但關鍵問題還在於讓人們確信能得到賞賜，如果沒有搬木運豆、令出必行的前例，人們就不會去攻亭。

利益對人有著永恆的誘惑，信賞何嘗不是利用了人性自利的弱點呢？

作爲兵家的吳起，他是深知信賞對鼓舞鬥志、振奮精神的巨大作用的。他的這一舉動和商鞅「立木示信」有異曲同工之妙。

魯哀公救火

《韓非子．內儲說上》故事：

魯國人爲打獵方便，放火焚燒山澤。當時北風呼嘯，火藉風勢向南移動，眼看就要燒到

都城了。

魯哀公驚恐不安，親自帶著衆人去救火。來到火場，不見一個人救火，衆人都去追逐野獸去了。火勢愈來愈猛，一時難以撲滅。

魯哀公召來孔子，問他如何解救火災。

孔子說：「追逐野獸開心有趣，卻沒有處罰；救火勞累辛苦，而沒有獎賞，這就是火撲不滅的原因。」

魯哀公說：「你的話很有道理。」

孔子說：「事情太急，來不及論功行賞；救火的人都給予賞賜，那麼國家的財富還不夠賞賜救火的人，請只用刑罰就夠了。」

魯哀公說：「好！」

孔子下達命令：「不救火的，比照投降敵人的罪過一樣處罰；追逐野獸的，同私入禁區偷獵一樣懲處。」

命令還沒有傳遍全國各地，大火就撲滅了。

在情勢危急時刻，罰比賞更有價值。儘管人人逐利，但有危險時，他寧可不要賞賜，也要保證安全，不見得每時每刻「重賞之下必有勇夫」。然而，沒有人不害怕嚴刑峻法，投降敵人和違禁偷獵是要砍頭的，誰不認爲生命可貴呢？

孔子曾在魯國做過幾個月的司寇，還殺了少正卯。可見，儒家講仁政，說人人有「不忍人之心」（仁慈之心，孟子語），但並不排斥刑罰，不然，少正卯就不會被孔子殺掉。只是相對於法家，儒家更強調道德教化。看來，儒法兩家並非水火不容，也有能達成共識的地方。

遺冠雪恥

齊桓公喝醉了酒，丟失了帽子，深以爲恥，一連三天不上朝。

管仲說：「這是做國君的恥辱啊，您爲什麼不用搞好政事來洗刷它呢？」

齊桓公說：「您的意見眞是太好了！」於是打開官倉把糧食分賜給貧苦的人，審查獄中的囚犯，放掉罪輕的人。三天以後，民衆就唱道：「桓公爲什麼不再丟掉帽子呢？」

酒醉失帽本是一件極平常的事，齊桓公不僅以爲是恥辱，而且三天不上朝。管仲憂君主之所憂，建議他搞好政事以雪恥，但管仲也沒有言明搞好政事的具體辦法，實際上，無論齊桓公的做法是否得當，與管仲的建議固然分不開，但實際的執行者仍是齊桓公，不能將責任全部歸咎於管仲。

韓非子認爲：管仲是在小人中洗刷了齊桓公的恥辱，卻在君子中滋長了齊桓公的恥辱。

假使齊桓公開倉將糧食分賜給窮苦的人，審查囚犯放掉罪輕的人是不合乎義的，理所當然不能夠洗刷恥辱；假使這樣做是合乎義的，桓公卻不及時去做，而要等到丟失帽子才去做，那麼齊桓公的行爲豈不是因爲丟失帽子的緣故嗎？

況且，開倉將糧食分賜給貧窮的人是賞賜沒有功勞的人；審查囚犯而放掉罪輕的人是不懲罰有罪過的人。賞賜沒有功勞的人，民衆就會心存僥倖希望從君主那裏獲得意外的賞賜；不懲罰有罪的人，民衆就會無所顧忌地爲非作歹。這是國家禍亂的根源，怎麼可以用來洗刷恥辱呢？

韓非子對齊桓公遺冠雪恥的做法進行了否定，指出「賞無功」、「不誅過」是國家禍亂的根源，這一觀點的正確性是不容質疑的。或許有人會說，齊桓公所作所爲畢竟在客觀上使民衆受益，並能因此而得到民心，但在戰國那樣的特殊時代，民衆的覺悟還遠遠達不到那麼高的層面，用開倉將糧食分賜給窮苦人的方法並不能促使民衆爲國爲君竭力盡忠，只能使他們心存僥倖，滿懷希望地等待君主的「恩賜」，一旦這種「恩賜」不再有（也肯定不會常有，齊桓公遺冠純屬偶然，況且國庫的糧食有限），民衆或許會對君主心懷怨恨而爲非作歹。賞有功，誅有過，才能天下太平。

趙襄子不知善賞

《史記．晉世家》載：

西元前四五五年，晉卿智伯瑤由於趙襄子拒絕割地，聯合韓、魏兩家攻打趙國，兵圍晉陽城，三年未能攻下，後趙襄子派張孟談出城，說服韓魏倒戈，消滅了智伯瑤，解了晉陽之圍。

解圍之後，趙襄子獎賞有功勞的五人，家臣高赫第一個受賞。

張孟談不平地說：「晉陽解圍，高赫未立大功，爲什麼首先獎賞他？」

趙襄子說：「晉陽被圍，我的國家危在旦夕。群臣中沒有不驕傲輕慢的，只有高赫不失君臣之禮，所以要首先獎賞他。」

孔子爲此感歎道：「趙襄子善於獎賞啊！獎賞一人而使天下做臣子的都不敢失君臣之禮。」

韓非子對此進行駁難：孔子不知道什麼是善於獎賞。

善於賞罰的君主，群臣不敢超越自己的職權，侵犯他人的職守，群臣不敢對君主失禮。

君主制定法令，臣下不敢起奸詐之心。這樣，才可叫做善於賞罰。假使趙襄子在晉陽被圍的時候，命令行不通，禁令不起任何作用，那就等於趙襄子失掉了國家，晉陽沒有了主子，還有誰替他守城？

現在趙襄子被圍晉陽，智伯瑤久攻不下，引晉水灌城，石臼和鍋灶都淹沒了，成了烏龜出沒之處，而民衆沒有反叛之心，這是君臣相親的緣故。趙襄子有君臣相親的德行，依法執行禁令，而仍然有驕傲輕慢的臣子，這是趙襄子沒有實行懲罰。做為臣子，參議政事有功就該獎賞。現在高赫僅僅因為不驕傲輕慢就受賞，這就說明趙襄子獎賞錯了。

英明的君主賞賜不授給無功的人，懲罰不施於無罪的人。現在趙襄子不責備驕傲輕慢的臣子，而獎賞沒有功勞的高赫，他的善於獎賞表現在什麼地方呢？

所以說，孔子不懂得善於獎賞。

韓非子對儒家以「禮」為最高原則的獎賞標準進行了徹底的否定和有力的批駁。如果僅僅像高赫那樣不失君臣之禮，循規蹈矩，也毫無建樹，既不需要衝鋒陷陣，也不需要冒險策反游說，就能受賞的話，那麼很多人都可以受首獎。這樣，有誰願意為君主為國家拚死效力？即使驕傲輕慢也不受責備和處罰，又如何維護君臣之禮？

韓非子正面提出自己的觀點——獎賞不給予沒有功勞的人，懲罰不施於無罪的人。賞罰一旦失去了標準，國家就潛伏著危機。

以趙襄子晉陽戰事而言，首獎應該給予說服韓、魏倒戈，殺掉智伯瑤，解晉陽之圍的張孟談，至於高赫是否受賞，該當別論。如果不是張孟談策反成功，晉陽被破是遲早的事，一旦趙襄子歸爲臣虜，做了階下囚甚至是刀下鬼，那只有在牢獄中、在陰間去奢談君臣之禮了。有獎就該有罰，對於那些驕傲輕慢之臣，在國家危急存亡的緊要關頭，不思出謀劃策，爲君主分憂，替國家出力，統統該罰，毫不留情，這才是善於賞罰，而趙襄子不是這樣的君主。

【用術篇】

虛靜無爲
循名責實
選賢任能
禁邪防奸
八奸六微

一、虛靜無為

術是君主用來暗中督課群臣的方法，用術愈隱秘難測愈好，無爲，是用術的總原則。

韓非子用弋射之道來比喻用術之法，讓君主隱身於暗處，讓群臣暴露在明處，忠奸就能一目了然。善於用術的君主不躬親瑣細的事務，只須督促臣子各司其職，綱舉目張，以一禦萬，君主就可以坐享其成。

韓昭侯爲防洩密而獨寢，楚莊王不鳴則已，一鳴驚人，可謂用術有方。宓子賤治理一個小小的單父，竟然瘦弱不堪，那是不懂得用術的緣故。像舜那樣，奏五弦，歌《南風》，而天下太平，那才是用術的理想境界。

弋射之道

齊宣王向唐易子請教弋射（繫有細繩的射飛鳥所用的箭，射後可收回）的道理。

齊宣王問：「射飛禽的人要慎重對待的是什麼？」

唐易子說：「要謹慎地修理好自己的藏身之所。」（原意是守護好糧倉）

齊宣王問：「這是什麼意思？」

唐易子回答說：「鳥用數十隻眼睛留意人，人用兩隻眼睛觀察鳥，怎麼能不小心謹慎地修好自己的掩蔽之處呢？」

齊宣王說：「這樣看來，治理國家的道理與這又有什麼不同呢？現在全國人用一萬隻眼睛來窺視國君，而國君只用兩隻眼睛來看全國人，怎樣才能掩蔽好自己呢？」

唐易子說：「鄭長者（戰國初道家人物）曾說：『虛靜無爲，不動聲色』，這大約就可以將自己掩藏好了。」

韓非子用這則故事解說了申不害的用術思想。

申不害說：「你的言語要謹慎啊，臣子在探視你；你的行動要愼重啊，臣下將會跟蹤你。你的智慧顯露出來了，人們就會躲開你；你的愚蠢顯露出來了，人們就會算計你，所以，只有無所作爲，才可以窺測臣下的眞實情況。」

申不害主張用「無爲」——不露聲色、順應自然來駕馭控制臣下。君主的才能，或聰慧或愚劣，不能讓臣子知道，因爲君臣間利害有反，臣子總是想方設法探測君主的意圖，然後逢迎順從，以討得君主歡心，進而加官進爵。君主的喜怒哀樂愛憎等情感也必須掩藏起來，

含而不露，讓臣子揣摩不透，捉摸不定，這樣就可以堵塞臣下投機鑽營的道路，杜絕臣下作奸犯科的行爲。否則，就會被迷惑，被蒙蔽。請看下例：

齊威王的夫人死了，有十個姬妾都被齊威王寵愛。相國田嬰想知道齊威王準備立誰爲夫人。於是製作了十個玉珥，其中一只尤爲精美，一起獻給威王，威王將十個玉珥授給十個姬妾。第二天侍坐時，田嬰看到那個戴精美玉珥的姬妾，就勸說威王立她爲夫人。

齊威王還蒙在鼓裏，其實那只精美的玉珥已經探明了威王所愛。

不親細民，不躬小事

「不親細民」就是君主不必親自治理民眾，只要安排臣下去負責，他只須督促主要負責人就可以了。

救火的人，讓小吏提壺攜甕跑去救火，那只是一個人被差遣而發揮作用；如果用鞭子棍棒指揮驅使人，就可以控制一萬個人，讓他們都去救火。

個人的力量終究有限，一個人的本領再高強，也不過是匹夫之勇，憑匹夫之勇是成不了氣候的。呂布可謂驍勇，連劉、關、張三英聯手都對他無可奈何，但他並未成就大業，在群

星麗天的三國時代，呂布只是一顆黯淡無光的星。諸葛孔明的八卦陣就能抵千萬強兵，東吳大將陸遜險些葬身其中。

君主能行法用術，就能以一禦萬，牽一髮而動全身，所以「不親細民」是明君之舉。同時君主不必去過問那些雞毛蒜皮的瑣細之事，這就是韓非子所說的「明主不躬小事」。

田嬰在齊國爲相，有人對齊宣王說：「一年的財政結算，大王如果不用幾天時間逐一親自聽取彙報，就無法知道官吏的營私舞弊和政事得失。」

齊宣王說：「好，我去聽聽吧。」

田嬰於是命官吏準備好全年財政大小收入的帳目和憑據。齊王親自聽取會計的報告，但聽不勝聽，吃完飯，又坐下來，累得連晚飯都顧不得吃。

田嬰又對齊王說：「群臣一年到頭日日夜夜不敢懈怠的事情，大王如能再用一個晚上的時間親自聽取彙報，這樣就可以使群臣受到鼓勵。」

齊王說：「好。」就開始連夜聽取彙報，聽著聽著，齊王已累得睡著了，官吏乘機用刀全部削掉押券上的結算。

官吏們在齊王的眼皮底下營私舞弊，齊王渾然不知，還以爲自己親自聽取了報告，情況一定是眞實可靠的，說不定還要嘉獎田嬰及群臣的「恪盡職守」呢。

韓非子因此警示君主：君主親自過問瑣細的事情，是國家混亂的開始。

爲官，也是一門學問。有些官吏整天忙忙碌碌，以致廢寢忘食，事情還是理不出頭緒來；有些官吏看起來悠閒自在，甚至「無所事事」，事情卻料理得井井有條，順順當當，原因何在？

治吏不治民

韓非子認爲君主的職責在於依靠嚴守法治原則，督責臣下來完成任務以建功立業。只聽說官吏雖然胡作非爲而仍有自行守法的民衆，沒聽說過在民衆作亂時仍有自行按法辦事的官吏，所以，英明的君主應致力於依法管理好官吏，而不勞神管理民衆。管理民衆，那是臣下的職責，君主只是起監督作用。

譬如搖撼樹木的人，如果一片一片地去掀動樹葉，儘管勞累不堪，卻還是不可能把樹葉全部掀遍；如果左右搖動樹幹，那麼所有的樹葉都會晃動。面臨深淵而搖動樹木，鳥受驚嚇而展翅高飛，魚因驚恐而下沉。

另外一個例子，善於張網捕魚的人，只要撒開網套，牽引綱繩，魚兒就能盡收網中；如果一個一個地撥弄網眼，不僅勞苦不堪，而且一無所獲，這就是「綱舉目張」的道理。

君主是臣下的「綱」，臣下是君主的「目」；同樣，官吏是百姓的「綱」，百姓是官吏的「目」，懂得「綱舉目張」的道理，治吏而不治民，才是英明的君主。

君主督察百官，要親自過問，也是不可能的。一方面因爲君主的時間、精力、智慧都有相當的局限性。另一方面，臣子總是在窺視君主的意向，揣摩君主的心理，從而掩飾自己，投君主所好。君主如果用眼睛觀察，臣下就虛飾外貌；君主用耳朵探聽，臣下就會掩飾聲音；君主用心智辨察，臣下就文過飾非。君主既然用眼睛、耳朵、心智都不能了解臣下的實情，那又如何「治吏」呢？

君主的「綱」就是依憑法度，審定賞罰，運用考核的方術，使聰明睿智者無法巧飾；投機鑽營者不能進獻佞辭；陰險奸邪者無立足之地。官吏們都恪盡職守，有功者獎賞，有罪者處罰，誰還敢胡作非爲，不服服貼貼呢？

臣下恪盡職守了，百姓安分守己了，君主就可以安坐無事了。

懂得行法用術，君主即使清靜無爲，也能把國家治理好。

無為無見才能避禍

從前周文王侵佔盂，奪取莒，攻克豐，商紂王因此而憎恨他。周文王很害怕，要求向商紂王進獻洛水西邊、赤壤地方方圓千里的土地，用來請求廢除炮烙這種酷刑。天下人都很高興。

孔子爲此發表議論：「文王眞仁慈啊！不在乎方圓千里的土地而請求廢除炮烙之刑。文王眞聰明啊！獻出千里的土地而得到了天下的民心。」

韓非子與孔子爲代表的儒家觀點針鋒相對。

孔子認爲文王有智慧，不是很荒謬嗎？聰明的人應該知道禍難的所在而能夠避開它，所以自身不會遭到禍難。

假如文王被紂王憎恨的原因，是因爲文王不得人心的話，那麼文王用求得人心的辦法來解除紂王對他的憎恨也是可以的。紂王因爲文王大得人心而憎恨他，他自己又放棄土地而爭取民心，這就使紂王更加懷疑，這也就是文王被戴上刑具監禁在羑里的原因。

最後，韓非子引用道家人物鄭長者的話說明了避禍的根本方法：「能領會和實行道的人

是無所作爲（即「無爲」）、無所表現（即「無見」）。如果文王能夠「無爲」、「無見」，就不會被人懷疑，也不至於身披枷鎖被囚禁於羑里。

韓非子不僅是法家的集大成者，而且是集百家之所長。「無爲」、「無見」，是道家的哲學概念。道家的「無爲」是一種順應自然、無所作爲的消極頹廢思想；「無見」是不表露自己的嗜欲與好惡。韓非子對道家思想進行了改造和發揮。

韓非子所說的「無爲」的主旨在於排除個人的智巧和主觀成見。一切按客觀法則辦事，這就具有了積極的意義。

道家的「道」是神秘莫測，玄而又玄的。視而不見，聽而不聞，是宇宙的本原，萬物的歸宿，是一種最高的抽象。所謂「道生一，一生二，二生三，三生萬物」，世界上萬事萬物及其變化都是由「道」派生推衍出來的，這是一種客觀唯心主義觀點。而韓非子所指的「道」是世界物質本源，萬物的總法則，是非的準則。君主治國必須遵循「道」。韓非子的「道」比起道家的「道」無疑具有歷史的進步性。

「無爲」、「無見」不僅是避禍的有效方法，而且是用術的總原則。

昭侯獨寢

堂谿公對韓昭侯說：「現在有一個價値千金的玉卮（酒器），但它沒有底，可以用來裝水嗎？」

韓昭侯說：「不可。」

堂谿公問：「有一隻瓦器，滴水不露，可用來裝酒嗎？」

韓昭侯說：「可以。」

堂谿公說：「瓦器是最不値錢的東西，因爲它不漏，就可以用來盛酒。而價値千金的玉卮沒有底，所以不能用來裝水，那麼還有誰往玉卮裏倒飲料呢？現在作爲君主而洩露群臣的言論，就好像沒有底的玉卮一樣。臣下雖有極高的智慧，也不敢充分獻出自己的謀略，因爲擔心被洩露出去。」

韓昭侯說：「是這樣。」

韓昭侯聽了堂谿公的話深受啓發，從此以後，在進行重大決策之時，沒有不單獨睡覺的，唯恐講夢話而讓別人知道計謀。

事關軍政機密是不能公諸於衆的，一旦洩露出去，會給國家造成不可估量的損失。

犀首是天下名將，爲魏惠王的臣子。秦惠王想用犀首來治理國家。犀首說：「我是做人臣子的，不能離開魏國。」

後來，犀首在魏國因犯罪而受到魏惠王的處罰，於是逃到秦國，秦惠王對他非常器重。樗里疾是秦國的大將，擔心犀首會代他爲將。在秦王秘密會晤臣子的地方挖一個小洞。不久，秦王果然與犀首在一起謀劃。秦王問：「我準備攻打韓國，怎麼樣？」

犀首說：「秋天可以出兵。」

秦惠王說：「我將國家大事託付於你，你不要洩露出去。」

犀首恭敬地退出，說：「遵命！」

於是樗里疾將從牆洞裏聽來的機密講給大家聽，郎中（君主的侍從官員，掌管通報和警衛工作）都說：「秋天出兵攻打韓國，犀首爲大將。」

一天之內，郎中全部知道了；一月之中，國境以內的人都知道了。

秦惠王召來樗里疾問：「爲什麼大家都議論紛紛，是誰說出來的？」

樗里疾說：「好像是犀首。」

秦惠王說：「我沒有跟犀首講過，爲什麼說是犀首說的呢？」

樗里疾說：「犀首寄居在秦國，由於剛在魏國受到處罰，所以心情非常孤寂，想以此來

自我推銷。」

秦惠王說：「是這樣。」於是派人召來犀首，但他已經逃到別國去了。

樗里疾嫉賢妒能，鑿壁偷聽，洩露軍機，然後嫁禍於犀首。

秦惠王聽信樗里疾的片面之詞，不僅使一次攻打韓國的軍事計畫流產，而且失去了犀首這樣一個難能的將才。

看來，還是韓昭侯獨寢好。

一默如雷

楚莊王執政三年，沒有發號施令，也沒有過問政事。

右司馬侍坐在旁，用隱語對楚莊王說：「有種鳥棲息在南方的土丘上，三年沒有展開翅膀，不飛翔也不鳴叫，默然無聲，這是什麼鳥？」

楚莊王說：「三年沒有展開翅膀，是為了使翅膀長得更結實，羽毛更豐滿；不飛翔也不鳴叫，是為了觀察民眾的態度。雖然暫時沒有飛翔，一旦飛翔必然直衝九天；雖然暫時沒有鳴叫，一旦鳴叫必然使人震驚，你就放心吧，我心中有數。」

過了半年，楚莊王親自處理政事，所廢掉的事情有十件，所舉辦的事情有九件，誅殺五個大臣，推舉六個讀書人做官，國家安定。隨後，又率兵誅伐齊國，在徐州打敗齊國，在河雍戰勝晉國，在宋國會合諸侯，於是稱霸天下。

楚莊王不讓小事妨礙自己的長處，所以能成大名；不預先表露出來，所以能建立大功。楚莊王一鳴驚人，印證了《老子》「大器晚成，大音稀聲」（貴重的器物都是在最後製成，宏偉的樂章反而不輕易發出聲響）的著名命題。

從前，鄭莊公的弟弟共叔段在母親姜氏的縱容下，企圖叛亂。

莊公其實已經知道了共叔段的意圖，但他沒有輕易發兵征討。

大夫祭仲說共叔段建都不合法度，應該及早除掉共叔段，以免禍根蔓延滋長。

莊公說：「壞事做多了，必然自取滅亡，您就等著瞧吧。」

共叔段進一步吞食土地。公子呂勸莊公動手，莊公只是說：「對國君不盡義，對兄長不親暱，土地愈多，崩潰得愈徹底。」

共叔段開始進行叛亂的部署，修治城郭，集結兵力，整治武器裝備，徵調士卒戰車，姜氏準備打開城門作內應。形勢危急，千鈞一髮！

莊公了解到叛亂的日期，堅決果斷地說：「現在可以了！」他命令公子呂統率戰車二百輛攻打共叔段，共叔段只好逃往鄢邑，莊公又親率軍隊攻打鄢邑，共叔段不得不逃出鄭國，

投奔到共國去了。

楚莊王三年不問政事，鄭莊公表面上不動聲色，看起來是保持沉默，實際上是在審時度勢，進行積極而有效的準備。等待最佳出擊時機。楚莊王最終稱霸諸侯，鄭莊公一舉平息叛亂，都可看作是沉默中的爆發，沉默只是一種策略，以進為退，以攻為守，積蓄力量。

君主治國，貴能穩健沉著，審察事理，判斷是非，務必三思而後行，不能輕易草率作出決斷，事關國計民生，差之毫釐，失之千里，君主不慎重對待是不行的。

為官的，希望早點幹出一番成績，驚天動地，轟轟烈烈；普通人何嘗不想儘早建功立業？急功近利是一種普遍的心態，但如果僅憑上任時的「三把火」，憑程咬金的「三板斧」就企圖功成名就，其結果只能是適得其反。

宓子賤治單父

宓子賤和有若都是孔子的門徒。

宓子賤被魯君派到單父做地方長官。一天，有若見到他，問道：「你怎麼這樣瘦？」

宓子賤說：「國君不知道我沒有德才，派我治理單父，政事繁忙，心情憂慮，所以瘦

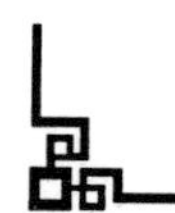

了。」

有若說：「從前舜彈奏五弦琴，歌唱《南風》詩，天下就太平了。如今單父這麼個小地方，治理它還憂愁，治理天下將怎麼辦呢？所以掌握了術來統治國家，人坐在朝廷之上，悠閒自得，臉上有少女般的紅潤，仍然可以把國家治理好；不掌握術治理國家，即使瘦弱疲憊，也是沒有用的。」

韓非子一向強調法與術同等重要，法術並行，治理國家就易如反掌。

蘇軾在《念奴嬌．赤壁懷古》詞中描寫東吳大將周瑜擊破曹操大軍的情形：「談笑間，檣櫓灰飛煙滅」。龐統設連環計於前，諸葛亮借東風在後，破曹軍便如甕中捉鱉了。

前秦苻堅率大軍百萬，聲稱投鞭可以斷流，集結在淮河、淝水一帶，東晉朝廷命謝安為征討大都督前往迎戰。謝安審時度勢，指派將帥，各負其責。等到謝玄等人擊敗苻堅的軍隊，驛站傳來捷報時，謝安正在與客人下圍棋，他看完信後，隨手扔在床上，無動於衷，繼續與人下棋。棋局終了，客人問他，他才語氣平淡地回答：「孩子們終於打敗了敵人。」眞大將風度也。假如沒有運籌帷幄的謀略，哪裏有決勝千里的結果呢？

舜彈奏五弦琴，歌唱《南風》詩而使天下大治；謝安一邊下棋，一邊談笑時擊敗苻堅靠的都是術。

做任何事情，都要掌握恰當的方法，苦幹是需要的，但更重要的是巧幹，蠻幹的結果只

能是南轅北轍，適得其反。

清紀昀《閱微草堂筆記．槐西雜誌》中記載：

某地老虎出沒，經常傷人，沒人能將老虎捉住，官府便派人去請著名的伏虎能手唐打獵。唐打獵就挑選了兩個技藝精湛的獵人幫助該地清除虎患。

誰知派來的兩個獵人，一個是鬚髮盡白的老頭，還在不停地咳嗽；一個是十六、七歲的少年，一臉稚氣，乳臭未乾。人們見了這一老一少，不免有些失望，只好先爲他們安排飯食。

那老頭說：「聽說這隻虎出沒的地方離城不過五里路，我們先去捕捉老虎再回來吃飯也不遲。」

老頭叫役夫帶路，役夫剛走到谷口就不敢往前走了，老頭訕笑他們說：「有我在這裏，你們還怕什麼呢？」

到半山谷時，老頭對少年說：「這個畜牲好像還在睡覺，你把牠叫醒吧！」

少年學著虎嘯的聲音，老虎果然從樹叢中猛竄出來，逕直朝老頭站立的地方撲過去。老頭手中握著一把短柄斧頭，長八、九寸，寬四、五寸，伸直手臂，巋然挺立。老虎猛撲過來，老頭側身避開，老虎從他頭頂躍過後便仆倒在地，只見血流滿地。

大家走近一看，老虎從下巴到尾骨，都被老頭用利斧劈開了。

老頭和少年入山捕虎，爲民除害，靠的不僅僅是勇敢，關鍵在於他們掌握了一套伏虎的方法，練就了一身過人的本領。

庖丁解牛時，動作嫺熟優雅，聲響如音樂悅耳合拍，令人歎爲觀止。他手中的刀用了十九年，仍然像剛剛在石頭上磨過一樣。奧秘在哪裏呢？因爲庖丁對牛的生理結構瞭如指掌，他解牛時刀在骨頭和經絡之間遊刃有餘。一言以蔽之曰，手熟刀巧。

治國貴有術，做事要得法。

二、循名責實

君主督責群臣，考察政績，務必要求言行一致，名實相副；聽取臣下的言論，一定要考驗其功效，這樣才能有效地分辨忠奸賢愚，避免魚目混珠。

君主能循名責實，一聽責下，「三人成虎」就不能混淆視聽，南郭先生也只好逃之夭夭了，在棘刺的尖端雕刻母猴之類的無稽之談就會被戳穿。

華美動聽的言辭往往是沒有價值的，就像堅硬實心的葫蘆、三年畫成的策板。韓非子借買櫝還珠、秦伯嫁女以及「壞屋」、「折弓」的故事警示君主參言必須考察其進言的動機，檢驗其實際功效，不尚空談，用事實說話。另外，還要進行多方面的綜合觀察、分析，只聽一面之辭，往往會被假象蒙蔽。

三人成虎

龐恭將隨魏太子到趙國作人質，他擔心走後會遭人誹謗，於是對魏王說：

「假如有一個人說鬧市上有老虎，您相信嗎？」

「不信。」魏王很肯定地回答。

「那麼，兩個人說呢？」龐恭問。

「還是不信。」魏王說。

「如果三個人說，您相信嗎？」龐恭進一步問道。

「那我就相信了。」魏王不假思索地回答。

龐恭指出：「鬧市上絕沒有老虎，但三個人都說有，就造出一隻虎來。趙地距離這裏比鬧市遠，非議我的人肯定不只三人，還望大王明察。」

龐恭走了。後來當他從趙都邯鄲回到魏國，魏王竟然拒絕見他。很顯然，龐恭走後，遭到了群臣的非議，而魏王也就聽信了讒言。

普通的人，聽信謠言，其危害或許僅限於自身，但君王如果聽信讒言，良莠不辨，則錯

害忠良，危及社稷。

作爲君王，應當懂得「兼聽則明，偏聽則暗」的道理，集思廣益，兼容並蓄。同時，還應具備明察秋毫的甄別能力，既能慧眼識賢才，又能明目辨奸佞。對於「鬧市上有虎」的問題，應當從實際出發，在調查研究的基礎上，透過判斷審察，得出合乎客觀實際的結論，而不在於多少人說「鬧市上有虎」。

衆口鑠金，謊言重複一千遍而成眞理，這種現象固然存在，但對於明君而言，謊言永遠只是謊言，絕不至於一葉障目，混淆黑白。

爲君如此，做人亦然。分善惡，明是非，是做人基本的素質，凡事要有主見，要用自己的頭腦思考問題，人云亦云，隨人俯仰，隨波逐流，會泯滅自己的個性。一個沒有獨立思想的人，與行屍走肉何異？

南郭先生

齊宣王喜歡聽吹竽（一種樂器），每次都要三百人一起吹奏。

有個南郭處士根本不會吹竽，也混進樂隊，合奏的時候，他裝模作樣，好像吹奏技藝十

分高超，並且非常賣力，他於是得到了和衆人同樣的待遇。

齊宣王死後，他的兒子湣王繼位，湣王不喜歡聽合奏，要每個人單獨吹。南郭處士再也混不下去，只好逃跑了。

人們用「濫竽充數」來諷刺那種沒有眞才實學，不懂裝懂，混跡於內行中充數的人。其實，造成南郭處士濫竽充數的罪魁禍首是齊宣王。

韓非指出：君主一一聽取臣下的意見，愚和智就不會混亂；善於督責臣下，無能者就不敢混雜在有能者之中。

君主用人，要聽其言，察其行，做仔細的調查研究，讓眞正有才能的人能夠聚集在君主的麾下，群策群力，共同治理好國家。同時，君主聽取意見，務必單獨進行，一則可以了解人才的優長與不足，以便更有效地發揮其長處，人盡其才；二則可以防止那些不學無術之輩矇騙君主，混淆視聽，給國家造成損失。

在用人上，君主如果能眞正近君子，遠小人；任忠臣，退奸佞；選賢舉能，去僞汰劣，那麼治理國家，就眞正可以說是運於掌上了。

棘刺刻猴

燕王喜歡小巧玲瓏的東西。一個衛國人說：「我能在棘刺尖上雕刻母猴。」

燕王信以為真，非常高興，並給五乘（方六里的土地面積為一乘）土地的俸祿來供養那個衛國人。

燕王想看看那人如何在棘刺尖上刻母猴。那人卻故弄玄虛地說：「君王要看的話，必須半年不入內宮，不近女色，不飲酒吃肉，在雨停日出、陰陽交錯之時觀看，那棘刺尖上刻的母猴才能看見。」

燕王於是專心供養那衛國人，但不能看他如何雕刻。

這時鄭國有一個冶鐵工匠對燕王說：「我是製作刻刀的人，各種細小的物件必須用刻刀去刻。棘刺尖上連刻刀的刀鋒都容納不下。大王您只要看他的刻刀，能不能在棘刺尖上刻東西就知道了。」

燕王於是要看那人的刻刀，那人謊稱到住處去取，逃之夭夭。

對於計謀，要有一定的標準加以衡量。

君主聽取言論，必須以功用爲目的，正如不把箭靶作爲射擊目標，人人都可以說自己的射箭本領和后羿一樣高超。爲此，韓非子還講了兩則故事：

有人將不死之術教給燕王，燕王派人去學習，派去學習的人還沒有來得及學，那人就死了。燕王大怒，殺掉了去學的人。

鄭國有兩人爭論年齡的大小，一個說：「我和堯同年。」另一個說：「我和黃帝的兄長同年。」爭辯不休，只好以最後停止爭辯的人爲勝利者。

燕王被騙，尙且不知，還責怪學的人去晚了而殺掉他。殊不知，那人既懂不死之術，爲什麼自己死掉了呢？

鄭國兩人的爭辯，純屬浪費時間，毫無功效可言。

君主對待進說不能盲從輕信，要以功效爲準則。準則一旦確立了，無論進說者如何巧舌如簧，伶牙俐齒，君主也不至於受矇騙。更何況，那些巧言令色、夸夸其談之士大都是爲了顯示自己的智慧，以撈取好處爲目的，君王宜愼之。

買櫝還珠

楚國有個到鄭國賣珠子的人，為了能賣個好價錢，他用蘭木做了個匣子，用玫瑰裝飾，又用翡翠加以點綴。結果鄭人買了他的匣子而將他的珠子還了回來。

類似的故事還有：

秦君把女兒嫁給晉國公子，叫晉國為他女兒準備好裝飾，跟著陪嫁去的衣著華麗的女子有七十人。到了晉國，晉國人喜歡陪嫁的妾而看不起秦君的女兒。

故事的寓意是深刻的：君王往往被漂亮動聽的言辭所迷惑，而忘了其實際功用。所以，韓非子推崇墨子重視內在價值，而不看重外表華美。

虛浮的言辭或許能混淆一國的視聽，嘩衆取寵於一時，但如果考察實際，對照具體的事物，就連一個人也欺騙不了。

兒說（音倪悅）是戰國時極其善辯的宋國學者，曾經提出「白馬不是馬」的著名命題，說服了雲集於齊國稷下學宮的辯說家們。

一次，兒說騎一匹白馬經過一個關口，還是要繳納白馬的稅才能通行。

看來，那些徵稅官並不因爲你能論證「白馬不是馬」，就免你的稅。

賣珠子就應該讓人了解珠子的價值，而不應該著力裝飾盛珠子的匣子；嫁女，也沒有必要精心打扮那些陪嫁的女子。喧賓奪主，適得其反。

且雕且琢，復歸於樸，眞理永遠是樸素的。

「堅瓠」與「畫策」

堅瓠

齊國有個處士叫田仲，宋國人屈谷去見他，說：「我聽說先生一向主張不依靠別人而生活。如今我有一個大葫蘆，堅硬得像石頭一樣，厚實得一點空隙也沒有，我想把它獻給您。」

田仲說：「葫蘆難得的地方，就是它能裝東西，現在它厚實而沒有空隙，就不可以剖開來裝東西；包藏著像硬石頭一樣重的東西，就不可以剖開來斟酒，這個大葫蘆對我是沒有什麼用處的。」

屈谷說：「先生說得對，我就把它丟掉。」

畫策

有人給周君畫竹簡，花了三年時間才畫好。周君一看，與漆過的竹簡沒什麼兩樣，於是大爲惱火。

畫竹簡的人說：「築一座十板（長一丈，高二尺爲一板）高的牆，在牆上鑿一個八尺的窗戶，等太陽剛出來的時候，將竹簡放在窗子上對著日光看。」

周君照畫竹簡的人說的做了，只見竹簡上呈現出龍蛇禽獸車馬等各式各樣的圖案，周君十分高興。

這兩則故事均見於《韓非子．外儲說左上》。

葫蘆是用來盛物的，堅實厚重實心的葫蘆儘管特別，但沒有什麼實用價值，只好將它扔掉。

畫策的事就有些複雜微妙了。本來竹簡是用來書寫的，是否有龍蛇禽獸車馬等圖案並不重要，關鍵是便於書寫，未畫圖案花紋與漆過的竹簡在書寫上並沒有什麼不同。何況，牆高十板，窗戶洞開八尺，日出之時，雲蒸霞蔚，普通漆過的竹簡上也會呈現出不同的圖像，或許那畫竹策的人根本就什麼也沒畫，故弄玄虛來矇騙周君。

堅瓠沒有用處，只是廢物一個；畫策也沒有必要，何況耗去了三年的時間。

墨子花三年時間做成了一隻木鳶，飛了一天就壞了；他花半天的時間就做成一只車輗（車轅上支撐橫木的鍵），能負載三十石的重量，走得遠，使用久。惠子因此說：「墨子是具有大巧藝的人，他認爲做車輗的手藝精良，做木鳶的手藝拙劣。」

實用和功效是判斷器物優劣的客觀標準，可引以爲借鑑。

「壞屋」與「折弓」

壞屋

虞慶準備蓋房子，工匠說：「木料沒有乾透，泥漿潮濕。木料沒有乾透容易彎曲，泥漿潮濕則分量重，用彎曲的木料承受濕泥的重壓，現在儘管造好了，但過久了就會壞。」

虞慶卻不以爲然地說：「木料乾透了就挺直，泥乾了分量就輕，現在木料和泥確實好了，日漸輕直，即使天長日久，房子必然不壞。」

工匠無話可說，就照他的話做成了房子。過了些時候，房子果然壞了。

折弓

范睢說：「弓的折斷，一定在製作的最後階段，而不是在製作的開始階段。工匠張弓，先把弓弩放在校弩工具中慢慢調節，三十天後才裝上弓弦，而在一天內把箭發射出去，這就是開始調節時緩慢而最後使用時急促，弓怎能不折斷呢？而我范睢張弓不是這樣：用校弩工具校正一天就裝上弓弦，上弦三十天後才把箭發射出去，這就是開始時粗率而最後有節制。」工匠無話可說，照他的辦法張弓，結果弓折斷了。

虞慶、范睢都是游說之士，韓非子是鄙視這類人的。他認爲，儘管他們的話說得頭頭是道，娓娓動聽，但背離實際情況。君主不應該羨慕那些華麗動聽的詭辯，聽任「壞屋」、「折弓」之徒的一派胡言，否則，就會將眞正有法術的人士拒之門外，給國家造成損失。

韓非子將眞正懂得治國安邦策略的人才當作造屋、張弓的工匠來看待，一旦君主喜愛游說之士的浮華言辭，那正如工匠不能施展其技巧導致屋壞弓折，眞正懂得治理國家的人無法實行他的治國方略。那樣，只能使國家混亂衰敗而君主處於危險的境地。

少說空話，多做實事，君王應以此爲鑑。

一面之詞

叔孫豹在魯國爲相，地位高貴，專權獨斷。他所信賴的侍僕豎牛獨攬他的命令。

叔孫豹有個兒子叫壬，豎牛妒忌他並想殺掉他。於是豎牛和壬一起去進見魯國國君，國君賜給壬一個玉環，壬收下了，但不敢佩戴，就叫豎牛去請示叔孫豹。

豎牛欺騙壬說：「我已爲你請示過了，你父親叫你佩戴。」

壬於是將玉環佩戴起來。

豎牛又對叔孫豹說：「爲什麼不叫壬去見君主呢？」

叔孫豹說：「小孩子哪裏値得去見君主。」

豎牛說：「壬已多次見過君主了，君主賜給他玉環，他已佩戴上了。」

叔孫豹將壬叫來，果然看見他戴著玉環，這還了得，不經父親的允許而私自見君主，而且接受賞賜！於是就將壬殺掉了。

壬的哥哥叫丙，豎牛也忌妒他想乘機將他殺掉。

叔孫豹爲丙鑄造了一隻大鐘，丙不敢敲擊，就讓豎牛去請示叔孫豹。豎牛根本沒去請

示，就欺騙丙說：「我已經爲你請示過了，你父親讓你擊鐘。」

丙於是擊鐘，叔孫豹聽到鐘聲，對丙怒斥道：「你爲什麼不請示而擅自擊鐘？」也不聽丙解釋，就將丙逐走了。

丙逃到齊國，過了一年，豎牛假裝給叔孫豹謝罪，叔孫豹叫豎牛將丙召回。豎牛沒有去齊國召請丙就對叔孫豹說：「我已去召請過了，丙很惱怒不肯回來。」

叔孫豹大怒，派人將丙殺死了。

叔孫豹的兩個兒子都死了。叔孫豹病重期間，只有豎牛在他身邊，豎牛不讓人去進見叔孫豹，說：「叔孫豹不願聽到人的說話聲。」豎牛不給叔孫豹東西吃，活活將他餓死了。

叔孫豹死後，豎牛不發訃告，秘密地攜帶大量財寶，投奔齊國去了。

叔孫豹偏聽豎牛的一面之詞，導致父子三人死於非命的悲慘結局。如果稍作調查研究，對事實略加驗證，也不致如此。叔孫豹固然咎由自取，但他給君主提供了極好的反面教材，偏聽是禍患的根源之一，只有循名責實才能辨明眞僞忠奸，這是君主用人的重要方術。

事實勝雄辯

如何了解臣子的忠奸賢愚？

察言責實。

韓非子打了一個比方：人都睡了，就分不清誰是瞎子；人都不說話，就不知道誰是啞巴。喚醒了讓他們看東西，提問題讓他們回答，那麼誰是瞎子，誰是啞巴就原形畢露了。同樣，不聽臣子說話，就不能發現不學無術的人；不讓臣子擔任職務，就不能知道誰是無能之輩。只有觀察其言論是否有用，讓其擔任職務而責求其辦事功效，那麼，不學無術的、不肖無能的就不可能濫竽充數了。

比如想徵求一名力士，只聽他自吹自擂，那普通的人與大力士烏獲就沒有差別；給一個大鼎讓他舉，是疲弱還是勇健，不言自明。這就是人們常說的——事實勝於雄辯，方法既簡單又有效。

官職就好比大鼎，能舉起就是大力士，能勝任官職就是賢才。

現在的君主往往被滔滔雄辯的口才所迷惑，盲目地器重他的所謂高明。君主哪裏知道，

這些言論毫無實際用處，不過是泛泛空談，這些人並不具備治國的才能，只是僞裝高明。

韓非子理想中的英明君主是：聽取言論一定考察它的實際用處，觀察行爲一定責求它的功效。這樣，那些虛僞陳腐的學說就沒人談論了，自大虛妄的行爲也不再能掩飾了。

選賢任能，則國家昌盛，否則，國家就衰亡，有什麼比國家興亡更重要呢？

考察動機

田伯鼎喜歡招攬人才，因此而挽救了君主；白公勝喜歡籠絡人心，卻爲了反動政變，弒君自主。

公孫支自刖雙腳爲了尊重百里奚；豎刁自閹是爲了討好齊桓公。他們自刑的行爲是相同的，但他們自刑的目的是不同的。

惠施說：「瘋子向東邊跑，追趕的人也向東邊跑。他們向東邊跑的行爲是相同的，但他們向東邊跑的目的卻是不同的。」

對做同樣事情的人，不可不周密考察他們各自的動機。

君主對臣下百官的行爲的考察，要從其動機入手，要了解他爲什麼這樣做。成敗固然是

評價英雄的標準，但並非唯一的標準。因爲成敗有其必要性，也有其偶然性。成功固然可嘉，失敗未必就罪不可赦。

戰爭總是要殺人的，保家衛國的正義戰爭，除敵務盡，大快人心；侵略性的戰爭，濫殺無辜，應當受到譴責。

就所謂「朋黨」而論，君主也應當區分君子的朋黨和小人的朋黨。君子以同道爲朋，齊心協力爲國出力；小人以同利爲朋，拉幫結派，或圖謀作亂，或貪求私利。君子的朋黨是國家的棟樑；小人的朋黨是國家的災禍。

另一方面，動機和效果有時是難以統一的，也就是說，有良好的動機，並不一定就能辦成一件好事。比如君主崇尚仁愛，體恤百姓，看起來是好事，但實際上是使國家的法治失去其嚴肅性，好的動機卻得到了相反的效果。

觀其實效

《韓非子．外儲說左上》故事：

宋王與齊國作對，修築戰略防禦工事。讓一個叫癸的歌手唱歌爲號子。

癸歌唱的時候，過路的人都停下來聽，修築的人也不知疲倦。

齊王對癸的歌唱很滿意，召他去受賞。癸對齊王說：「我的老師射稽的歌比我唱得更好。」

齊王召射稽到工地歌唱，過路的人不再停下來聽，修築的人也感到疲倦。

齊王對癸說：「過路的人不停步，正在修築的人感到疲倦，射稽的歌唱得不如你好，這是爲什麼？」

癸對齊王說：「大王只要檢查一下我們兩人的功效就知道了。」

齊王派人檢查計算的結果是：癸歌唱時建築的人只築了四板（古代用木板夾土築牆。板長一丈，寬二尺），射稽唱歌時卻築了八板；再檢查牆的堅固程度，癸唱歌時築的牆能戳進去五寸，射稽唱歌時築的牆只能戳進去兩寸。

究竟誰的歌唱得好，不言自明。歌唱不是爲了悅耳動聽，而是爲了使修築者步調一致，加快工程進度，保障工程質量。如果不注重實際功效，只看表面現象，以過路的人是否停步和修築的人是否疲倦爲標準來判斷癸和射稽歌唱的優劣，只能得出錯誤的結論。

法家的功用主義在實際政治的運作中是積極有效的，一切空泛浮誇的言論，只要經過實際效用的檢驗，就會原形畢露，能舉起千斤重鼎的就是大力士；能勝任官職的就是好官吏；正如能看見東西就不是瞎子，能聽見聲音就不是聾子一樣。

有些臣子的言論不切實際，卻要自己文飾，認爲是「雄辯」；辦事不力，卻要自我吹噓，認爲是高明。君主如果不以功用爲標準對其言行進行督責考驗，就會被他們的「雄辯」和「高明」所迷惑，認爲他們是難得的人才，甚至極力推崇，讓他們官至卿相。由一群庸才、蠢才輔佐君主，國家如何治理得好？

三、選賢任能

官吏的銓選與任用，直接關係到國家的興亡治亂，尤其是在戰國那個列國爭雄、動亂不寧的時代，選賢任能以革除弊政，是國家生存競爭的必要措施。

知人善任，才是明君，要做到這一點，不掌握一套穩妥完備的方術是不行的。眞正的千里馬，並非都具有華美的外表。栽培人才就必須愼之又愼。陽虎有雙慧眼，樹人有方；憑衣著顏色認人，楊布家的狗對主人狂吠不止。

賢才多遭嫉妒，孔子的遭遇足以說明。西門豹兩度治鄴，有功而被繳印，無勞而受到禮遇，個中三昧，也是頗令人深思的。

君主課能的方術不僅在於發現人才，而且在於因材器使，給人才以合適的用武之地。人盡其能，官守其職，君主嚴加督導，上親下和，同心同德，才能提高國家的政治效能。

用人貴有術

韓宣王問繆留：「我準備同時重用公仲、公叔兩人，行嗎？」

繆留說：「從前魏王重用樓鼻、翟強兩人，而使黃河以西的統轄地區陷落；楚王任用昭、景兩大王族，而喪失了鄢、郢。如今君主想同時重用公仲、公叔，必然導致內爭權勢，外通敵國，國家就一定有憂患了。」

用人貴在有術，而不在重用一個人或兩個人，韓非子用一系列無可辯駁的事實有力地論證了這一論點：

商湯重用伊尹、仲虺而成就王業：齊桓公重用管仲、鮑叔而建立霸業，如果按照繆留的說法，同時重用兩個人國家就有憂患，那麼商湯就不可能稱王，而齊桓公也就不能成為「九合諸侯，一匡天下」的春秋霸主。

繆留之說似乎在暗示韓宣王只能重用一個人，這同樣是站不住腳的。

齊閔王重用淖齒一人。淖齒為楚將，西元前二八四年，燕將樂毅破齊，楚國派淖齒統兵救齊，齊閔王任淖齒為相，將希望寄託在他身上，燕軍攻入臨淄後，齊閔王出奔莒，被淖齒

殺死在東廟。

趙武靈王重用李兌一人，李兌不思報效知遇之恩，反而夥同公子成操縱朝政。西元前二九五年，他幫助公子何（趙惠文王）爭奪王位，竟然將趙武靈王圍困在沙丘宮達三個月之久，最後趙武靈王活活餓死。

君主如果掌握了駕馭臣下的方法，同時重用兩個人也不會成爲憂患；反之，重用兩個人就會導致內爭權勢、外通敵國，重用一個人就會大臣專權而挾持、殺掉君主。樛留不能用術的道理去勸說君主，卻叫他的君主不同時重用兩個人而只重用一人，這樣不是有喪失西河、鄢、郢的憂患，就一定有殺身餓死的禍害，可見樛留的進言不得要領。

有術之君，同時重用兩人而國以興盛，如商湯、齊桓公；無術之君，只重用一人卻導致身死國亡，如齊閔王、趙武靈王。

君主用術，才能防杜人臣營私舞弊，進而督責群臣忠於職守；賞功罰過，使群臣不得不一心一意爲國家謀取福利，爲君主竭盡心力，各盡所能，國家就會走向繁榮昌盛。

陽虎樹人

陽虎離開齊國到趙國去，趙簡子問他：「我聽說您善於栽培人才。」

陽虎說：「我在魯國的時候，栽培了三個人，都做了令尹（官吏之長）；等到我在魯國獲罪，他們三人都帶人搜索我。我在齊國的時候，推薦了三個人，一人做齊王的近臣，一人做縣令，一人做候吏（守衛邊疆的官）；等到我在齊國犯了罪，做齊王近臣的不來見我，做縣令的派人捉拿捆綁我，做候吏的一直追我到邊境上，沒有追上才停下來。我陽虎眞是不會培養人。」

趙簡子低頭笑著說：「種植橘柚，吃起來香甜可口，聞起來芬芳撲鼻；種植枳棘，長大後反而刺人。君主栽培人要愼重。」

陽虎究竟善不善於栽培人呢？

無論在魯國，還是在齊國，陽虎都推薦了三個人做官，後來陽虎相繼獲罪於魯國和齊國，但他所推薦做官的人，竟然沒有一個來搭救他，反而搜索追捕他，也就是說，這六人無一例外地背叛了他，絲毫不念及當初的舉薦栽培之情。從這個意義上說，陽虎不善樹人。

栽培人、舉薦人是爲了什麼？爲了日後知恩圖報？非也！陽虎舉薦的六人，在他獲罪的時候不徇私情，恪盡職守，那小小的候吏一直追到邊境上，沒有追上才罷休，這是他的本分，只要你是罪犯，無論親疏，都要捉拿歸案，繩之以法。從這個意義上說，陽虎樹人有方，他們都能效力於國家。

十年樹木，百年樹人，君主樹人務必愼重。

楊布打狗

楊朱的弟弟叫楊布，穿著白色的衣服出門。回來時遇上大雨，他便將外面的白衣脫下來，穿著黑色衣服回家。

他家裏的狗認不出他來了，便衝上去對他狂吼亂叫。楊布非常生氣，準備將狗打一頓。楊朱說：「你不要打狗了，你自己也是這樣。假使前些時候你的狗出去是白色，回來時變成黑色，你難道不感到奇怪嗎？」

狗的天性是嫌貧愛富，見到闊人就搖尾乞憐，看到窮人就狂吠不止，其實牠的旨意是爲了主人，衣著襤褸，可能是盜賊，圖謀主人家的財物，於是狂吠，早早將人趕走。狗的視力

人是不及的，但牠畢竟是動物，缺乏人的分辨洞察力，以至於連主人回來，也認衣不認人了。

韓非子《說林》中的這則寓言的旨意是很明顯的：對事物不能只看表面現象，而應該透過現象看本質；對人才，要仔細觀察其行動，不能以貌取人，也不能僅憑某人的夸夸其談。所謂眞人不露相，也如韓愈所說——千里馬才美不外見。

國家的盛衰與用人正確與否息息相關。

遼道宗晚年懶於理政，任用官員不能自己選擇，就讓各人擲骰子賭博，賭得勝彩的就讓他當官。

一次擲骰子時，耶律儼獲勝，道宗說：「這是提拔他任相職的徵兆啊。」於是就升耶律儼爲知樞密院事，賜他經邦佐運功臣的稱號，還封他爲越國公。

用擲骰子選官，眞是曠世奇聞。是非標準，賢良奸邪，都統統抹煞了，連楊布家的狗都知道有白黑之辨，遼道宗眞是昏聵到無可救藥了。

北宋宰相寇準，任命官員從不論資排輩，朝廷的同事對此很不滿。

有一天，寇準又要提升任命官員了，同事便讓一小官拿著有關例簿交給寇準。寇準說：「宰相的職責就是選賢任能，斥退那些無才無德的人，如果只按條例辦事，那只需要一個小官吏就可以完成任務了。」

寇準爲國選才，唯賢是舉，不拘一格，並能謹愼從事，力免魚目混珠，這是難能可貴的。

國家需要的是能眞正支撐起社稷的棟樑之材。

孔丘遭忌

子圉將孔子引薦給宋國的太宰。

孔子走後，子圉進來，問太宰對孔子的看法。太宰說：「我見過孔子後，再看您就像跳蚤蝨子一樣的渺小了。我現在就要引薦他去見君主。」

子圉怕孔子被君主看重，於是對太宰說：「君主見到孔子後，也將把您當作跳蚤蝨子一樣了。」

太宰因此就不再引孔子去見君主了。

在政治上，孔子是個失敗者，他周遊列國，到處碰壁，除了他那套思想和主張在當時行不通以外，遭忌被妒恐怕也是一個重要原因。類似於子圉、太宰這種人，無論古代還是現代，都是屢見不鮮的。

韓非和李斯一道向荀況學習「帝王之術」。韓非變法圖強的主張不被韓王採納，卻受到秦王嬴政的賞識。當韓非來到秦國後，李斯忌恨韓非的才能高出自己，便勾結姚賈向秦王進讒言，說：「韓非貴為韓國公子，現在大王想吞併諸侯，韓非是不會幫助秦國的，如果送他回去，等於養虎為患，給自己留下禍根，不如藉故把他殺了。」

秦王覺得很有道理，就治了韓非的罪，將他打入監牢，李斯乘機送去毒藥，韓非含憤自殺。

害人者終害己，後來李斯被趙高陷害，腰斬咸陽，夷滅三族，下場比韓非更可悲。

龐涓與孫臏也有同門之誼。龐涓做了魏惠王的將軍。自己以為才能不及孫臏。於是，秘密召請孫臏。孫臏到魏國後，龐涓忌妒孫臏的才能，就無中生有，捏造孫臏的罪名，並用刑法砍去孫臏的雙腳，又在他的臉上刺字，好讓他隱居起來而不露面。

後來，孫臏被齊將田忌待為上賓，請教兵法，田忌依孫臏之策，圍魏救趙，大敗魏軍。

十餘年後，魏與趙攻打韓國，韓國向齊國告急，請求援助。齊國派田忌率軍前往，孫臏為軍師。孫臏巧用減灶法迷惑魏軍，龐涓中計，在馬陵道中了齊軍的埋伏，龐涓智窮兵敗，自刎而亡，也算是罪有應得。

能受天磨眞鐵漢，不遭人忌是庸才。要成就大事業者，遭受忌妒、誹謗、打擊，應該說是很正常的事，不必耿耿於懷，要承受住各方面的考驗、壓力和磨難，切忌被流言蜚語所淹

沒。

有哲人說過：走自己的路，讓別人去說吧。賢才應具有這種坦蕩的胸懷。

君主應常懷求賢若渴之心，海納百川，有容乃大；如果嫉賢妒能，只能導致國破身亡。劉邦之所以能得天下，與他的舉賢任能分不開，擇其能而爲己所用，出謀劃策有張良，管理國政有蕭何，率兵出征有韓信，何愁大業不成。

子皮舉賢讓子產，蕭何月下追韓信，劉備三顧茅廬，傳爲尊賢美談。司馬遷曾說，賢能之士得不到任用，是君主的恥辱。「野無遺賢」才是明主治世的標誌。普通的人，也應該做「嘉善而不矜能」的「君子」，見賢思齊，那麼，更多的賢才就會湧現出來，賢才也就有廣闊的用武之地。

西門豹兩度治鄴

西門豹做鄴縣令，清廉正直，絲毫不謀私利，也從來不巴結討好君主的近侍。於是君主的近侍勾結起來中傷西門豹。

過了一年，西門豹回朝向君主上繳一年的賦稅，彙報一年的政治經濟情況時，君主收繳

了他的官印，免去了他的職務。

西門豹自己請求道：「我過去不知道如何治理鄴縣，現在我知道了，請君主將印授予我，讓我再去治理鄴縣。如果治理不好，願意伏死罪。」

魏文侯不忍心拒絕西門豹的請求，就把官印交還給他。

西門豹再度治理鄴縣，改變了策略。他加緊向百姓搜刮錢財，極力奉承君主的近侍。

一年後，西門豹回朝向魏文侯繳納年稅彙報工作時，魏文侯客客氣氣地迎接他。

西門豹對魏文侯說：「往年我為君主您治理鄴縣，您收了我的官印；今年我為您的近侍治理鄴縣，您恭敬地迎我回宮。現在我不能為您治理鄴縣了。」

西門豹於是交還官印就要離去，魏文侯無論如何也不接受，說：「我以前不了解您，現在了解了，希望您盡力為我治理好鄴縣。」

西門豹兩度治鄴，起初勤勤懇懇，不謀私利，只因不討好魏文侯的近臣，就被收印罷官；後來加緊剝削百姓，討好巴結魏文侯的近臣，就受到君主的禮遇。

這一故事無疑給君主敲了一次警鐘。韓非子曾說：應當禁止的，反而讓其得利；對於有利的，反而加以禁止，即使是神聖的人也不能辦好事情；該懲罰的，反而加以讚賞；該讚賞的，反而加以詆毀，即使堯也治理不好國家。

是非善惡不分，忠奸正邪不察，獎懲賞罰不明，君主如何能任勢行術？不能任勢行術，

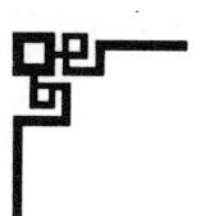

如何能治理國家，駕馭群臣？

《韓非子．外儲說左下》中載：

齊地有個狗盜（披著狗皮而進行盜竊的賊）的兒子與因犯罪而被砍斷腳的人的兒子在一起開玩笑而相互誇耀。

狗盜的兒子說：「只有我的父親皮衣上有尾巴。」

被砍斷腳的人的兒子說：「唯獨我的父親連冬天都不耗費褲子。」

稚子無知，童言無忌。父親做賊犯罪，兒子不以為恥，反以為榮。

兒童不知榮辱，情有可原，但君主如果不知善惡是非，當獎而懲，當賞反罰，就關係到社稷的安危興衰了。

用武之地

一個魯國人擅長編織草鞋和麻鞋，他的妻子善織做帽子的生絹，他們打算遷移到越國去謀生。

有人對他們說：「你們一定會很困窘。」

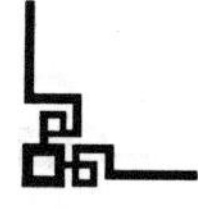

魯國人說：「為什麼呢？」

那人說：「草鞋麻鞋是穿在腳上的，而越國人是光著腳走路的；生絹做的帽子是戴在頭頂上的，而越國人的頭髮是披下來的。帶著你的長處到用不著它的國家去活動，要想不困窘，怎麼可能呢？」

魯國人如果真的去了越國，他的處境是可想而知的，他和他的妻子所具有的長處，到了越國就失去作用了，他們已經失去了施展手藝的天地。

有百獸之王美譽的老虎，只有在深山中，為了生存而奔跑、追逐、搏殺才能盡顯其能；在茫茫的沙漠中，千里瀚海，杳無人煙，號稱「沙漠之舟」的駱駝才能發揮其優勢。動物園裏關在籠中的老虎、供人們觀察戲謔的駱駝，在青草地上悠閒地漫步，是無奈的，可悲的。

人盡其才，物盡其用。給人才提供一個優越的環境，讓英雄有用武之地，正是為政者必須正視的問題。

唐代著名畫家閻立本，深得唐太宗的賞識，被拔擢為右相，與左相姜恪同掌樞密院。姜恪已經歷任將軍，在邊關屢立軍功；閻立本僅僅善於繪畫，沒有做宰相的才能。所以當時的人用《千字文》中的話來評價說：「左相宣威沙漠，右相馳譽丹青。」

大詩人李白一生書劍飄零，浪漫豪放，下筆有神，他是滿懷政治抱負的，也很自負。在詩中寫道：「但用東山謝安石，為君談笑盡胡沙」。用名將謝安自比，埋怨得不到重用。他寫

詩、飲酒，雖有匹敵者，但帶兵打仗、治國安邦與作詩飲酒畢竟不是一回事，文學才華與政治才能一般是難以兼備的。

宋徽宗趙佶書畫爲一時之冠，但治國卻糟糕透了。如果不讓他做皇帝，讓他繪畫作書，無論對國家，還是他本人，都是大幸。

君主用人，最重要的是發現其長處，並讓其最大限度地發揮長處，將他們安排在合適的崗位上，各顯其能，各盡其責，內無憂，外無患，君主還擔心什麼呢？

巧詐不如拙誠

樂羊作爲魏文侯的大將，準備領兵攻打中山國，他的兒子在中山國。中山國國君將他的兒子煮了送給他一碗肉湯。樂羊不動聲色，爲了蒙蔽敵人，就忍痛一口氣喝完了。

魏文侯對堵師贊說：「樂羊是爲了我才吃他兒子的肉啊。」

堵師贊說：「他連自己的兒子都吃了，還有誰不敢吃？」

樂羊得勝回魏，魏文侯一面讚賞他的戰功，一面對他起了疑心。

樂羊眞是冤枉，吃了兒子的肉，反被君主疑忌。

孟孫獵得一頭小鹿，讓秦西巴背著回來，那隻小鹿的母親跟在後面啼哭。秦西巴不忍心讓那母鹿痛苦，就把那小鹿放了。

孟孫回來後，向秦西巴索要小鹿，秦西巴就如實相告。

孟孫大怒，將秦西巴趕走了。

過了三個月，孟孫又召請秦西巴作他兒子的老師。

孟孫的車夫問：「以前您治他的罪，現在又請他做您兒子的老師，這是爲什麼？」

孟孫說：「對小鹿都不忍心，何況對我的兒子呢？」

樂羊因爲有功而被懷疑，是因爲他的智巧、僞詐；秦西巴因爲有罪而更受信任，是因爲他的拙樸、誠實。

韓非子因此說，智巧、僞詐不如拙樸、誠實。

韓非子一向對智巧之士憑三寸不爛之舌蠱惑君主的行爲深惡痛絕，認爲玩弄智巧是法治的大敵，必須堅決禁止。在樂羊和秦西巴「有功被疑」和「有罪益信」的對比中，旨在警示人們要做一個誠實的人，企圖巧言令色、嘩衆取寵的人，是不會有好下場的。

對這個問題也應辯證對待，豎刁自閹爲齊桓公管理內宮，易牙煮自己的兒子給齊桓公吃是有所圖的；樂羊忍痛吃自己兒子的肉，是忠心爲國，雖然他們的行爲都屬於智巧、僞詐，但他們的動機不同，因此不能一概而論，君主應該明察秋毫，辨別忠奸。

四、禁邪防奸

君主勢大位尊，是臣僚矚目的對象。君臣利害有反，臣子不免有許多欺詐掩飾的言行，君主不能不防。

臣子不可能眞愛君主，心甘情願地爲君主效力，君主就應該有一套方略使臣子不得不俯首聽命。

既然太子爲早日取得至尊無上的君位，希望君主快死，那君主對后妃、太子也得有所提防。

奸臣篡權的手段，不外「明劫」、「事劫」、「刑劫」三種；成就個人美名而作奸犯科的現象有八種之多，姦情無處不在，君主的禍患時時存在。

君主如果沒有一套有效的禁奸之術，就會出現三桓劫持魯昭公的災難；一旦重臣「煬灶」，君主的地位就岌岌可危。

不殺惡狗則酒酸，不清除統治集團內部的隱患，國家的治強就無從談起。

君主要有一雙洞燭其奸的亮眼，掌握一套防奸除惡的方術。韓非子所提出的禁奸措施，

對君主應該具有極高的參考價值。

臣子不足信

晉文公逃亡在外，箕鄭提著食物跟著他走，迷失了道路，與文公走散了，餓得在路邊哭泣，餓極了也不敢吃。

等到晉文公返國後，起兵攻打原國，攻克並佔領了原國。

晉文公說：「能不顧饑餓的痛苦而堅決保留食物，這樣的人今後不會憑藉原地而背叛我的。」於是提拔箕鄭做原地的行政長官。

大夫渾軒聽到以後反對說：「因為不動食物的緣故，就信賴他今後不會背叛，不也是沒有術的表現嗎？」

韓非子認為英明的君主，不靠人們不背叛我，而是依靠我的不可背叛；不靠人們不欺騙我，而是靠我的不可欺騙。

治理國家，要靠法術，但沒有威勢，就不能保障法術的施行。

有威勢的君主，有一套切實可行的辦法，讓老百姓不得不為我做事，不要期盼老百姓因

爲愛我而爲我做事。世上沒有無緣無故的愛，老百姓不可能無緣無故愛君主，因此而甘心聽從他的法令。當君主的威勢使得老百姓不得不聽法令的時候，才是國泰民安的時候。

同樣，臣子是不足信的，尤其像管仲那樣的賢才，如果大權在握，君主就會失去威勢，那就危在旦夕了。君臣之間沒有骨肉血緣的親密關係，不要期望臣子都俯首貼耳聽命於君主，效力於國家，他們得度量一下是否有利可圖。但君主任用威勢就能使他們不得不聽命於君，效力於國。

太子希望君主早死

奸臣篡權弒君往往不擇手段，而最有效的途徑莫過於利用君主與妻子、兒子之間利害衝突的矛盾來達到目的。

君主如果充分信賴自己的妻子，那麼奸臣就會利用他的妻子來謀求私利。晉獻公有個寵妾叫驪姬，晉獻公對她百依百順。後來驪姬在優人施的教唆下，向獻公進讒言害死了太子申生，改立奚齊爲太子，造成國內混亂。

韓非子認爲人與人之間都是利害關係，君臣、父子、夫妻之間莫不如此，所以，無論大

國的君主，還是中等國家的君主，其后妃、夫人所生的兒子作爲太子的，都希望君主早死。爲什麼這樣呢？夫妻，沒有骨肉血緣親情，相愛則親近，不相愛就疏遠。俗話說：母親長得美，父親就寵愛她生的孩子。與此相反，母親長得醜，父親就疏遠她生的孩子。

按照常理，男子到五十歲好色之心絲毫不減，而女子年到三十美色就衰退了。以美色衰退的女子去服侍好色的丈夫，她一定被疏遠和輕視，而她的兒子就難以成爲君位的繼承人，這是后妃夫人希望君主早死的原因。

太子當然希望自己早點做君主，到那時，發號施令，行賞論罰，好色獵豔，獨掌國家大權，那才眞正可以縱橫捭闔，隨心所欲。但君主存在一天，自己就只能等待，等待不及了，就向君主下手，或鴆殺，或扼殺，或縊殺，不達目的誓不罷休。至於君臣之義、父子之情統統見鬼去吧。

君主的交椅固然至尊至貴，但時時充滿了危險，不僅奸臣想奪取，連妻子、兒子也虎視眈眈。妻子不可信，兒子不可信，臣子更不可信。其實，至尊的君主也是最爲孤獨、最爲悲哀的。

君主務必留心那些認爲自己的死對他有利的人。如果日月外面有白色光圈圍繞，內部必有毛病，防備自己所憎恨的人，禍害卻來自可愛的人。

愛妻子，愛兒子，這是人之常情，是千百年來人們孜孜以求的天倫之樂，但君主不是常

人，他自然與常人有不同的活法——對妻子，對兒子，永遠要防著點。

三劫

「三劫」是奸臣篡權的三種手段。

一是「明劫」，即公開的篡權。

臣子在朝廷取得顯要地位，在朝廷外操縱國家政權來收買群臣，造成朝廷內外的大事只能由他一人決斷的局面。當然，朝廷中也有賢能正直的人，敢於仗義直言，但這只能招來殺身之禍。順之則昌，逆之則亡，致使賢能正直者惜於身家性命，敢怒不敢言；奸邪投機之徒唯恐巴結不上，爲之搖唇鼓舌，效盡犬馬之勞。這樣，群臣中簡直就沒有人敢於忠君憂國而爲國家利益抗爭了。君主即使賢明，已不能獨自決策了，國家豈有不亡之理？

二是「事劫」，即透過政事進行篡權活動。

依仗君主的寵愛，獨攬國家大權，利用其他諸侯國的勢力來制服群臣，挾持君主。或者換一種方式，危言聳聽地渲染禍福得失的形勢，混淆視聽；又極力迎合君主的好惡，讓君主作出決斷。君主聽從了，降低身分輕視國家利益來資助他們，一旦事情失敗，他們就順理成

章地將責任歸咎到君主身上；如果事情成功了，他們就有理由表功，進而攫取成功的果實。群臣沒有人能對此持不同意見，誰敢說他事情辦得不好，那你就等待遭殃吧。

三是「刑劫」，即透過專擅刑罰來篡奪君權。

他們將國家的法令置於一旁，將異己者逮捕入獄，任意殺戮。哪裏還有王法，他們的話就是王法。這樣，法治不存，人治猖獗，普天之下，人人自危，明哲保身，避之唯恐不及，哪裏還有人甘願爲國家爲君主而拋頭顱、灑熱血呢？即使有人捨身報國，然而大勢已去，誰能挽狂瀾於既倒？

造成「三劫」的原因是什麼呢？

韓非子認爲是君主「三守」不完備。

「三守」是君主治國必須掌握的三種原則。

第一，臣子中有議論當權大臣的過失、執政之臣的錯誤、一般臣子的隱情，君主要心藏不露，不要將自己的想法輕易洩漏給左右親信和那些善於鑽營的人，使進言的人不得不先屈從於親信和權臣的旨意，再向君主進言。

第二，君主喜愛一個人，不是自己作主去獎賞他，等左右的人都稱讚他後，才給予獎賞；君主憎恨一個人，不是自作主張去懲罰他，等到左右的人都反對他時才給予處罰。這樣，君主就沒有權威，大權勢必旁落到左右的人手裏。君主必須獨掌賞罰大權。

第三，君主必須親自主理政事。如果君主厭惡自己親理政事，害怕勞苦，那麼群臣就不能聚集、團結在君主周圍，權柄和勢位就會轉移到臣子的手中，這樣君主就必定受到傷害。

韓非子憂心忡忡地告誡君主：「三守」完備，則國家安定，君主榮尊；否則國家和君主都會陷入危險的境地。

以「三守」制止「三劫」，消除了「三劫」的隱患，便可以統治天下。

八說

個人的私譽與國家的利益，往往是相衝突的。成就了個人的美名，就釀成了君主的禍患。

試看韓非子列舉的八種說法：

爲官不全力以赴爲君主、國家效力，而爲老朋友枉法徇私叫做夠交情。

置國家利益於不顧，用公家的財物進行施捨叫做仁人。

輕視爵祿，蔑視名分，只注重個人修養叫做君子。

無視法律的存在，爲親人開脫罪責，甚至包庇、袒護親人叫做品行好。

放棄官職，私交朋友叫做講義氣。

逃避現實，避開君主叫做清高傲世。

私鬥不休，違抗禁令叫做剛直好漢。

施行恩惠，籠絡民心叫做得民心。

以上這八種聲名對君主、國家是無益而有害的。所謂夠交情，官吏就會作奸犯科，反正有朋友袒護；做仁人，慷國家之慨，國家財產就會有損失；做君子，不聽調遣、安排，那民眾就難以驅使；「品行好」會敗壞法紀；「講義氣」官職就會出現空缺；清高傲世，民眾就不願侍奉君主；做「剛直好漢」，法令如何推行；官吏得民心，君主就會被孤立。

君主如果不考慮國家利益，而縱容這種個人私譽發展下去，求得國家沒有危機是不可能的。由此看來，個人的惡名，才是君主、國家的公利，去私譽、求公利是每個國民的神聖職責。

三桓劫公

三桓指孟孫、叔孫、季孫，他們都是魯桓公的後裔，故名。

三桓聯合起來對付魯昭公，形勢危急。

魯昭公想各個擊破，首先攻打季孫，孟孫和叔孫謀劃是否出兵相救。叔孫的車夫說：「我只是一個家臣，怎麼知道朝廷的大事呢？總的說來，必須明白，有季孫和沒有季孫哪一樣對你們更有利？」

孟孫和叔孫都說：「沒有季孫，也就沒有叔孫和孟孫。」

車夫說：「既然這樣，那就出兵救季孫吧。」

於是，叔孫和孟孫相繼出兵救援，三桓合一，魯昭公難以抵擋，被驅逐出魯國，跑到齊國、晉國去搬救兵，沒有結果，最後死在晉國。

三桓戮力同心攻打魯昭公，使魯昭公被逐出境，客死他鄉。一則魯昭公沒有用權術控制三桓，致使他們擅權奪國。二則三桓皆出於私利，合力同心只是暫時的，因分贓不均，難免引起三桓紛爭，這是後話。

在韓非子看來，臣下沒有忠於君主的，臣下得到了利益，君主就會失去利益。臣下都是唯私利是圖，哪管國家的興衰治亂！在利益的驅使下，或者招敵國的軍隊來除掉國內的私敵，或者提出外交上的事情來迷惑威懾君主。爲此，韓非子列舉了這樣的例子：

公叔伯嬰在韓國做相國而又與齊國交好，韓宣惠王寵信公仲朋，公叔伯嬰擔心韓宣惠王會讓公仲朋做相國，於是讓齊國、魏國相約攻打韓國，並乘機將齊國引入國都，用以威脅韓

宣惠王，以鞏固他的相位，並重申兩國的約定。

翟黃是魏文侯的大臣，而與韓國交善，叫韓國的軍隊來攻打魏國，然後要求和韓國去講和。魏文侯只得派翟黃擔當此任，翟黃「不辱使命」，以此提高了自己的地位。

宋石是魏國大將，衛君是楚國大將，兩軍交兵，宋石和衛君分別作爲魏楚兩國的統兵主將，宋石派人送信給衛君說：「兩支軍隊，勢力相當，一旦交戰，不能兩存。這是兩國君主的事，我們之間沒有私怨，以相互避開爲安。」

臣下心中只存私利，哪有國家君主？不過，韓非子看到的似乎全是奸臣，臣下沒有一個好東西！其實，不盡然，單是「兩朝開盡老臣心」的諸葛孔明就要令韓非子結舌了。

侏儒夢灶

衛靈公的時候，彌子瑕很受寵幸，在衛國獨攬大權。

有個侏儒特地去拜見衛靈公，說：「我做了一個夢應驗了。」

衛靈公問：「你做的什麼夢？」

侏儒回答說：「我夢見了灶，預示我將要見到您。」

衛靈公生氣地說：「我聽見要見國君的人會夢見太陽，爲什麼你見到我只夢見灶呢？」

侏儒說：「太陽的光芒普照大地，沒有什麼東西能擋住它。作爲國君，他的恩德應該普照全國，也沒有人能遮蔽他，所以將見國君要夢見太陽。而灶的光芒只從一個灶口裏射出來，只能供一個人取暖，站在後面的人就看不到灶裏的光亮了。現在您身邊也許只有一個人，才能感受到您的光輝和溫暖吧？既然這樣，我夢見灶然後見到您，不是也應驗了嗎？」

侏儒的話是在影射彌子瑕的專權獨寵。韓非子講這則故事，旨在提醒君主，一旦大權旁落，君主的恩澤德惠就不可能被普天下民衆所感受得到，那麼，君主的權勢威望勢必落入專權獨寵的大臣之手。到時候，假傳聖命，圖謀作亂，君主和國家就陷入水深火熱之中了。

北周宇文護專權弄國，籠絡心腹，將孝閔帝宇文覺的親信、開國功臣們或貶或殺，隨即逼迫孝閔帝遜位，最後將他殺死。在此之前，北魏孝武帝的重臣宇文泰權傾朝野，手握重兵，鴆殺武帝而自立，是爲北周。

北魏孝武、北周孝閔，如果威勢操在自己手中，哪裏會有國廢身亡的悲劇呢？

狗猛酒酸

故事見於《韓非子．外儲說右上》。

宋國有個賣酒的人，買賣公平，待客熱情，酒味甘美醇香，酒旗懸得老高，可他的酒就是賣不出去，時間一長，就變酸了。

賣酒的人覺得很奇怪，便去請教鄉里他所熟悉的長者楊倩。

楊倩問：「你家的狗兇猛嗎？」

賣酒的人說：「狗兇猛為什麼酒賣不出去？」

楊倩說：「人們害怕兇猛的狗啊！有人叫小孩子拿著錢和酒器來買酒，而狗就迎上去咬他，誰能不怕？這就是酒酸賣不出去的原因啊。」

國家也有猛狗，那就是當權的奸臣，這些人唯恐法術之士接近君主而對自己造成威脅，動搖自己的地位，失去既得的利益，當權的奸臣就想方設法從中作梗，或向君主進讒言，或透過卑劣的手段貶低法術之士，君主就被蒙蔽，受挾持，法術之士也就得不到任用，不能為國效力。

齊桓公曾問管仲：「治國的最大禍患是什麼？」

管仲回答說：「是社鼠（社木中的老鼠，社，祭土地神的壇，用木頭豎起來，塗上泥土，作爲土地神的象徵）。」

齊桓公問：「是什麼原因呢？」

管仲說：「您見過立社嗎？要將木頭豎起來，然後塗上泥，老鼠在木頭裏挖掘洞穴，托身其中。用煙火燻它，恐怕燒毀木頭；用水灌它，又怕塗上的泥掉下來，這就是逮不到社鼠的原因。現在國君左右的人，在朝廷外就假藉君主的威勢，榨取民衆的利益，在朝廷內則結黨營私，互相勾結，在君主面前隱瞞罪惡。在宮內刺探君主的情況爲朝廷外的同黨通風報信，內外勾結，相互助長權勢，群臣百姓因此而獲得富貴。官吏不誅殺他們，國法就要受到擾亂，如果誅殺他們，他們操縱著君主的命運，這也是國家的社鼠啊。」

所以，臣子一旦掌握了權勢，操縱了法令，就會爲所欲爲，順我者昌，逆我者亡。爲自己效力的就能得到好處，否則就會遭殃，這也是猛狗。大臣如猛狗，瘋狂地噬咬法術之士，君主的左右近臣又如社鼠，時刻窺視君主的一言一行，而君主並非察覺，國家怎麼會不衰弱呢？

不殺猛狗則酒酸，不滅社鼠則社毀，治國也是同樣的道理。

禍起蕭牆

「煮豆燃豆萁，豆在釜中泣。本是同根生，相煎何太急。」這是曹植著名的「七步詩」。曹植素有「戮力上國，流惠下民」的雄偉抱負，深得曹操賞識，幾乎要被立爲太子。曹丕一直耿耿於懷，企圖置之於死地而後快，要不是曹植學富才高，應聲成詩，早就被他的同胞哥哥殺掉了。不過，曹植的命運還是悲慘的，身爲王侯，形同囚徒，四十一歲便撒手人寰了。

統治集團內部，因名分而同室操戈、手足相殘的事不勝枚舉，司空見慣。

楚成王立長子商臣爲太子，不久又想立小兒子職爲太子。

商臣聽說後半信半疑，就去請教他的師傅潘崇，詢問如何查清楚這件事。潘崇說：「請江芈（音米，楚成王的妹妹）來赴宴，但不要表示尊敬。」

商臣依計而行，江芈沒有得到應有的尊敬，非常惱怒，說：「呸，你這下賤的東西，難怪君主要廢掉你而立職爲太子。」

商臣說：「的確是這樣啊。」

潘崇說：「你能夠侍奉職嗎？」

商臣說：「不能。」

潘崇問：「你能做職的諸侯嗎？」

商臣說：「不能。」

潘崇進一步說：「你能幹一番大事嗎？」

商臣說：「能。」

於是，商臣帶領守宮的軍隊攻打楚成王。楚成王考慮到難以脫身，就請求吃過熊掌再死去，想以此拖延時間，商臣識破了楚成王的詭計，沒有答應父親的最後請求，楚成王只好自殺了。

再舉一例：

晉獻公時，驪姬的地位尊貴，可以和獻公的正妻匹敵。她想要獻公立她自己的兒子奚齊爲太子，來取代原來的太子申生（獻公正妻所生的兒子）。於是驪姬在獻公面前陷害申生而迫使他自殺。

在家天下的時代，等級森嚴，名分明確是很有必要的，它有利於統治集團內部秩序的穩定，既然天下爲私，家事也就是國事。試問哪一個君主不是好色之徒，三千粉黛，六宮娥眉，絕不只三兩個龍胎鳳種，而國家只能有一個君主，天上不能同時有兩個太陽。太子之位就成爲朝堂之上、宮幃之間爭奪的焦點，誰不想做天下獨尊的君主？哪個母親不想子貴母

榮？爲此，兄弟之間、父子之間、后妃之間無不劍拔弩張。而一旦做了太子，危險就伴隨左右了，猶如衆矢之的。難怪鄭昭對鄭國的國君說，太子還沒出生。鄭國國君說，太子已經冊立，爲什麼說還沒出生呢？鄭昭說：「太子雖然冊立，但君主寵愛美姬沒完沒了，所寵愛的美姬生下的兒子，君主也一定愛他，愛他就一定想立他爲太子，所以說，太子還沒出生。」眞是精闢！好色的君主是眞正的罪魁禍首，如果君主也實行一夫一妻制，那國家要省去多少麻煩，免去多少禍殃。

韓非子在當時年代中不可能有筆者這般精湛的想法，他只能說，等級名分的混亂局面，是產生禍亂的根源，君主要愼重對待。在當時也還算高明之論。

洞燭其奸

君主應具備一雙雪亮的眼睛，對身邊懷有二心的臣子要及時發現，不要自以爲賢明而喪失應有的警惕性。奸臣的額上並沒有標明字樣，何況奸臣往往善於僞裝，明明心懷不可告人的狼子野心，卻援引歷史成例來加以掩飾。

《韓非子．難三》中記載：

晉文公（重耳）的父親晉獻公由於聽信了寵妾驪姬的讒言，不僅殺死太子申，重耳也遭到陷害，只得出逃。

逃到蒲城時，晉獻公派寺人（宦官）披追殺至蒲城，危急之中，重耳越牆逃走，寺人披追到身邊，斬斷了重耳的衣袖。重耳出奔翟，開始了漫長的流亡生涯。

重耳的哥哥晉惠公即位，又派寺人披追殺重耳到惠竇，重耳還是逃脫了。

後來重耳回到晉國，即位爲晉文公，寺人披求見。

晉文公說：「蒲城之役，獻公命你第二天趕到，你當天就趕到了。惠竇之難，惠公命令你三天三夜趕到，你卻只用一天一夜就趕到了，你的速度爲什麼這樣快呢？」

寺人披說：「君主的命令是不容更改的。除掉君主所憎惡的人，惟恐不能勝任。我心裏哪裏還有蒲人、翟人（這裏暗指重耳）？現在你文公即位，難道就沒有像蒲人、翟人那樣的敵人嗎？況且齊桓公不記管仲射中帶鉤的仇恨，仍任用他爲相。」

於是，晉文公便同意召見寺人披。

對晉文公的行爲，韓非子是這樣評述的：

齊國和晉國的滅亡，是情理之中的事。齊桓公能用管仲的功勞而忘記射中帶鉤的仇怨，晉文公能聽信寺人披的話而忘記斬斷衣袖的罪過，齊桓公、晉文公能寬容管仲、寺人披。後代的君主，英明不及齊桓公、晉文公；後世的臣子，賢良不及管仲、寺人披。不忠誠的臣子

事奉不英明的君主，君主不察覺，就會出現燕將公孫操殺掉燕惠文王、子罕殺掉宋桓侯、田常殺掉齊簡公這樣的禍害；君主覺察了，奸邪之臣就會用管仲、寺人披的事例來自我解脫。

君主如果不誅罰他們而自以爲有齊桓公、晉文公的德行，這是用仇人爲臣，對他們的陰謀不能洞察，反而給他們提供很多便利的條件，自以爲他們是賢臣而不加以戒備，那麼即使丟失政權，不也是正常的嗎？

況且，照寺人披所說的話來看，只要是遵守君令而沒有二心的，便是忠於君主。君主死而復生，做臣子的無愧於心，這才叫做忠貞。現在晉惠公剛剛死去，寺人披就來侍奉晉文公，寺人披的沒有二心是怎麼回事呢？

君主只要有一雙洞燭其奸的慧眼，無論奸邪之臣如何喬裝巧飾，也休想矇混過關。像火眼金睛的孫悟空，無論妖怪裝成如花似玉的少女，還是扮作衰邁慈祥的老婦，孫悟空舉首一望，便舞動金箍棒劈將下去——妖怪，哪裏逃！

五、八奸六微

有效地禁奸除惡，必須了解奸邪的活動規律，以便採取有針對性的應變措施。韓非子將奸邪進攻的渠道、最易發生奸邪的場合和奸邪常用的手段概括為「八奸」和「六微」。

奸邪活動範圍廣泛，幾乎到了無孔不入的地步；奸邪活動的手段隱蔽微妙，難以察覺。道高一尺，魔高一丈，韓非子不僅勾畫出了一幅活靈活現的群奸衆生相，而且提出了一系列行之有效的應對方術，是君主防奸除惡的必讀教材。今天看來，難免有詭秘狡詐的成分，但在君權至上的時代，捨此別無良方。

「同床」之惑

什麼叫「同床」？

韓非子在《八奸》中解釋道：受寵愛的夫人、孩子，善於逢迎獻媚，又有美色，這是君主迷惑的原因。乘君主在後宮享受安樂生活、酒醉飯飽的時候，求得她們想要得到的東西，做臣子的便透過內線用金玉財寶賄賂她們，叫她們蠱惑君主，這就叫「同床」。

愛夫人，愛孩子，是人之常情，本來無可厚非。「力拔山兮氣蓋世」的西楚霸王項羽，在垓下被圍，四面楚歌之時，悽慨悲歌「虞兮虞兮奈若何」，身經七十餘戰，視死如歸的一代豪傑，在與深愛的虞姬生離死別的時刻，也不免情意繾綣，難以自控。連興風狂嘯的老虎，也有舐犢之情，何況人呢？

君主也是人，也有人情，不能說做了君主就要變成鐵石心腸，但應該將私愛與國事分開，不能攪成一團。夫人也好，孩子也好，儘管貴爲后妃、太子、親王，但他們的行爲不能有損國家利益，君主更應自覺劃清私愛與國事的關係。家有家規，國有國法，對夫人、孩子的要求不能言聽計從，一切滿足，要做到有理、有利、有節。當他們的要求與國法相牴觸時，要堅決抵制；當他們行爲不軌不法時，一定要懲處，絕不能姑息。這不僅僅避免了因愛而受迷惑，而且杜絕了那些居心叵測之徒，透過巴結賄賂君主的愛妃愛子而進身惑君的途徑。韓非子提出「同床」的防範措施在於：不理睬後宮的稟告，更不准夫人、孩子爲私人有所請求。

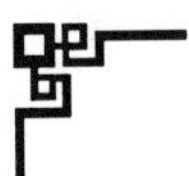

「在旁」之憂

讓君主心蕩神怡、娛耳悅目的歌伎舞女，在君主左右調笑、滑稽的侏儒以及君主寵愛的親信、侍從，不等君主發號施令，他們就表示應承，卑恭馴服，乖巧靈便。其實，這些人是事先摸透了君主的心意，善於察顏觀色。應對異口同聲，進退行動一致，以此改變君主的主意。更有甚者，大臣們在朝廷內用金玉珍寶討好君主，在外不遵守國家法令，以此來感染影響君王。

這就是「在旁」。

歌伎舞女，一個個媚若天仙，美目盼兮，巧笑倩兮，輕歌曼舞之際，君主骨頭都酥了。如尤物們故作嬌嗔，櫻唇輕啓，昏昏然、飄飄然的君主自然有求必應，哪管這要求合不合理，違不違法。侏儒小丑，一旦討得君主的歡心，興之所至，肯定大大有賞。賞幾個美女侏儒，並無大礙，頂多捨些財物。年年進貢，月月搜刮，民脂民膏多的是。

最危險的是身邊的臣子、親信，他們無形中成了君主的耳目，而他們必定逢迎獻媚有術，君主要尋歡作樂，無暇過問朝政，國事無論巨細，交給他們去處理，是好是壞，任他們

胡說八道，反正君主已是盲人瞎馬。這些奸佞小人一旦得志，手握尚方寶劍，便可以肆意為非作歹，等到時機成熟，傾國弒君，還不是小菜一碟。待到君主春夢甦醒，已經大禍臨頭了。

隋代的裴蘊以為人奸詐、精於媚顏察色著稱，他能窺測君主的細微意圖，君主想加以罪狀處罰的，他就枉法徇情，羅織別人的罪名；君主想寬宥赦免的，他便心領神會，大事化小，小事化了，千方百計為人開脫罪責。裴蘊因此而獲得了隋煬帝的寵信，大大小小的案件一律交給他專斷，經他之手，隋大臣被殺的先後有剛直不阿的薛道衡，文武兼備、有真宰相之才的高熲，功勳卓著的賀若弼，威震遼東、高麗的蘇威等……君暗臣奸，隋朝江山已岌岌可危了。

唐朝李義府獻媚討好得勢後，飛揚跋扈，連唐高宗也不放在眼中。

君主防奸，應從身邊的耳目做起，一旦耳聾目盲，國家便一片黑暗了。

「父兄」之險

君主用人，不僅要考察左右近臣侍從的言行，而且要防止侍奉宗室公子的臣子用花言巧

語來籠絡重臣，或透過進獻音樂美女以取得宗室公子的信賴和好感，爲他們違法亂紀安排好退路。一旦情勢於己不利，他們便叫與之有特殊關係的宗室公子和他們籠絡的重臣向君主進言，爲自己開脫罪責。對宗室公子，可以用更多更美的財色相誘惑；對重臣，則答應事情成功後使他們加官進爵。投之以桃，報之以李，侍臣們多能如願以償。被左右和牽制的君主成了失去思想的死魂靈。

「父兄」之險，君主豈能不引起高度警覺！

侍奉宗室公子的臣子，肩負爲國家培養接班人的重託，他們所做的一切都與國家的前途命運息息相關。他們所侍奉、所教導、所影響的說不定就是未來的一國之君，或者是未來最高統治集團的中堅。從某種意義上說，選擇侍奉宗室公子的臣子比選擇君主身邊的近臣更爲重要，將一個年幼無知的皇家子弟培育成一個優秀的治國安邦的人才，不是一件容易的事情，除了要求侍臣的自身素質外，更要求他有爲國家利益公而忘私的崇高品質和鞠躬盡瘁、死而後已的敬業精神。在這一點上，諸葛亮不愧是千古楷模，六出祈山，七擒孟獲，五丈原前點七七四十九盞明燈，一心只爲酬三顧。

由此觀之，英明的君主對於父兄和大臣，聽取他們的意見，一定要使他們用受罰擔保後果，不讓他們胡亂地舉薦和建議——韓非子如是說。

「養殃」之殃

「養殃」，君主將宮室台池裝飾得富麗華美，將子女、狗馬打扮得漂漂亮亮，這是君主的禍殃。

臣子為取悅君主，不惜花大力氣搜刮民脂民膏來裝潢君主的宮室台池，加重賦稅來打扮君主的子女、狗馬等寵物，以娛悅君主，迷惑君心，從而滿足自己的私欲，攫取個人私利。

「養殃」的根源在君主身上，君主如用儉樸示人，那些企圖討好獻媚的臣子就沒有漏洞可鑽；反之，君主的言行舉止被萬方效法，營建私田，畜養雞犬，載酒攜妓，裘馬輕肥，招搖過市。弄得君不君，臣不臣，國不國，正所謂上樑不正下樑歪。

更大的隱患在於，修宮建台，營苑造樓，耗費的是天下萬民的血汗錢。

南朝宋明帝建湘宮寺塔，自以為功德無量。虞願就一針見血地指出：「陛下修這座寺塔，都是百姓賣兒賣女、貼上老婆的錢啊，假如佛真能知事，應當悲痛哭泣，哀憫蒼生。這件事罪高可與塔比，有什麼功德可言？」

讀杜牧的美文《阿房宮賦》，其想象的豐富，比喻的新穎，語言的華美，無疑是超一流

的，但閱讀時的心情卻是相當沉重的，一座阿房宮，天下黎民血！

皇家工程建設除榨取百姓血淚錢外，還需要徵用百姓人力。古人說過：一個男子不耕種，就有人受饑餓，一個女子不紡織，就有人受寒凍。徭役，必然造成大量田地荒蕪，百姓吃不飽，穿不暖，而名目繁多的剝削卻照樣進行。「朱門酒肉臭，路有凍死骨」成了一種普遍現象。百姓走投無路，只有揭竿而起。

地方官吏橫徵暴斂就不足爲怪了，一則可以討君主的歡心而升官，二則可以中飽私囊。中唐的地方官吏在正稅之外，再增加名目，用「羨餘」的名義，按月向皇帝進貢。人民衣不蔽體，官府的繒帛絲綢卻因年久而化爲塵土。白居易在《紅線毯》中替百姓哀號怒吼：「一丈毯，千兩絲，地不知寒人要暖，少奪人衣作地衣！」

寵臣與奸佞是一對孿生兄弟，集寵臣和奸佞於一身者無不富甲天下。明閹黨首領魏忠賢遍建生祠，宰相以下的官員都要進香朝拜；清康熙時的宰相和珅，成了中國歷史上最大的貪污犯。

避「養殃」之殃，君主應恪守一個「儉」字。

「民萌」之弊

臣子散發公家的財物來討好民衆，利用小恩小惠來取得百姓的信賴，這樣，朝上朝下，都讚譽自己，以此蒙蔽君主而達到自己的目的。

這就是「民萌」。

收買人心，爲己所用，是臣子行奸的慣用伎倆。

民意難違，人心所向，往往是大勢所趨。作臣子，替君主分憂，爲國事操勞，是責無旁貸的。爲君爲國爲民，取得民衆信任，即使有意識地收買民心，也是無可厚非的。

唐元結上書代宗免除西原蠻（我國古代南方的少數民族）百姓所負擔的稅租、徭役，爲百姓建房供田，打擊豪強使百姓安居樂業，深得民衆擁戴。

清鄭板橋爲濰縣令，開倉賑災，救民於水火，爲民而得人心。即使被誣罷官，也置之一笑，「寫取一枝清瘦竹，秋風江上作魚竿」。

爲升官發財而收買人心的臣子就另當別論了。收買人心，只是他們向君主投放的煙霧彈。這些人有意識地造成一種朝廷內外衆口皆碑的假象，爲自己的升遷創造條件，待時機成

熟，受寵得勢，那就由不得君主了。

普天之下莫非王土，百姓是君主的百姓，財產也是君主的財產，收買人心，是君主該做的事。臣子得勢，君主如同虛設，臣子取而代之，也就順理成章了。基於此，韓非子認為：凡是發放國庫的財物和官倉的糧食，一定要用君主的名義，不要讓臣子將功德歸於自己。

「流行」之患

「流行」，君主久居深宮，見聞閉塞，難以聽到真實的言談議論，很容易被動聽的言辭打動而改變主意。

做臣子的便搜羅國內外能言善辯之徒，讓他們為自己的私利向君主進說。以華美而流利的言辭，用有利的形勢來開導他，用禍害來恐嚇他，編造虛假的言辭來損害君主。

君主固然不可能事事親躬，但對進說的言辭務必要善加察別，辨明是非，否則，很容易受矇騙。

唐開元四年（西元七一六年），山東蝗害大作，農民祭天拜地，眼看蝗蟲就要將莊稼吞食殆盡而不敢捕滅。姚崇上奏唐玄宗，應該趕快組織民眾捕蝗。而刺史倪若水卻上奏道：「消

除天災，應該用仁德，往昔劉聰滅蝗不徹底而蝗害更嚴重。」盧懷慎也說：「凡是天災怎麼能用人力來制止呢？況且殺蝗蟲太多，必然破壞天地調和之氣，望陛下三思。」幸虧此時的玄宗還不昏庸，沒有聽信倪若水和盧懷慎的一派胡言，採納了姚崇的建議，下詔捕蝗，終於平息蝗害。

古代一些方術之士，謊稱懂得長生不老之道，妖言惑君。一心想「萬壽無疆」的君主也就深信不疑，寵信方士，煉丹服藥，到誤了性命時，悔之晚矣。

韓非子提出了根除「流行」之患的具體方法：君主對於議論，凡是稱譽者所讚美的人，毀謗者所憎惡的人，一定要去核實他們的才能，查明他們的過失，使群臣不得互相吹捧或誹謗。

「威強」之害

「威強」有兩方面的涵義：君主的「威強」和臣子的「威強」。

君主靠群臣百姓贏得強大的威勢。那麼，群臣百姓所喜歡的，君主就要喜歡；群臣百姓不喜歡的，君主也不要喜歡。

臣子網羅劍客游俠，蓄養亡命之徒以顯示自己的威勢。順從他的旨意，爲他效力的就給他恩惠，不爲他所用的就處死，以此來恐嚇群臣百姓來擴展自己的勢力。

君主要治理國家，就不能失去威勢；要保持其威勢，取決於君主對待群臣百姓的態度。首先要念及天下蒼生，使壯有所爲、幼有所長、老有所養，則天下太平；其次要善辨忠奸，任忠去奸，賞功罰惡，統治秩序才能有條不紊。君主眞正做到以群臣百姓之善惡爲善惡，談何容易。

臣子一旦建立了自己的勢力範圍，黨羽爪牙遍布朝野，亡命之徒肯爲他效死力，國家的禍患就開始了，而首當其衝的可能就是君主。

後漢梁冀專橫跋扈，無惡不作，勢焰熏天，連皇帝老兒也不放在眼裏。從各地徵收來的奇珍異寶、一年四季的貢品，都得先把上等的送給梁冀，皇帝所得的是次等的。透過賄賂梁冀而求官者，接踵而至，絡繹不絕……後漢的傾頹與奸佞當道、賢臣遠避是有直接關係的。

英明的君主應該防患於未然，對於有勇力的人，作戰立功不破格行賞，私鬥犯法定懲不饒，不讓群臣收買他們爲己所用。

「四方」之災

大臣企圖蒙蔽、挾持君主，在國內的種種伎倆用盡仍不奏效，於是就利用國外的力量來實現其不可告人的目的，這就是「四方」之災。

君王統治的國家小，就會去侍奉大國；兵力弱小必然害怕強大的軍隊。大國有所索取，小國必定言聽計從，強兵壓境，弱兵必然俯首臣服。

臣子便加重賦稅，耗盡國庫財力，削弱自己的國家去侍奉大國，借用大國的威勢來誘迫自己的君主。嚴重的，招引大國軍隊壓境來挾制國內；輕些的，屢次引進大國使者來恐嚇君主，使其害怕。

稱爲亡國之君的，並非喪失了自己的國家，而是雖有國家，卻不屬於自己所有。讓臣下利用外力來控制國內，就是統治者喪失自己的國家了。

國家如果有難，君臣應該上下一心，共挽狂瀾於既倒。如果聽從大國，那國家或許滅亡得更快。群臣知道君主不聽從大國，就不去同國外勢力相勾結；國外君主也就不會相信那叛徒、賣國賊的胡說了。

覆巢之下，豈有完卵？強國的欲壑是無法用財物填平的。蘇洵在《六國論》中就說，治理國家的人，不能為強國的淫威所挾制、脅迫。六國如果以賄賂秦國的土地來封賞天下的謀臣，以侍奉強秦的禮數去善待天下奇才，並力向西，那秦國便食不下咽了。

中國近代史上割地、賠款之恥不可勝數，這樣既不能求和，更不能富國，教訓何其慘痛！

懲國賊，強國力，是君主退「四方」之災的必由之路。

倒言反事

所謂「倒言反事」就是用說反話做反事來試探自己所懷疑的事以了解奸邪的情況。這是君主防奸「七術」之一。現有四例。

其一：

衛嗣公派人裝扮成商客通過一個關卡，守關的小吏百般刁難他，那人就掏出錢來賄賂那個小吏，小吏放他過去了。

衛嗣公將守關小吏找來，對他說：「某日有個商客經過你的關卡，給了你一些錢，你就

放他過去了。」

那守關小吏惶恐極了，認爲衛嗣公能明察秋毫。

其二：

有兩個相互爭訟的人，子產將他們隔離開來，不讓他們互通情報，然後將雙方的話倒過來告訴對方，眞相一下子大白了。

其三：

淖齒聽說齊王討厭自己，就派人假裝秦國的使臣到齊王那裏去探測情況。

陽山君在衛國爲相，聽說衛君疑忌自己，於是假裝誹謗衛君的近臣樛豎，使衛君發怒，從中試探衛君是否眞正疑忌自己。

其四：

子之在燕國爲相，坐在那裏假言說：「跑出去的是什麼？是一匹白馬嗎？」左右的人都說沒有看見什麼，有一人隨即跑出去追趕，回來報告子之說：「的確是一匹白馬。」

以上故事均見《韓非子．內儲說上》，其旨意在於：利用反言倒事，即說反話做反事來試探自己所懷疑的事，那麼就可以了解到眞實的情況。

衛嗣公其實並非神明，派人假扮商客賄賂守關小吏，由此而知道守關小吏營私舞弊的事

實。下一步，衛嗣公就可以對守關風紀進行整肅，進而杜絕違法現象。

子之所說的白馬本來是子虛烏有的，有人卻跑出去追趕，謊稱是匹白馬，這種虛僞逢迎的小人不將他趕走，於國何益？

子產巧施離間計，眞僞立即分明。

「倒言反事」是韓非子授意於君主察人的七術之一，但這並不是君主的專利，淖齒、陽山君就以此來試探君主對自己的看法，即以其人之道，還治其人之身。君臣互不信任，彼此探測，可見官場險惡，仕途艱難。國君用人，不能考其是否忠信；臣子伴君，禍福在旦夕之間，豈能不愼？

新人掩鼻

魏王送給楚王一個如花似玉的美女，楚王對她寵愛有加。楚王的夫人鄭袖也裝著很喜歡那個美女，並挑選上好的服飾珍玩送給她。

楚王打心眼裏高興，說：「夫人知道我寵愛這個新來的美女，而夫人對她的喜愛甚至超過了我，這就好比孝子敬養雙親，忠臣盡心事奉國君。」

鄭袖知道楚王根本不懷疑自己有嫉妒之心，於是對那美女說：「大王非常寵愛妳，但討厭妳的鼻子，妳見到大王，最好把鼻子遮掩起來，這樣妳就會受到大王永久的寵愛。」

於是那美女聽從了鄭袖的主意，見到楚王，常常遮掩鼻子。

楚王不解，對夫人說：「這新來的美人見到我就遮掩自己的鼻子，是何道理？」

鄭袖說：「不知道。」

楚王仍然追問，鄭袖回答說：「不久前，她曾說過討厭嗅到大王的氣味。」

楚王大怒，說：「把她的鼻子割了！」

鄭袖事先已告誡侍從：「如果大王有什麼話，一定要立即照辦。」

侍從於是拿刀割下了那美人的鼻子。

鄭袖這女人眞是歹毒，騙了美女，也騙了楚王。

韓非子才不管這等爭風吃醋的事，他爲之計議的還是君主，那些托於類似的事，即似是而非的假象，往往會使君主處罰不當，而臣下正好混水摸魚，亂中謀利。請看下面的例子：

其一：

魏王的兩個臣子對濟陽君不友好，濟陽君因此僞造王命而策劃攻擊自己。魏王派人去問濟陽君：「你和誰有仇恨？」

濟陽君說：「我不敢與什麼人有仇恨。雖說如此，也曾和兩個人關係不太好，但也不至

於這樣。」

魏王問左右侍臣，他們都說：「的確如此。」

魏王於是將那兩人殺掉了。

其二：

費無極是楚國令尹親近的人，郤宛新來從侍令尹，受到令尹的信賴。費無極說：「您喜愛郤宛，爲什麼不到他家裏去宴飲一次呢？」

令尹說：「好吧。」

令尹就派費無極到郤宛家去安排酒席的事。

費無極來到郤宛家，告誡郤宛說：「令尹非常傲慢，並且喜歡兵器，你必須小心侍候，先趕快把兵器陳列在廳堂下面和院子門口。」

郤宛照費無極的話做了。

令尹一到，看到這陣勢，大爲驚訝，費無極說：「您現在很危險，快離開這裏，還不知道會發生什麼事呢！」

令尹大怒，隨即發兵討伐郤宛，將他殺了。

其三：

犀首與張壽結了仇怨，陳需新來魏國，不喜歡犀首，就派人將張壽殺了。魏王以爲是犀

首幹的，就將他殺了。

臣子之間的勾心鬥角並不亞於女人間的爭寵奪愛，或借刀殺人，或嫁禍於人，君主必須時時加倍警惕。

從反面察看

晉文公吃飯的時候，宰臣（主管君主進膳食的人）端上來一盤烤肉片，上面纏著頭髮。晉文公把廚師叫來，怒責道：「你想把我噎死嗎？為什麼肉片上纏著頭髮？」

廚師俯首跪拜，從容不迫地說：「我有三條死罪：第一條，我將刀磨得像干將的劍那樣鋒利，將肉切斷了，但沒有切斷頭髮；第二條，我用木棒穿肉片，但沒有發現纏繞的頭髮；第三條，我用赤紅旺盛的炭火烤肉，肉烤熟了，但沒有燒掉頭髮。侍從中就沒有忌恨我的人嗎？」

晉文公恍然大悟，召來侍從審問，果然是有人想藉機陷害廚師，晉文公於是將那人殺了。

頭髮顯然是肉片烤熟後才纏繞上去的，不然，為什麼刀切不斷，火燒不毀呢？廚師有出

色的自辯才能，晉文公也不愧明主，能仔細聽取意見，並對此作出冷靜的分析和正確的判斷，不然，廚師就稀里糊塗地做了刀下鬼，到哪裏伸冤去？

韓非子在《內儲說下》中論說道：「事情發生了，如果有利可得，就應該去主持它；如果有害，一定要從反面考察它。一個英明的君主考慮問題，國家受害就要察看誰在其中得到好處，臣下受害就必須考察與他利害相反的人。」

以利害關係為根據，從反面考察臣下的行為，才稱得上是懂術的君主，韓昭侯就可算作一個。

一次，韓昭侯在洗澡的時候，發現熱水中有小石子，他馬上問左右的人，得知如果掌浴的人被免職了就有人替補上去，於是將那人叫來，訓斥道：「你為什麼將小石子放在洗澡水裏？」

那人不敢狡辯，只好從實招供：「如果掌浴官被免職，我就可以頂替他的位置，所以想方設法嫁禍於他，故意將小石子放在洗澡水中。」

又有一次，韓昭侯發現黍種價格十分昂貴，於是派人去檢查糧倉，果然發現了官吏盜竊黍種賣掉了很多。

還有一次，韓昭侯進膳時發現湯裏有生豬肝片，廚師不可能明目張膽地這樣做，最後查明是企圖頂替廚師的人搞的鬼。

換一個角度，從反面考察問題，往往更容易查明事實眞相，晉文公和韓昭侯是深得其中三昧的，如果君主都能如此，那昏君庸主就要少得多。

敵國廢置

敵國總是致力於使君主觀察錯誤而造成混亂，以便坐收漁翁之利。

楚懷王對大臣干象說：「我想用楚國的力量扶助甘茂做秦國的相，可以嗎？」

干象說：「不可以。」

楚懷王問：「爲什麼呢？」

干象說：「甘茂年輕時侍候史舉先生。史舉是上蔡地方的看門人，從大的方面說不侍奉君主，從小的方面說搞不好家庭，以苛刻聞名天下。甘茂侍候史舉時，順從史舉的苛刻作風辦事；即使像秦惠王那樣明智，張儀那樣明察，甘茂侍奉他們，得了十種官職，也沒有得罪他們，這些都說明甘茂很能幹。」

楚懷王說：「爲與我們實力相當的國家設立賢明的宰相，有什麼不好呢？」

干象說：「從前大王派邵滑到越國去做官，五年後就滅掉了越國。這是因爲邵滑不賢而

使越國危亂的結果。過去您懂得用不賢的人去滅亡越國，現在卻忘了將這個經驗用到秦國去，不是忘記得太快了嗎？」

楚懷王問：「那怎麼辦呢？」

干象說：「不如立共立為相。」

楚懷王問：「那又是什麼原因呢？」

干象說：「共立年輕時就為秦王寵愛信任，年長又被封為貴卿。他常常穿著秦王的衣服，口含香草，手握玉環，在朝廷上處理事情，這有利於擾亂秦國。」

干象是一個不折不扣的陰謀家！作為臣子為國而計，為主而謀，陰謀也不失為智慧。在群雄逐鹿的時代，諸侯相親是不存在的事，只要是想求生存而圖發展、滅諸侯而成霸業的君主是看不得別國繁榮昌盛的。君主自然也懂得賢才的重要，於是，賢才就成為各國爭奪的對象，求之不得，輾轉反側之後，策劃出種種詭計，或使賢才失去作用，或裝出虛懷若谷、思賢若渴的樣子招攬賢才，兩種目的都不能達到，最好讓他在這世界上消失，既然不能為我所用，也就不能讓他為別國所用。

孔子當年為魯哀公治理政事，很有成績，社會風氣很好，路上丟了東西都沒人去撿。齊景公為此而憂慮不安，一旦魯國強盛（實際上任何別國的強盛）就會直接威脅到齊國。

大臣黎鉏揣摩到君主的心事，獻計道：「除去一個孔丘就像吹毛一樣毫不費力，您何不

用優厚的俸祿和尊貴的官位去招引孔丘，送給哀公女子歌舞樂隊助長他的驕傲和虛榮心。哀公沉湎女樂就會懈怠政事，孔丘必然要勸諫，哀公必然聽不進去，這樣孔丘就和魯國輕易地斷絕了關係。」

景公說：「好吧。」於是讓黎鉏送給哀公四十八名歌伎舞女，哀公果然樂女樂而荒政，孔丘勸諫，哀公不聽，孔子就離開魯國到楚國去了。

也許過不了多久，「路不拾遺」的風尚就會消失得無影無蹤，魯國也會因此衰微下去。孔子的命運還不算最壞，去魯之楚也不失為一種退路。相比之下，鄶國的良臣們的命運就悲慘了。

鄭桓公準備襲取鄶國，先查明鄶國的豪傑、良臣、明察善辯果敢有為的人士，將他們的姓名一一記錄下來，選取鄶國的良田寫在他們名字下面表示已通賄賂，並在他們名字下寫上他們的官爵名稱表示已被收買。然後在城門外設立壇場，將名單上灑上雞血、豬血，埋在壇場下面，好像盟誓過的樣子。

鄶國君主以為這些人裏通外國、圖謀造反，就將他們全部殺了，齊桓公輕而易舉地滅了鄶國。

賢才命運之悲慘由此可見一斑，難怪蘇軾說：「唯願吾兒愚且魯，無病無災到公卿。」

韓非子將「敵國廢置」作為「六微」之一，君主應該明察，不要讓敵國的陰謀得逞，否

則就會按敵國的意圖任免大臣，就像鄶國國君一樣被齊桓公牽著鼻子走；錯殺忠臣良才，還蒙在鼓裏。

疑詔詭使

君主傳出可疑的命令，使用詭詐的手段來考察臣子是否忠誠的方法叫「疑詔詭使」。請看以下三例：

其一：

縣令龐敬派遣市場管理人員去巡視，卻將管理市場的官吏公大夫召回，讓他在身邊站了一會兒，也沒有交待什麼事情，最後叫他走了。那些市場管理人員以爲縣令對公大夫有所指示，因此不敢爲非作歹。

其二：

東周君故意丟失玉簪，派官吏去尋找，三天還沒找到。東周君又派人去尋找，結果在一居民家中找到了。東周君說：「我的官吏不能做事，尋找一根簪子，三天都找不到，我派個人去找，不到一天就找到了。」於是官吏們都感到很驚恐，以爲東周君十分神明。

其三：

商太宰派年輕的侍吏到市場上去，等他回來時，太宰問：「在市場上看見什麼了？」

侍吏回答：「沒看見什麼。」

太宰問：「雖是這樣，究竟見到什麼呢？」

侍吏回答：「市場南門外牛車很多，擁擠不堪，僅可通行。」

太宰告誡侍吏：「不准告訴別人我問你什麼話。」

太宰於是召來管理市場的官吏責罵道：「市場南門外爲什麼那麼多牛屎？」

管理市場的官吏感到很奇怪，太宰爲什麼知道得這麼快，於是小心謹慎地對待自己的職守。

龐縣令故意造成一種假象，使市場管理人員認爲縣令不信任他們，而把公大夫作爲縣令的耳目，有一雙眼睛時刻盯著自己，自己的一言一行都在別人的掌握之中，你還敢亂說亂動嗎？

東周君故意丟失玉簪，人家怎麼找得到？不說三天，就是三個月、三年也未必找得到。後來派去的人一天就找到了，並不是找到的人有能耐，更不是東周君神明。其實，東周君和他的臣下玩了一場「捉迷藏」的遊戲。

商太宰的聰明之處是利用已知的情況，略加推理，就得出不知道的情況，難怪他責罵市

場管理的官吏那麼有的放矢。

「疑詔詭使」是韓非子教給君主察看臣下的權術，固然帶著詐騙的性質，但能杜絕營私舞弊、違法亂紀的行爲。只要能達到目的，哪管它手段如何！

挾知而問

拿已經了解的事詢問臣子，便可測試其言行的眞僞，這就叫「挾知而問」。請看下面的例子：

韓昭侯將剪下的一片指甲握在手中，假裝丟失了一片指甲，找得很急。他身邊有個人連忙剪下自己的指甲獻給韓昭侯。

韓昭侯派一名使者騎馬到縣裏去巡視，騎士回來覆命，昭侯問他：「看到什麼沒有？」

那使者回答說：「沒有看見什麼。」

昭侯叫他再仔細想想，那使者說：「南門外，有條小黃牛在大路左邊農田吃禾苗。」

昭侯交待使者不准將問話的事向外洩露。

昭侯於是下令：「當穀物長苗的季節，禁止牛馬進入農田，本來就有過命令，但官吏們

沒把它當回事，以致很多牛馬都進入農田吃苗。現在我命令所有官吏儘快把牛馬進入農田的數目報上來，不然，我就治你們的重罪。」

於是東、西、北門三個方向都報上來了。昭侯說：「還不徹底。」官吏們又仔細察看，在南門外抓到那條吃苗的小黃牛。官吏們以為昭侯明察秋毫，都驚恐不安，不敢胡作非為了。

韓昭侯佯裝失爪，其意在考察臣子忠誠不忠實，那獻指甲的臣子肯定是獻媚取寵的小人，君主不能用這種人。

韓昭侯已掌握了小黃牛吃苗的情況，卻故意探問臣下。君主如此明察秋毫，臣下自然不敢越雷池一步。可見，「挾知而問」也不失為君主審查臣下的良術。

任勢篇

唯君獨尊
安危所繫
爲君之道
爲臣之德
前車之鑑
警鐘長鳴

一、唯君獨尊

勢，是君主的統治權威，令行禁止的權勢，駕馭臣民的資本和憑藉。君主應該擁有崇高的地位、至尊的威嚴和最大的權力。

無論愼到的任勢理論，還是儒家使賢者任勢的觀點，都有不足之處，韓非子提出「人設之勢」，只要能掌握威勢、守定法度，中等智慧的君主也能治理好國家，不必擔心暴君亂國，也不要希冀賢君安國，善於任勢的君主能採取積極的措施，以法術來鞏固和加強權勢。

權勢必須由君主掌握，君主有了權勢才能生存。不能與臣僚共用權勢，臣子權重必定危及君主的地位。

權勢與仁愛是形同冰炭的，尤其是臣子行仁愛，更要嚴加禁止。

賞罰，作爲國之利器，是君主鞏固權勢的手段。有了權勢，孔子也向魯哀公稱臣，沒有權勢，就會重蹈客辭樂池、李季浴矢的覆轍。

韓非子對齊桓公尊崇管仲和文公自繫鞋帶都持否定態度，君臣間應有一條無法逾越的鴻溝，君主永遠是至尊至貴的。

君主身繫國家安危興衰，加強守法用術和鞏固權勢是當務之急。

慎到：任勢不任賢

戰國中期法家人物慎到認爲，君主治國憑藉的是權勢，而不是賢德。

他說：「飛龍乘著雲飛行，騰蛇在霧中遨遊，但等到雲消霧散之後，龍蛇和蚯蚓、螞蟻就一樣了，這是由於它們失去了依託的雲霧。賢人屈服於不肖者之下，這是由於賢人權力小，地位低；相反，不肖者能使賢人屈服，是由於他權力大，地位高。讓堯當老百姓，連三個人也管理不了；而桀做了天子，就能擾亂整個天下。由此可見，權勢地位是值得依靠的，而賢能才智是不值得羨慕的。弓力很弱而箭卻射得很高，這是靠風力推動的緣故；本身沒有德行而命令卻得到執行，這是憑藉權勢的緣故。當堯的身分還很低賤時，沒有人聽他的話；等到他當了天子統治天下時，一下命令，別人就立即執行，一下禁令，別人就馬上停止。由此看來，賢能才智不足以制服衆人，而權勢地位卻是足以制服賢人的。」

慎到可看作是任勢派的代表人物。他以飛龍、騰蛇須憑藉雲霧，射箭須憑藉風力爲喻，以堯、桀史實爲例，論說君主必須有所憑藉才能治國，憑藉什麼？權勢和地位。

君主失去權勢和地位，正如飛龍、騰蛇失去雲霧一樣。

失去雲霧的飛龍、騰蛇尚可如蚯蚓、螞蟻般爬行，而失去權勢、地位的君主恐怕連做普通老百姓的資格和權利都不存在了，巢傾卵覆，國滅身死，可謂定勢。殘酷的權位之爭，哪裏容得下脈脈溫情？既然你死我活般慘烈，就沒有選擇迴旋的餘地！

君主何德何能？靠的就是權勢。他既可以讓你飛黃騰達，富貴榮華；也可以讓你窮窘困頓，鬱鬱終身；甚至讓你淪爲階下囚，成爲冤死鬼，你如何不尊之懼之，愛之恨之？

君主的賢能與否，在愼到看來，是不重要的。堯，可謂賢君的偶像，當他是一名普通老百姓時，有誰聽他擺佈？桀，堪稱暴君，當他在位的時候，有誰敢忤逆他的旨意？

君主一旦得勢，整個國家就如同他手中玩弄搓捏的泥丸，完全可以隨心所欲地決定這泥丸的形狀。從另一個角度看，這正是數千年君主專制下人民的悲哀所在。

儒家：使賢者任勢

針對愼到的任勢說，儒家針鋒相對地提出了「賢治」的主張，強調任勢者的個人素質，認爲只有由賢者任勢，才能治理好國家。

他們認爲飛龍、騰蛇的飛行遊走固然要憑藉雲霧，但從本質上說，是飛龍、騰蛇具備飛行遊動的才能。雲雖然很濃密，蚯蚓卻不能乘駕；霧雖然很厚，螞蟻卻不能騰遊。因爲蚯蚓、螞蟻本身就不具備飛行遊走的才能。夏桀、商紂雖然做了天子，擁有天下，利用天子的威勢作爲依託的雲霧，而國家還是免不了大亂，這是夏桀、商紂的才能太低劣了。

主張「勢治」的人都認爲用堯的權勢可以治理好國家，但堯的權勢和桀的權勢並沒有什麼區別，都是可以用來擾亂天下的東西。權勢，賢人可以任用，不肖的人也可以任用。但賢人運用權勢可以使天下安定，不肖的人運用權勢就會把國家搞亂。一般來說，賢人少而不肖的人多，如果將權勢交給擾亂天下的不肖之人，那麼，用權勢擾亂國家的人就多，用權勢治理好國家的人就少了。權勢，既便於治理，也利於亂國。所以《周書》上說：「不要給老虎添上翅膀，否則，老虎就會飛進城裏吃人。」如果讓不肖之人掌握了權勢就如同給虎添翼。譬如桀、紂，爲了建造高台、深池而勞民傷財，用炮烙這樣的酷刑來傷害人們的生命，桀、紂所以敢於肆無忌憚地施行暴行，就是因爲有天子的威勢作爲他們的翅膀，如果桀、紂都是普通老百姓，那麼他們還沒有施行一種暴行就被殺死了。

又比如說，同樣的好馬堅車，如果讓奴隸來駕馭，就要受到人們的恥笑，而讓王良來駕馭就可以日行千里。車馬沒有兩樣，但不同的人駕馭它，或日行千里或被人恥笑，這是因爲駕馭者的技巧相差太遠了。現在把國家當作車，把權勢當作馬，把號令當作馬籠頭，把刑罰

當作馬鞭子，讓堯、舜來駕馭，國家就可以太平無事，讓桀、紂來駕馭，國家就發生動亂，這是因爲他們賢與不賢相差太遠了。如果有人要追速致遠，卻不知任用王良；想增進利益，除去禍患，卻不知任用賢能，這就是不懂得類比相推的道理。

從以上的類比、援譬設喻的論證中，不難看出：權勢，只是一種相對存在，在不同的任用者（賢與不賢）手中，給國家帶來的結果是截然不同的——賢人任勢則國家太平，不肖之人任勢，則國家動亂。尤其值得注意的是，權勢一旦落入不肖之人手中，那就如同給老虎添上了翅膀，助長了虎狼之心，必定給國家造成大的禍患。因此，愼到提出任勢就能治國的觀點顯然有其局限性。

愼到認爲任勢才能治國。

儒家者流主張用賢人任勢。

「勢治」與「賢治」構成了一對矛盾，非任勢不能治國，而不肖之人任勢只能亂亡其國，都不無道理，且看韓非子作何論說。

韓非：人設之勢

韓非子認爲「勢治」和「賢治」是兩不相容的，由此，他提出了人設之勢——人力所安排的權勢。

在韓非子看來，權勢在名稱上只有一個，但其內容卻是變化多樣的，他不贊同堯、舜得了權勢就能治理好天下，桀、紂得了權勢就會擾亂天下的說法。因爲堯、舜的權勢不是一個人所能安排的。如果堯、舜一生下來就上位執政，那麼即使有十個像桀、紂那樣的人也不能擾亂天下，這就是「勢治」；如果桀、紂一生下來就上位執政，那麼即使有十個像堯、舜那樣的人也不能治理好天下，這就是「勢亂」。這就是說，凡是「勢治」的形勢就不可能擾亂；凡是「勢亂」的形勢就不可能治好，這是「自然之勢」，並不是用人力所能安排的。而韓非子所謂「勢」，正是人力所能安排的。

「勢治」和「賢治」的不相容，正如沒有任何東西能刺穿的「盾」與什麼東西都可以刺穿的「矛」不能同時存在，在道理上不能同時成立一樣。

況且，像堯、舜、桀、紂這樣的人物，一千世才出現一次，極爲稀少。而世上治理天下

的人大多是中等之才。韓非談「勢」正是針對這些中等之才的君主。這些人，賢不及堯、舜，暴不及桀、紂。這些中等之才的君主堅持法治和掌握權勢，就可以治理好天下，反之，就會造成天下大亂。現在如果要廢棄權勢和違背法治而等待堯、舜的出現，堯、舜來了天下才能治理好，這就意味著動亂了一千世才能有一次太平；如果堅持法治和掌握權勢而等待桀、紂的到來，桀、紂來了天下就會大亂，這就意味著太平了一千世才有一次動亂。兩相比較，差距如同乘千里馬背道而馳。

如果拋棄矯正彎曲竹木的工具，去掉度量尺寸的方法，即使最會造車的奚仲也造不出一個車輪來。同樣，沒有獎賞的鼓勵，沒有懲罰的威懾，拋開權勢和法治而讓堯、舜挨家挨戶去勸導，可以肯定，連三戶人家也管理不好。如果一定要等待賢才的話，就好比饑餓了一百天的人一定要他等待好的飯菜，那他一定會餓死。主張等待像堯、舜那樣的賢才來治理國家就如同餓了一百天的人等待好的飯食來解救饑餓一樣。

對於「好馬堅車，讓奴隸來駕馭，就會被人恥笑；讓王良來駕馭就能日行千里」這種說法，韓非子也是持否認態度的。

比如說，等待水性好的越人來解救掉進水裏的中原人，等越人趕到時，落水的中原人早就被淹死了。對於好馬和堅車，如果每五十里設一個驛站，使一個具有中等駕馭技術的人來駕馭，是可以追速致遠的，而且上千里的路程，也是可以計日到達的，何必一定要等待王良

那樣高等的駕馭者呢？按儒家者流的理論，駕馭車馬，如果不任用王良式的人物，車子就一定會被奴隸敗壞掉；治理國家，如果不任用堯、舜式的賢才，就一定會被桀、紂式的不肖之徒擾亂，這種說法，就好比人對於口味，不吃最甜的蜜糖，就必定會吃最苦的苦菜，這是一種極端而偏頗的理論。

韓非子接受了愼到的主張且彌補其不足。一個中等之才的國君，只要任用權勢，守定法制，是可以治理好國家的。堯、舜之賢與桀、紂之不肖，都只是個別現象，而韓非子的理論無疑更具普遍意義。同時，韓非子還提出以完備的法治制度來補救個人的政治缺失，這正是韓非子「人設之勢」理論的精闢之處。

但我們不能不看到，韓非子的「人設之勢」畢竟只是時代的產物。試想，在君主世襲制度下，天生的帝位傳襲，「人設之勢」難免大大打了折扣，棄「治一亂千」的尚賢之法而取「亂一治千」的任勢之法，實在是一種無可奈何之舉。只要君主世襲承傳，「人設之勢」就只能是一種政治理想，斷難變爲現實。

不能共車，不能共琴

君主是至高無上的，國家權力必須掌握在君主一人手中，如果君主和大臣共同掌握賞罰大權，國家的法令就難以推行。宋君和簡公的權勢被子罕和田恆所分，所以都免不了被弒。

春秋末年晉國有個善於駕車的人叫造父，他駕馭著拉車的四匹馬，時而向前奔馳，時而繞道環行，莫不隨心所欲，得心應手。他之所以能自如地駕馭馬，是因爲他獨掌馬韁繩和馬鞭的權力。然而馬被突然竄出的豬所驚嚇，以致造父難以控制，並非馬韁繩和馬鞭威力不足，而是被竄出來的豬分散了精力。

王良也是駕車的能手，他駕馭著副車，不用馬韁繩和馬鞭，而根據馬的喜好，專門用草料和水去馴服它。然而馬經過園圃水池時，王良卻亂了章法，並不是餵養馬的草料和水不充足，而是被園圃水池所誘惑。

王良、造父同爲天下的馭馬高手，但如果讓王良掌握左邊的馬勒大聲喝斥，讓造父掌握右邊的馬勒用鞭抽打，那麼馬連十里也走不上，這是由於兩人共同駕馭一輛車的緣故。

田連、成竅都是天下的彈琴能手，然而如果讓田連在琴首彈撥，讓成竅在琴尾按捺，卻

並不能構成曲調，也是由於兩人共彈一張琴的緣故。

以王良、造父技能的高超，共掌馬轡繩而駕馭，尚且驅使不了馬，君主怎能跟他的臣子共掌權力而治理國家呢？以田連、成竅技藝的高超，共彈一琴，尚且不能成曲，君主怎能和他的臣子共用威勢而成就功業呢？

不能同車，不能共琴。

很明顯，韓非主張中央集權、君主獨裁的政治體制。

集權和獨裁從積極方面說，有利於上下協調，萬衆一心；也可以防止一國二君，龍虎相爭。

集權和獨裁的負面影響也是顯而易見的。它極易導致獨斷專行，盲目指揮，將個人意志絕對化。

在家天下的封建時代，王朝的興衰治亂都與皇帝的統治手腕和治國能力融爲一體。唐玄宗就是很好的例子。前期的玄宗尚能勵精圖治，經他之手，壯大了李唐王朝的基業，繼「貞觀之治」，將大唐的繁榮昌盛推向了極至；後期，「春宵苦短日高起，從此君王不早朝」，縱情聲色，不理朝政，導致安史之亂，國家和人民在慘遭劫難後，恢弘的盛唐氣象已成昨日黃花。

集權和獨裁，對於一個開明有爲的君主而言，是國家的幸事。

集權和獨裁，對於一個昏庸無能的君主而言，那便是國家的悲哀。

臣貴易主

論身分，君主最顯貴；論地位，君主最崇高；論權勢威望，君主是絕對的至高無上。

趙簡子曾對左右的人說：「用於鋪車的蓆子太美了。帽子雖然不好，必定是戴在頭上的；鞋子雖貴重，必定是踩在腳下的。這麼華美的蓆子，我用什麼鞋子踩在上面呢？」

趙簡子言下之意是：下面的席子太美，勢必配上漂亮的鞋子，那上面的衣帽等物也必須隨著講究起來。

美化了下面，必然損耗上面。君臣關係就是上面和下面的關係，臣下地位太顯貴，就會傷害君主。

法家代表人物之一的吳起認為當時的楚國「大臣太重，封君（爵封的貴族）太重，則上偪（逼）主而下虐民，此貧國弱兵之道也。」

大臣一旦地位顯貴，擁有實力，對上危逼君主，對下殘虐民眾，這樣就會造成國家貧窮，兵力衰弱，一個既貧且弱的國家，就避免不了滅亡的命運。

韓非子在《愛臣》中更爲明確地闡述道：

左右寵幸的嬖臣，如果過於親密，必定危及君主本身；當權得力的大臣，如果太過顯貴，必定要改換君主的地位；嫡妻與庶妾，如果沒有等級，必定危及嫡子。

臣下地位顯貴，往往是作亂的根源之一。一個擁有千輛兵車的小國君主，如果沒有法術來防止人臣作亂，那麼一個擁有百輛兵車而享有封地的臣子就有可能籠絡民心，進而顛覆整個國家。即使是擁有萬輛兵車的大國君主，如果臣子地位顯赫，掌握了千輛兵車，君主的威勢就會一天天削弱，國家也就難逃被顛覆的命運。

總之，臣子不能太顯貴，一旦顯貴，就會危及君主和國家。君主必須有一套方法限制大臣的勢力，封地不能太大，資產不能太富。基於此，君主對臣下不能過於禮遇。季孫喜歡讀書人，對他們客客氣氣，彬彬有禮，經常穿著朝服和他們坐在一起。季孫偶爾疏忽了，出了差錯，門客以爲季孫輕視他們，相互怨恨，就聯合起來將季孫殺了。還有晉平公，他和叔向商量事情的時候，一直端正地坐著，虛心聽取他的意見，晉平公坐得腿痛腳麻以致抽筋仍然端坐著。無論季孫，還是晉平公都是韓非子嘲弄的對象，臣貴必易主，這是韓非子的結論。

施仁愛是君主的事

普天之下，莫非王土。

國家是君主的國家，民衆是君主的民衆，施行仁愛是君主的事。

季康子在魯國爲相，季路爲郈縣令。魯國在五月間發動民衆開挖長溝，季路用自己的糧食做成稀飯，邀請挖長溝的人在交通要道上來吃。

孔子聽說了這件事，派子貢前往郈縣去倒掉他的飯，砸爛他的鍋，說：「這些民衆是屬於魯國國君的，你爲什麼給他們飯吃？」

季路勃然大怒去找孔子，請問道：「夫子憎恨我施行仁義嗎？我從夫子那裏學來的，正是仁義；所謂仁義，就是與天下人共同享有自己所有的東西，共同享有自己的利益。我現在用自己的糧食煮飯給開挖長溝的民工吃，有什麼不可以呢？」

孔子說：「季路你太粗野了！我以爲你已懂得這個道理，而你根本不懂什麼是禮。你給民工飯吃，是愛他們。但現在是魯國君主統治下的民衆，而你擅自去愛他們，這樣你就冒犯了君主，不是膽大妄爲嗎？」

話還沒說完，季康子的使者就到了，責備說：「我發動民衆驅使他們，先生讓弟子給他們飯吃，是想奪取我的民衆嗎？」

孔子駕起車子離開了魯國。

其實，季康子也不是魯國的國君，他只是以臣子的身分，借用君主的權術來阻止季路施行個人恩惠以爭取民心。作爲卿大夫的季康子尚且知道權威的重要性，何況君主呢？

韓非子這則故事中的孔子是以正面形象出現的，他贊成孔子的理論——愛而有禮，天子、諸侯、大夫、士各愛其所愛。「天子愛天下，諸侯愛境內，大夫愛官職，士愛其家」，這就是孔子對「禮」的具體詮釋，愛超過了界限，就是越禮行爲。

本來，臣子也是君主的臣子，臣子愛民，未必不是爲君主積德。但韓非子認爲這樣會導致民心歸向臣子，民衆願爲臣子效死力，臣子就會乘機作亂，因此，他借用《春秋》中的話來警示君主：「善於掌握權勢的君主，及早杜絕臣下作奸的苗頭。」

國之利器

賞罰，是國家的利器。

賞罰掌握在君主手中，就可以控制臣子，掌握在臣子手中，就可以壓倒君主。君主表示要賞賜，大臣就會減去它的一部分轉施於人，作為自己的恩德；君主表示要用刑罰，大臣就把刑罰加重以顯示自己的威勢。

賞罰的大權必須操縱在君主之手，而君主也不能隨意地行使賞罰。君主行賞要暖如春風和雨，老百姓都能受到他的恩惠；君主行罰要像雷霆那樣可怕，連神聖勇敢者也不能倖免。法度是賞罰的準繩，功過是賞罰的依據。

確實有功，即使疏遠卑賤的人也一定要賞賜；確實有罪，即使親近喜愛的人也一定要懲罰。是平民百姓，有功要賞；是王公大臣，有罪要罰。

三國時的曹操是深知掌握賞罰這一國家利器的政治家。他認為，定了法，不是擺樣子的，必須信賞必罰，才能一匡天下。

相傳，在一次行軍途中，曹操下令，士兵及其坐騎不得踐踏農民的麥苗，違者斬。正說著，他騎的馬不慎踏壞了一片麥苗，曹操拔出佩劍，割髮代首以示懲罰。

曹操的從弟曹洪的賓客仗勢犯法，滿寵要依法懲辦。曹洪說情無效，便想透過曹操來壓滿寵，滿寵還是將那違法的賓客殺了。深得曹操稱讚。

征虜將軍劉勳自以為和曹操交情不錯，多次縱容賓客犯法，司馬芝將這些人都法辦了，曹操知道後，還獎賞了司馬芝，並殺了劉勳。

人們普遍有趨功求利的心理。賞賜好比高懸在人們頭頂的金蘋果，具有永久不衰的誘惑力，人們爲了得到賞賜，就會爲此付出代價，作出種種努力。同時，賞賜不僅使有功的人獲得實際的利益，而且能使他得到心理上的滿足。另一方面，賞賜作爲對功勞成績的肯定，它有利於弘揚正氣，客觀上會鼓勵人們去建功立業。如果全社會都追求建功立業，那麼，國家的繁榮富強就指日可待了。

一個社會不可能沒有陰暗面，刑罰的行使目的在於整治官吏，威懾民衆，除去淫惡怠惰，禁止欺詐虛僞，讓國家、社會健康有序地發展。

孔子與魯哀公

孔子是天下的大聖人，他修身克己，宣揚仁義道德，周遊列國，但對他的仁義道德表示讚賞並且願意追隨他的人只有七十人。這是由於重視仁義的人太少，而按照仁義的準則行事又太難的緣故。所以天下這麼大，願意追隨孔子的不過七十來人，而眞正實行仁義的只有孔子一人。

魯哀公只是個下等的君主，但是當他向南而坐統治了魯國之後，國內的人，沒有敢不馴

服的。

人們本來就馴服於權勢，而權勢又確實容易使人馴服。於是，大聖人孔子只能做臣子，而魯哀公反而當了國君。

魯哀公何德何能，能讓孔子屈服呢？

是權勢！

從仁義上講，孔子是不可能順從於魯哀公這麼一個下等君王的，但魯哀公憑著權勢，就可以讓孔子乖乖地順從他，聽命於他，替他效勞。

連大聖人孔子都畏懼權勢，普通的百姓自不必說。

讓百姓歸附道義，比登天還難；面對權勢，他們就會乖乖地聽話。

權勢如此重要，君主怎麼少得了呢？因此，韓非子在《人主》篇中，將權勢比作君主的筋力：「馬匹之所以能夠拉著裝載很重的車達到很遠的地方，完全依仗牠的筋力。擁有萬輛、千輛兵車的君主（泛指大國和中等國家的君主）用以控制天下、征服諸侯的，正是威勢！威勢就相當於君主的筋力。」

馬喪失了筋力不能負重遠行；人喪失了筋力就成了廢物；君主喪失了筋力——權勢，那國家還能存在嗎？

君主需要絕對的權勢。由此而觀照社會生活的各個領域，權勢也是必需的。

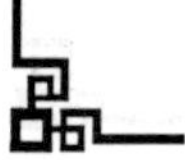

權勢有兩層涵義：一是意志強加；二是絕對服從。

在戰場上，將帥沒有權勢，軍令不行，如何克敵制勝？

鐵路上的火車必須嚴格按照規定的時間運行；大海上航行的船必須聽命於船長；管弦樂隊必須按指揮的手勢吹奏才能和諧有序、優美動聽……

客辭樂池

中山國相樂池率領百乘車隊浩浩蕩蕩出使趙國。陪同使趙的人都是門客中智慧高超的人。車隊走到半路，秩序大亂。

樂池疑惑地說：「我認爲你們是有智謀的人，才帶領你們出使趙國，現在到半路而行列散亂，是什麼原因呢？」

門客們紛紛辭他而去，領隊的門客對他說：「您不知道什麼是治，有威勢足以使人誠服，有利益足以鼓勵人去爭取，所以制約人。我只是您的一個下等門客。現在由年輕的管理年長的，由地位低賤的管理地位尊貴的，而又不能掌握賞罰權柄來制約他們，這就是隊伍散亂的原因。如果您能使我有這樣的權力，行列中有表現好的，我封他爲卿相，表現不好的我

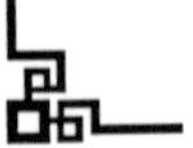

就殺他的頭，哪有治不好的道理呢？」

一個下等門客，手中不握權柄，既不能行賞，也不能處罰，何況隊伍中都是智慧高超的門客，那下等門客何以服衆？

從前越王勾踐想試試人們能否英勇作戰，在文種大夫的授意下，放火焚燒宮室，開始沒有人去救火，越王下令：「救火而死者，和殺敵戰死同樣賞賜；救火不死者，和戰勝敵人同樣賞賜；不救火者，作戰敗投降論處。」於是百姓用防火傷的藥物塗抹身體，穿著沾濕的衣服，奔赴火場救火，左右各有三千人。由此可見，賞罰運用合宜，那就是具備了絕對勝利的條件。

沒有賞罰大權的君主，誰願意爲你效力呢？

李季浴矢

燕國人李季好出遠門，他的妻子於是經常與人私通。有一天，李季突然從外面回來，他的妻子正在與人通姦，那個男人來不及逃走，他的妻子擔心姦情被發覺。她的女僕說：「讓那男人光著身子，披散著頭髮，直衝出門，我們都裝著什麼也沒看見。」

那男人就依女僕之計，赤身裸體，披頭散髮，大模大樣地走出門去。

李季問：「這個衝出去的人是誰？」

家裏的人都說：「沒有看見什麼人。」

李季說：「難道我看見鬼了嗎？」

他妻子說：「是這樣吧。」

李季說：「那怎麼辦呢？」

他妻子說：「只好弄些牲畜的糞便來擦洗身子。」

李季說：「好吧。」於是就將牲畜的糞便塗滿全身。

自己的妻子與人通姦，從自己的眼皮底下溜走，竟然相信女僕的鬼話，又接受了妻子出的餿主意，用牲畜糞便塗滿全身，企圖沖走鬼氣。天下哪有什麼鬼？作惡的人才是眞正的鬼！李季不知，他家的女僕和他的妻子聯袂演出了一場鬼戲，糞便塗身是沖不走這「鬼氣」的，除非休妻去僕。

家庭是社會的細胞，是國家的縮影。李季爲一家之主，妻子和女僕輕而易舉地戲弄了他，他自覺地落入了她們設計的一個又一個陷阱，以糞塗身，或許還只是開始，如他妻子不想與那通姦的男人做露水夫妻而希望長相廝守，李季自然就成爲他們的最大障礙，他的小命就難保了，他的妻子、女僕和那通姦的男人無疑會導演一場潘金蓮、西門慶鴆殺武大郎的活

劇。

從家庭而及國家，君主是一國之主，如果大權旁落大臣之手，那命運也和李季差不多。

晉厲公不聽臣子胥僮的勸諫，最後被晉國三卿所殺。

楚頃襄王對大臣州侯有所懷疑，但左右的人都爲州侯說話，如出一口。

韓非子將君臣關係比喻成深淵和魚的關係，魚離開深淵就不能再得到它了；君主如將權勢失落給臣子，就不能再收回，不僅如此，臣子還會將權勢加倍地發揮，他的勢力就會逐漸強大起來，那麼君主和國家就在他的控制之下，簡直就成了他手中的泥丸，或方或圓，只好任他去揉捏了。

東郭牙議管仲

齊桓公將要任用管仲，命令群臣說：「我將立管仲爲仲父，贊成的站在門的左邊，不贊成的站在門的右邊。」

大臣東郭牙站在門中間。齊桓公問：「我立管仲爲仲父，命令說：『贊成的站在門的左邊，不贊成的站在門的右邊。』現在你爲什麼站在門中間？」

東郭牙說：「以管仲的智慧能謀取天下嗎？」

齊桓公說：「能。」

東郭牙問：「以他的果敢，敢做大事嗎？」

齊桓公答：「敢。」

東郭牙說：「管仲的智慧能謀取天下，果斷敢做大事，您因此把國家的權力全部交給他。以管仲的才能，憑藉您的權勢來治理齊國，君主能沒有危險嗎？」

齊桓公採納了東郭牙的意見，命令隰朋治理朝廷外部事務，管仲治理朝廷內部事務，使兩人互相牽制。

齊桓公因爲管仲的才能，尊稱他爲仲父，將國家權力全部交給他。看起來是尊賢和信任，但東郭牙卻認爲這樣會導致君主權勢旁落，而給國家帶來危害，齊桓公聽取了東郭牙的意見，讓管仲和隰朋分而治之，互相牽制。這樣不會因爲大臣權力過分集中而架空君主，權力分散，便於各守其職，各盡其責，君主也便於控制。

韓非子認爲君主應該有崇高的地位，絕對的威嚴，這種地位和威嚴是不容動搖的。

文公自履

晉文公領兵與楚軍交戰，到達黃鳳山陵時，鞋帶散了，他於是彎下腰來自己繫好了鞋帶。

隨行的侍臣說：「不能叫人給您繫鞋帶嗎？」

晉文公說：「我聽說，上等的人，君主和他們相處在一起，都是君主所敬畏的；中等的人，君主和他們相處在一起，都是君主所喜愛的；下等的人，都是自己所使喚的。現在和我相處的，都是先父的舊臣，我難以使喚他們。」

這則故事見於《韓非子．外儲說左下》。

晉文公的行爲是尊賢嗎？非也。

鞋帶散了，區區小事，自己繫好不就得了，但晉文公尊爲一國之君，怎麼可以自己繫鞋帶呢？這簡直是亂了規矩禮義——韓非子認爲晉文公的所作所爲違背了君臣之間等級從屬原則，是從否定意義上記述這則故事的。

君主就是君主，臣子只能是臣子；君主至高無上，臣子永遠只能屈居其下，君臣如父

子，等級名分不能亂套，在這一點上，法家和儒家是一致的，儒家所謂君君、臣臣、父父、子子，對君臣、父子之間的關係作了嚴格規定，一旦僭越疏忽，就是「犯上」，對君主不忠，是彌天大罪，要殺頭的；對父母不孝，同樣是不能寬恕的。

等級名分滲透到古代社會的各個領域，從古代印章制度中就可略見一斑：

秦始皇建立中央集權的統一帝國後，規定「璽」是天子專用，臣下只能稱「印」；天子印章的材質是玉，群臣不敢用。到後代愈演愈繁，規定更嚴格、具體，連印紐樣式、印綬（穿印紐用的帛帶）顏色都有一定的等級，不得僭越，否則，就是犯罪，要依法懲處的。

在嚴格的等級制度下，群臣只得循規蹈矩，君主治了你的罪，要殺你的頭，這叫「賜死」，臨死前還要感謝「皇恩浩蕩」；所有的昏君在臣子口中都是「吾皇聖明」；心裏巴不得皇帝老兒早早歸天，每天上朝仍舊要高呼「萬歲萬歲萬萬歲」，這就是等級制度下馴養出來的「愚忠」。

群臣個個都愚不可及嗎？並非如此，是君臣等級名分的繩索束縛使他們如此。韓非子的用意正在這裏，嚴格等級名分，正是爲了樹立君主的絕對權勢，以利於治理國家，控制臣下，震懾民眾。

二、安危所繫

山雨欲來風滿樓。國家行將滅亡，也會出現種種徵兆，如君主對此視而不見，置若罔聞，國家必然滅亡。

治國困難重重，只要君主手中牢牢掌握了威勢，一切困難就會迎刃而解。

治國要有長遠的眼光，虞國國君貪圖良馬美玉，丟掉了整個國家；齊桓公伐楚滅蔡，名利雙收；孫叔敖請求以貧瘠之土作爲封地，爲的是子孫的基業。

治國必須從自身做起，無數事實證明，依仗諸侯的力量必定危及國家，鬼神更不足信。

國家安危所繫，君主責任重大。

亡國之兆

韓非子透過對當時政治、經濟、文化、思想、外交、軍事等方面的廣泛考察，列舉了四

十七種可能導致亡國的徵兆，以此警示君主，要防患於未然。

現舉要如下：

君主的國力弱小，而大臣的封地強盛，君主的權勢輕，臣下的權勢重，國家可能滅亡。

君主聽取意見只憑爵位高低，而不去檢驗它是否正確，只聽一個人的片面之詞，國家可能滅亡。

敬奉鬼神，辦事要挑選所謂良辰吉日，相信卜筮，樂於祭神祀祖的，國家就可能滅亡。

官職可以用權勢求得，爵祿可以用錢財買到，國家就可能滅亡。

喜歡夸夸其談而不合於法，愛好美妙的說辭而不求實用，沉溺於華麗的文采而不顧它的功效的，國家就可能滅亡。

君主不穩重而輕易表露感情，洩露機密，將臣子的進言相互透露的，國家就可能滅亡。

君主兇狠暴戾，拒絕別人的勸諫，自以爲高明，不顧國家安危而自以爲是的，國家就可能滅亡。

依仗其他諸侯國的援助而怠慢鄰國的，國家就可能滅亡。

客居國內的國外游士，將大量的錢財存放在國外，在上刺探國家機密，在下干預民衆事務的，國家就可能滅亡。

國內傑出的人才得不到任用，而去追求國外的士人，不按功勞進行考核，而喜歡根據虛

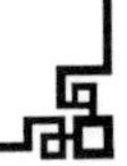

名任免官吏；流寓作客的人被選拔到尊貴的位置上，而超越論功定爵常規的，國家就可能滅亡。

君主膽小怕事，不敢堅持自己的意見，問題早已發現但內心軟弱而不敢去解決；知道應該怎麼做，但決定了又不敢去實行，國家就可能滅亡。

出國的君主還在國外，就在國內另立了君主，在國外做人質的太子還沒有回國，君主又另立了太子，這樣國人就會有二心；國人有二心，國家就可能滅亡。

君主喜歡用小聰明去改變法制，經常用自己的個人行爲來擾亂國家事務，法律和禁令不斷改變，君主的號令前後矛盾，國家就可能滅亡。

沒有險阻可以憑藉，城牆修築不堅固。國家積蓄薄弱，財力物力匱乏，沒有防守和戰備而輕易從事戰爭的，國家就可能滅亡。

王族壽命不長，君主連續死亡，嬰兒當了君主，大臣專權，網羅外來的游士結成黨羽，經常靠割地求得與別國友好的，國家就可能滅亡。

君主懷恨而不發作，對犯了罪的臣子遲遲不予處罰，使群臣暗中憎恨君主，總擔心君主會突然對他實行懲罰，也不知道將來結果如何，國家就可能滅亡。

帶兵在外的將領權勢太大，駐守邊疆的長官地位太高，擅權獨斷專行，凡事不向君主報告的，國家就可能滅亡。

不顧國家利益，聽從母后的命令，女人當國、宦官掌權的，國家就可能滅亡。

輕視嫡長子，使庶子和他抗衡，太子沒有確定而君主就去世了的，國家就可能滅亡。

正妻和太后淫亂，在外養姘夫，在內擾亂朝綱，干預朝政，從而形成妻后、太后的勢力和君主的權勢兩個權力中心，這樣國家就可能滅亡。

凡此種種，不一而足。亡國之兆只是國家滅亡的可能性，並非一定會滅亡。稱王和亡國的關鍵，取決於這兩國治亂強弱的不平衡情況。凡事有果必有因，土牆的坍塌一定是因爲有了裂縫，木頭的折斷一定是因爲蛀蝕，但如果沒有狂風暴雨，牆不會塌，木不會折。

英明的君主運用法術作爲暴風驟雨去沖刷國家的隱患，去摧毀那些岌岌可危的國家，那麼，兼併天下就有希望了。

治國三難

有人出隱語讓齊桓公猜：「治國的第一個困難、第二個困難、第三個困難是什麼？」

齊桓公答不出來，去問管仲。

管仲回答說：「治國的第一個困難，是君主親近優人（以歌舞詼諧供人娛樂的人）而疏

遠文士。治國的第二個困難，是君主離開國都而經常到海上去遊玩。治國的第三個困難是君主年老而遲立太子。」

齊桓公說：「好。」於是來不及選擇吉日，就在宗廟裏舉行了立太子的儀式。

韓非子對管仲的回答是持否定態度的，他一一反駁道：

第一，文士的被任用不在於和君主離得遠或近，而俳優侏儒本來就是和君主一起娛樂的人，那麼近優人而遠文士而治理國家，並不構成困難。

第二，君主處在有權勢的地位而不能運用他的權勢，反而昏頭昏腦地不敢離開國都，這是要用一人的力量來控制一國的人，很少可能制服他們的。明智的君主能夠洞察遠處的奸邪，發現隱蔽的禍患，他的命令一定能得到執行，雖然到海上去遠遊，內部不一定會有變亂。那麼離開國都到海上遊玩而不被劫持或殺害，也不成其爲困難了。

第三，楚成王立商臣爲太子，後來又想立公子職，商臣發難，殺父成王而自立。公子宰是周太子，公子根於是據東周爭奪君位，從此二人各據一方，形成東周、西周兩個小國。這都不是遲立太子的禍患。分給繼位的權勢不分散，把妃妾兒子的地位壓低。寵愛他們而不使其有所憑藉，這樣妃妾的兒子即使當了大臣，晚立太子也是可以的。雖然晚立太子，但妃妾的兒子不作亂，也不會成爲治國的困難。

那麼，治國的眞正困難是什麼呢？韓非子正面提出了自己的見解：

第一，一定要以權力來形成威勢，而又不損害自己。

第二，寵愛妃妾又不使她們與王后地位相等。

第三，寵愛庶子而不使他威脅太子，專聽一個大臣的話而又不使他與君主匹敵。

這三點歸結起來就是要建立嚴格的等級秩序，不能讓地位低的人凌駕於地位高的人之上。

君主的公患

韓非子以遠見卓識，洞察到了君主共同的禍患：

大國的禍患在於大臣的權勢太重，中等國家的禍害在於對左右親信過於信任。

況且，權臣奸邪當道，有大罪而不被懲處，君主必有過失，難辭其咎。原因在於君臣利益是相互對立的。

君主的利益在於對有功勞的人授予爵祿，臣子卻企圖無功而富貴。

君主想要豪傑之士發揮才能，臣子卻勾結朋黨，謀取私利。

因此，國土不斷削減，而私家卻富足起來，君權逐漸削弱而大臣權勢愈來愈顯赫，直至

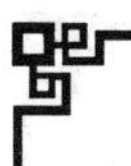

獲得了國家，君主改稱藩臣，而大臣用符節發號施令，這樣權臣便達到了欺君謀利的目的。

當世的重臣，在政治形勢改變之後仍能受到寵愛的，十個之中還不到二三個，原因何在？因為這些臣子罪過太大了。智賢之士是羞於與奸臣同流合污的，不會和奸臣一起欺君謀利，當然只有被摒棄的命運。那麼圍繞在大臣身邊的門徒黨羽，不是愚蠢到不知禍患的人，就一定是卑鄙到不迴避行奸作惡的人。權臣挾持這樣一些愚蠢邪惡之徒，在上，他們欺蒙君主，在下，搜刮掠奪錢財，串通一氣，用一個腔調講話，迷惑君主，敗壞法制，擾亂民眾，危及江山社稷，這是不可饒恕的大罪。而君主不能制止，這就是君主的過失，在這種情形下，國家不滅亡，是不可能的。

失靈的法寶

君主治國，有賴於三大法寶。一是利祿，二是權威，三是名分。利祿用來爭取民心，權威用來發號施令，名分，也就是尊卑貴賤的等次，是上下共同遵守的。

並非有了這三樣法寶，君主就可以高枕無憂，因為法寶也會失靈——有利祿，但民眾不

爲君主所感化；權威存在，而下面的人不服從；官府有法令，而實施起來卻名不副實。同樣的三件法寶，社會或安定或混亂，是什麼原因呢？這是因爲君主所推崇的東西與他所應該用來治理國家的原則相違背。

社會的混亂，是從人們思想的混亂開始的。請看韓非子信手拈來的例子：

國家設立官職的名位稱號，是用來表示尊貴的；有人卻輕視名位和權力，社會輿論稱讚這種行爲「高尙」。

設立爵位，作爲區別低賤和高貴的基礎；有人卻對君主傲慢，不願求見，人們將這種行爲叫做「賢」。

權威和利祿，是用來執行法令的；但有人無視利祿，輕視君主的權威，世人稱之爲「重」（莊重）。

法令是用來治理國家的；有人卻不遵從法令而爲私人做好事，世人稱之爲「忠」。

刑罰是用來獨攬權威，懲辦不法之人的；有人卻輕視法律，不逃避被殺戮的罪名，人們稱他爲「勇夫」。

以上是以非爲是。

忠厚誠懇，純樸誠實，做事專心，說話謹愼，被叫做「寠」（拘謹、小氣）。

遵紀守法被叫做「愚」。

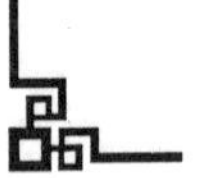

敬重君主，畏懼獲罪被叫做「怯」（膽小）。言論合時宜，有分寸，行爲符合法制標準的人被看作是「不肖」（沒出息）。對違背君主旨意的私學不屑一顧，而專心聽從官吏教化，服從法治教育的人被看作「陋」（淺薄）。

以上是以是爲非。是非顛倒的例子舉不勝舉。如果整個社會的價值取向與君主的治國原則相牴觸、相衝突，君主的任何法寶對人們都失去了誘惑力，君主如何治理國家，統治民衆？

假虞伐虢

晉獻公想向虞國借道去攻打虢國。

晉大夫荀息說：「您如果用垂棘的美玉和屈地生長的駿馬去賄賂虞國國君，向他借道，他一定會同意的。」

晉獻公擔心地說：「垂棘的美玉是我祖先留給我的寶物；屈地的馬是我使用的駿馬。如果虞國國君接受了我的禮物，不借道給我們，那怎麼辦呢？」

荀息說：「他不借道給我們，就不敢接受我們的禮物。如果他接受了我們的禮物並借道給我們，美玉猶如從裏面的倉庫提取出來存放在外面的倉庫，駿馬就像從裏面的馬欄牽出來繫在外面的馬欄。您不必擔憂。」

晉獻公說：「好吧。」就派人將垂棘的美玉和屈地的良馬送給虞國國君以求借道。

虞國國君貪圖美玉和良馬，準備答應晉獻公的要求。

虞國大夫宮之奇勸諫道：「不能答應。虢國的存在，對虞國來說，如同車子兩邊有輔木的保護，虞虢互相依存。如果借道給晉，虢國早晨滅亡，虞國在傍晚也就滅亡了。」

虞國國君不聽勸阻，收下了禮物，借道給晉。

荀息伐虢成功。三年後，又率兵攻打虞國，虞國被滅，國君被俘。

荀息拿著那塊美玉，牽著那匹駿馬報告晉獻公。晉獻公高興地說：「美玉還是原來的美玉，只是這駿馬長大了幾歲。」

虞國國君貪圖小利，導致國滅身囚。雖然有大夫宮之奇曉以利害，申明大義，仍一意孤行，下場固然可悲，卻是活該！

輔車相依，唇亡齒寒，道理淺顯卻引人深思。虞國國君為了美玉良馬而丟掉了整個國家，這就是韓非子所說的「貪圖小利，必定殘損大利」。

君主清廉，臣子儉樸，是治國立身的根本。君主群臣如能以天下興亡、裕國安民為己

任，就不會被蠅頭小利沖昏了頭腦，蒙蔽了雙眼。

俗話說，吃了人家的嘴軟，拿了人家的手軟。按常規，小利不過是誘餌，等你上鉤後，就只好任人擺布了。

美玉駿馬和整個虞國相比，孰大孰小？

義於名而利於實

蔡侯的女兒嫁給齊桓公為妻。一天齊桓公與他妻子一起乘船，他妻子想跟他開個玩笑，就將船搖晃起來，齊桓公很害怕，叫她停止搖晃，她就是不聽。齊桓公於是大怒，就將她休了。

過了一段時間，齊桓公想將他妻子召回來，蔡侯卻將她嫁給了別人。

齊桓公大怒，準備攻打蔡國。管仲勸諫道：「因為夫妻間的玩笑，就去攻打人家的國家，是不能指望建立什麼功業的，請不要計較這件小事。」

齊桓公餘怒未消，就是聽不進去，管仲又說：「這是不行的。楚國已經三年沒有向天子進貢苞茅草（濾酒用的一種草）了，這是對天子不尊重，您不如起兵替天子攻打楚國。楚國

臣服了，返回來襲取蔡國，就說『我爲天子討伐楚國，而蔡國不出兵回應』，於是一舉消滅蔡國。這樣名義上是正義的，在實際上是有利的，所以一定要有替天子討伐的名義，而有報仇的實效。」

齊桓公伐楚，醉翁之意不在酒。楚國成了報復蔡國的犧牲品。滅了楚，再滅蔡，報了仇，似乎是替天行道，名正言順，獲利的還是齊桓公。多虧了管仲的智謀，不然，齊桓公起兵滅蔡，仇固然報了，但爲了一個女人去討伐一個國家，難免爲天下諸侯所恥笑。難怪，齊桓公尊管仲爲「仲父」。

名和利二者難以兼得，自利又難免損人，損人勢必受指責。既要達到目的（往往是不可告人的目的），又要不受指責，那就必須找一個堂而皇之的理由。

三國時，曹操、劉備、孫權三足鼎立，其目的都是爲了拓展勢力範圍，進而一統天下，說到底，都是起於亂世的軍閥。曹操是橫槊賦詩的一代梟雄，文韜武略兼備，他於建安元年（公元一九六年）將朝不保夕、逃難流亡的漢獻帝迎到許昌，從而「挾天子以令諸侯」；劉備是西漢中山靖王之後，透過鎮壓黃巾軍之後，奪得一點地盤，就開始圖謀霸業，但話不能這麼說，「中興漢室」，這理由就充分了。

無獨有偶，唐安祿山、史思明於西元七五五年發動叛亂，從范陽率軍十五萬南下，意在圖大唐的江山，而名義上卻是討伐國賊楊國忠。

韓非子的旨意是：明君應該「義於名而利於實」。

子孫的基業

楚莊王打敗晉軍之後，在河雍打獵。

令尹孫叔敖是有功之臣，楚莊王要賞賜他。孫叔敖請求將漢水附近的貧瘠之地作爲他的封地。

楚國的法律規定：享受俸祿的大臣，到第二代時就要收回封地，只有孫叔敖的封地沒有被收回，因爲他的封地非常貧瘠。

於是，孫叔敖的子孫得以多代享受這塊封地，祭祀不斷。

韓非子用這個故事來印證老子的話：善於樹立的拔不掉，善於抱持的脫不開，子子孫孫祭祀而不中斷。

孫叔敖不僅輔佐君主治國平天下有一套，而且還能爲子孫的基業籌劃得如此周全，的確高人一等。

創業艱難，守業更艱難。創業之時，血雨腥風，刀光劍影，東征西討，費盡移山心力，

何等艱難！在兩軍交戰的疆場，你死我活，生死攸關，容不得半點疏忽，這個時候，身先士卒，衝鋒陷陣，廣納群言的主帥多的是。一旦功成國立，則刀槍入庫，馬放南山，貪圖享樂，不聽忠言，這種君主也不計其數，要不是被勝利沖昏了頭腦，就是陶醉於至高無上的君位，因爲在外已無強敵，在內民呼萬歲，一派昇平氣象。

開國之君往往還能勵精圖治，憂勞興國，因爲他深知創業的艱難。他的後代子孫自來到人世，就貴爲王子公主，享盡榮華富貴。他至多從君父或老臣們那裏了解到一些開國的歷史，但由於缺乏親身的體驗，那種感受就顯得相當膚淺。

唐太宗李世民隨父李淵從太原起兵反隋，到建立大唐王朝，十數年的南征北戰，他都親身經歷了，因而立國之初，他爲大唐王朝政權的鞏固和發展，採取了一系列的措施，於是出現了「貞觀之治」的繁榮局面。到他兒子唐高宗李治即位後，先是將他父親的才人武氏迎娶回宮，逐漸使她登上皇后的尊位，隨後又聽信讒言，將先朝的顧命大臣褚遂良、長孫無忌等或貶或殺，導致武后專權，誅殺李氏子孫。身爲君主，形如傀儡，眞是無顏見高祖太宗於地下。

父母爲子女打算，君主爲江山社稷謀劃，都不能目光短淺，而應該從長遠利益考慮。

趙太后執政伊始，秦國就攻打趙國，趙國向齊國求援，齊國表示要以長安君作人質才能出兵，太后疼愛自己的小兒子，堅決不同意，大臣們勸說無效。

左師公觸讋針對太后的心理，迂迴委婉地平息了她的怒氣，然後說：「近的禍患落到自己身上，遠的禍患落到子孫身上。難道國君的子孫就一定不好嗎？只是因爲他們地位高貴而沒什麼功勳，俸祿豐厚而沒什麼勞績，卻擁有大量的貴重財寶。現在您使長安君的地位很尊貴，並分封給他肥沃的田地，又給他不計其數的貴重財寶，不如趁早讓他爲國家建立功勳，有朝一日您百年之後，長安君憑什麼在趙國站穩腳跟呢？爲此，老臣認爲您應該替長安君作長遠打算啊。」

太后聽了，覺得很有道理。於是給長安君套了輛車，到齊國去做人質，齊國的軍隊這才出動救援。

倘若孫叔敖當年要一塊肥沃膏腴之地作爲封地，楚莊王也一定會答應他，但到他百年之後，他的子孫就不可能享受封地了。

君主治國，從長遠計，著眼於未來，基業才能永遠堅如磐石，即使遇到什麼不測，因爲有健全可行的法制法令，國家也能度過劫難，而不至於衰亡。

依仗諸侯危國

曹國依仗齊國而不聽從宋國，齊國攻打楚國而宋國滅了曹國。邢國依仗吳國而不聽從齊國，越國討伐吳國而齊國滅了邢國。許國依仗荊國而不聽從魏國，楚國攻打宋國而魏國滅了許國。鄭國依靠魏國而不聽從韓國，魏國攻打楚國而韓國滅了鄭國……

這樣的例子舉不勝舉，依仗國外的援助必然危及自己的國家。

現在韓國小而依仗大國，君主不重視治國而聽從秦、魏，依仗齊、楚，這只能使本來弱小的國家愈來愈衰敗。依靠別人的勢力是不可能開拓疆土的，這一點，韓國卻視而不見。

楚國爲了攻打魏國而用兵許、鄢，齊攻任、扈而侵奪魏地，這都不足以保存韓國，而韓國還不清楚。

從黃帝興華夏到秦始皇用武力統一中國，靠的都是自己的力量。

從前，越國被吳國打敗，越王勾踐被迫求和，到吳國去服苦役，做吳王夫差的馬前卒。勾踐於是臥薪嘗膽，經過長期的準備，終於一舉殲滅吳國，吳王夫差求和不成，被擒後自殺。

物競天擇，汰劣存優，這是自然規律。君主應當勵精圖治，雄心圖強。國強則天下歸心，萬方來朝，強者更強，這是良性循環；國弱則人心渙散，軍無鬥志，弱者更弱，最後免不了被吞併滅亡，這是惡性循環。

解鈴還須繫鈴人，君主治國只能靠自己，不能依仗別人。

鬼神不可信

用龜甲、蓍草卜筮，得到「大吉」的兆象，根據這個去攻打燕國的是趙國。同樣用龜甲、蓍草卜筮，得到「大吉」的兆象而據此去攻打趙國的是燕國。

趙國先後戰勝燕國、齊國，國內尚不安定，卻趾高氣揚起來，自以爲與秦國勢均力敵了，這並不是趙國的龜卜靈驗，而燕國的龜卜騙人。

趙國又曾經依據卜筮向北攻打燕國，打算挾持燕國去抗拒秦國，兆象上說是「大吉」。可是開始進攻燕的大粱，秦國就從上黨出兵攻趙了；趙軍趕到釐地，自己的六座城市已被秦國攻克了；趙軍攻到陽城，自己的鄴地就被秦軍攻佔了；等到龐援引兵往南救援時，鄣地又被秦軍佔領了。所以說：趙國的龜卜即使對攻打遠方燕國缺乏遠見，也應對鄰近的秦國攻打趙

國有所預見。

秦國以「大吉」的兆象，開闢疆土，得到實惠，救助燕國又有名聲。趙國以「大吉」的兆象，失地敗兵，趙悼襄王攻燕無功，鬱悶而死。這難道是秦國的卜筮靈驗而趙國的卜筮騙人嗎？

起初，魏國一連幾年向東進攻，佔領了陶、衛，幾年向西進攻而喪失了國土，這不是豐隆等吉星幾年都在西方，也不是天缺等凶星幾年都在東方。

由此看來，卜筮、鬼神不足以用來決定戰爭的勝負，星體的方位變化也不足以用來決定戰爭的勝敗。

華夏祖先的血脈裏是斷然少不了鬼神的。那時的生產力水準太低下，大自然太神秘了，太令人恐懼了。冥冥中鬼神操縱了人們的一切，乾旱水澇，出征狩獵，婚喪嫁娶，莫不求神問鬼。或宰牛殺豬以祭祀，或龜甲蓍草以占卜，儘管人們多少次被所謂「吉兆」所騙，但人們還是對鬼神情有獨鍾，仍一如既往，滿懷虔誠地祭祀與占卜。

翻開正史，有關的記載堂而皇之地佔據了相當的篇幅，神秘玄怪、荒誕不經的文字俯拾即是。法家是無神論者，從李悝、商鞅到韓非子都是不相信鬼神的。韓非子就指出：鬼神是無法得到參驗的。因此，要憑藉法治治國，不能相信鬼神。

世不治，君失道

韓非子在《詭使》中一針見血地指出：「社會所以不得安寧，不是下面的罪過，而是君主失去了治國的原則，君主常常尊重那些造成禍亂的行為，而輕視那些使社會安定的措施。」社會混亂、是非顛倒的現象說明了君主的所作所為與法治原則背道而馳。

有事實為證：

君主用來治國的是刑罰，但那些藐視法律而有私德的人，卻受到君主的尊重。

那些隱居在深山岩谷中聚徒講學的人，傳播與君主政令相違背的思想，迷惑民眾，指責社會，輕視君主。對這種非法行為，君主非但不加以禁止，反而給這些人以優厚的待遇，美好的聲譽，君主使他們無功而受祿，聲名顯赫，生活優裕，這無疑在鼓勵和刺激人們去效仿。

國家糧倉充實，是因為農民勤於耕種的緣故；而那些經營紡織，從事刺繡、雕刻等細巧活的手工業者反而富起來。

為君主樹立威望、擴大國土的，是打仗的戰士。那些陣亡戰士的遺孤卻饑餓不堪，沿路

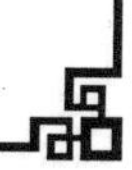

乞討；那些陪著君主吃喝玩樂的人，卻身穿綢緞，乘著車子，悠哉遊哉。

君主掌握法制，是用來控制生殺大權的。現在奉公守法的人想用逆耳的忠言向君主進諫而得不到接見；那些花言巧語、裏外行奸、投機鑽營者卻經常得到任用。

徵收租稅，集中民力，是爲了防備危難充實國庫的，但兵士爲了逃避戰爭而躲藏起來，依附權門勢族，逃避徭役賦稅，不爲君主國家所用的人，數以萬計。

拿出上等的土地和田宅以鼓勵士兵英勇作戰，但他們戰死後卻暴屍露骨於荒野，無處容身，而田宅也一併充公；那些有姿色的少女和大臣左右毫無功勞的人，卻賞賜給他們上等的田宅。

賞賜爵祿，目的在於充分調動民眾的積極性，鼓勵民眾爲君主效力；那些冒著生命危險衝鋒殺敵，打了勝仗建立功勳的士兵得不到一點賞賜，而那些從事占卜問卦、看相算命、迷信活動、妖言惑眾的人卻經常得到賞賜。

君主賞、罰、褒、貶都必須嚴格依法治原則進行，不然，整個社會就亂了序，君主對臣下和民眾也就無法控制了。

三、為君之道

法家人物殫精竭慮，一心爲君。尤其是韓非子，他不僅爲君主確立了法術勢三位一體的治國總原則，還爲君主指示了許許多多具體的治國法門。

世異事變，治隨時轉，聖堯賢舜的做法解決不了時代的新問題。

君主要明察秋毫，不僅要嚴厲、及時地懲惡除奸，而且要防微杜漸，扼殺奸邪蔓延的苗頭。

君主要深謀遠慮，既立足現實，又著眼未來，既爭「一時之權」，更求「萬世之利」；不僅要「勝己」，而且要「勝人」；制定國策，務必留有匡正補救的餘地。

言出必行，才能樹立君主的聲威；諳熟國情，才能制定正確的國策。

以古爲鏡，可知興衰得失；向國外學習，要從本國的國情出發。

凡此種種，不一而足。韓非子爲君主所計，遠比這周密完備。君主如領會了其中奧旨並身體力行，就是明君聖主。

矛盾之說

「矛盾」一詞是現代漢語中使用頻率較高的詞。作爲哲學術語，「矛盾」就是對立統一，即客觀事物和人類思維內部各個對立面之間既相互依存又相互排斥的關係，「矛盾分析法」是辯證法的核心。形式邏輯中，矛盾律是基本規律之一，要求在同一思維過程中，對同一現象不能同時作出兩個矛盾的判斷，即不能既肯定它又否定它。如不能既說張三是好人，又說張三不是好人。

「矛盾」源出《韓非子．難一》篇：

歷山一帶的種田人相互侵佔田界，舜就到那裏去種田，一年後各自的田界都恢復正常。黃河邊上的漁民爭奪水中的高地以便站立撒網，舜到那裏做漁民，一年後，人們都尊讓長者。東部地區陶工製造的陶器質地粗劣而不堅固，舜前往那裏做陶工，一年後那裏燒製的陶器牢固耐用。孔子感歎道：「耕種、捕魚、製陶都不是舜的職責，而舜親自到那裏幹活，這是爲了糾正敗壞的風氣。舜的確是眞正的仁厚啊！如此親身操勞而民衆都順從他。所以說，聖人的道德能感化人啊！」

有人問儒者：「當時堯在哪裏呢？」

儒者回答：「堯做天子。」

那人反詰道：「既然這樣，孔子爲什麼說堯是聖人呢？聖人處在君位上，洞察一切，會使天下沒有壞風氣。如果種田的打漁的都不發生爭執，陶器也不粗劣，哪裏用得著舜用道德去感化他們？舜去糾正敗壞的風氣，那就說明堯有過失。讚揚舜的賢，就會否定堯的明察；稱頌堯的聖明，就會否定舜的德化，不可能兩者都對。有個賣矛與盾的楚國人，一面誇他的盾說：『我的盾最爲堅固，沒有什麼東西可以戳穿它。』一面又誇他的矛說：『我的矛最爲銳利，沒有它刺不穿的東西。』於是有人問他：『拿你的矛刺你的盾，結果如何呢？』楚國人無言以對。沒有什麼東西可以刺穿的盾與沒有什麼刺不穿的矛是不可能同時存在的。現在堯和舜不可以同時稱頌，就像無不陷的矛和不可陷的盾的不能同時存在的道理一樣。況且，舜糾正過錯，一年才糾正一個，三年才糾正三個。像舜一樣的人極其有限，人的壽命也是有限的，而天下的過錯卻不斷地發生；以賢人有限的生命去對付不斷發生的過錯，所能糾正的過錯是極其有限的。賞罰才能使天下人非遵行不可，下令說：『符合法令規定的就賞，不符合法令規定的就罰』，法令早晨下達，過錯到傍晚就得以糾正，法令傍晚下達，過錯第二天早上就能糾正，十天之內全國的過錯都可糾正完畢，爲什麼要等一年呢？舜不根據這個道理說服堯讓天下人歸順自己，卻去親自操勞，不也是沒有統治的辦法嗎？況且那種自身受苦感化

民衆的做法，是堯舜也難以做到的；掌握權勢而糾正臣民的做法，平庸的君主也能做到。要想治理天下，放棄平庸的君主都容易成功的方法，遵行堯舜都難以實行的辦法，是不能稱作治國之道的。」

韓非子的矛盾之說，重心並不在否定儒家宣揚的堯聖舜賢的說法，而在於闡述自己的法治思想。

第一，以道德感化民衆的做法是不可取的。在儒家眼中奉若神明聖賢的堯舜，在韓非看來不足稱道，道德感化已落伍於時代了。在人人自利的戰國，人們利令智昏，不惜鋌而走險，道德感化形同兒戲，已起不到實質性的作用，如果說有作用，這作用也是極其有限的。

第二，韓非子主張「無爲」用術，君主掌握權勢，嚴格實行賞罰，用法令來規範人們的行爲，這樣可以在短期內收到預期的效果，不僅減少了自身的勞苦，而且提高了辦事效率，這才是眞正的治國之道。

韓非子的矛盾之說，旨在爲君主指示一條正確的治國之道，同時也爲人們正確認識事物提供了諸多的啓示，其價值跨越時空而永存。

明嚴並重

魯國大夫季孫氏的家臣陽虎圖謀攻打三桓（在魯國執政的季孫、叔孫、孟孫三家貴族，他們都是齊桓公的後代），失敗後出奔齊國，齊景公很敬重他。大夫鮑文勸諫道：「不能敬重他。陽虎得寵於季孫而想攻打他，是爲了貪圖他的財富，而齊國比魯國大，這是陽虎要盡力施展欺騙伎倆的原因。」齊景公於是將陽虎囚禁起來。

韓非子認爲臣子敢於作亂，其根源在君主身上。臣子的忠誠與奸詐，完全取決於君主的所作所爲。君主明察而嚴厲，群臣就忠誠；君主儒弱昏庸，群臣就會欺詐。

擁有千金財富的家庭，兒子們不親愛和睦，因爲他們追求利益的心情非常迫切。齊桓公爲春秋五霸之首，爲爭奪君位殺了他的兄長公子糾，這是因爲利益大的原因。君主與臣子之間不如兄弟那樣親近，互相劫殺的結果，能統治大國而享有大利，那麼群臣哪一個不是陽虎呢？

事情因爲做得隱蔽巧妙而取得成功，因爲疏忽笨拙而遭致失敗。群臣之所以還沒有作亂，只是因爲條件還不具備。群臣都有陽虎那樣的圖謀作亂之心，而君主沒有察覺，是因爲

隱蔽而巧妙。陽虎的貪欲，天下人都知道，想犯上作亂，這是疏忽而蠢笨的。不叫齊景公去處罰齊國陰謀篡位奪權陰險狡詐的奸臣，而讓他去處罰笨拙的陽虎，這是鮑文把話說反了。

能洞察隱蔽的陰謀，叫明，不赦免奸臣的罪行叫嚴。

齊景公不知道齊國還未暴露的奸臣而去處罰在魯國已經作亂的陽虎，這是很荒謬的作爲。

從另一個角度來考察這個問題，齊景公囚禁在魯國公開作亂的陽虎，對齊國中那些企圖作亂的臣子是一種警告。齊景公對魯國作亂的人尚且不饒恕，何況本國呢？那麼，齊景公囚禁陽虎的行爲就產生了應有的震懾作用。

仁人與貪心的人想法是完全不同的。

宋太子茲父要把君位讓給庶兄目夷，目夷不受，逃往他國；鄭國公子去疾把君位讓給庶兄堅，這是仁者所爲。

楚成王想將君位傳給小兒子職，太子商臣逼死成王，自立爲君；魯桓公殺死他的哥哥隱公自己當了國君，這是貪心者的作爲。

春秋五霸都是以吞併他國而成霸業的，如果以齊桓公的行爲作爲標準，那就沒有忠貞廉潔的人了。

君主如果做到了「明」和「嚴」，群臣誰敢不忠順呢？

陽虎在魯國作亂失敗，逃往齊國而不受處罰，這不是讓他在齊國繼續作亂嗎？因為陽虎是貪心的人，江山易改，本性難移。君主如果明見，就應該誅殺陽虎，使群臣知道，陽虎這種行為不能助長；君主如果嚴厲，就不能輕易放過陽虎這種人，這種罪行是不能寬恕赦免的，誅殺陽虎，讓群臣不得不忠順。

如果不知道齊國群臣中那些有反叛作亂之心的人，又免除對公開作亂的陽虎的懲罰，追究還沒有發生的事情，卻不懲罰明擺著的罪惡，同樣是荒謬的。

陽虎該殺，殺一陽虎，不僅可以威懾齊國群臣，而且可以博得魯國季孫、孟孫、叔孫氏的親善友好，更可讓普天下知道，作亂者無論逃到哪一個國家，都是沒有立足之地的。這樣，作亂的行為勢必大大減少。少一些內憂外患，天下清平，百姓才可以安居樂業，國家才可以走向治強。

懲惡須及時

《韓非子．難回》故事：

鄭莊公想任用高渠彌為卿，鄭昭公（莊公之子）很厭惡高渠彌，多次向鄭莊公勸諫阻

止，鄭莊公不聽。

後來，鄭昭公即位，高渠彌害怕昭公殺死自己，在辛卯這天，殺了昭公而立公子亹爲君主。

公子圉說：「高渠彌應該被殺，報復別人對他的厭惡也太過分了。」

鄭昭公的悲劇在於懲惡不及時。一個英明的君主是不輕易表露自己的好惡的，如果已經表露了自己的好惡，就要迅速作出決斷，有功不賞，就會導致臣子對君主的怨恨；有惡不除，有罪的臣子就會行動起來，那君主就危險了。

韓非子舉了幾個例子：

衛出公和群臣在靈台宴飮，褚師不遵守禮制，穿了襪子入席，出公發怒，說要砍掉褚師的腳，但沒有做。褚師回去以後就興兵作亂，逐走衛出公。

楚國送給鄭靈公一隻大鱉，鄭靈公宴請大臣，子公和子家相視而笑。靈公問他們爲什麼笑。子公說：「事前我的食指動了，知道一定有好吃的東西。」靈公偏不讓子公吃，子公大怒，就用手指伸到汁中嚐味。靈公大罵子公，揚言要殺他。子公便與子家合謀，殺了靈公。

君主不但要看到禍難，更要及時地作出決斷和加以制裁。鄭昭公既然厭惡高渠彌，就應當及時對他加以懲處，姑息養奸反使高渠彌懷恨在心，害怕被殺而先下手殺了昭公。

君主要殺一個人，易如反掌。但是，用大的誅戮來報復小的罪過，是嚴酷的；誅戮不當

就會引起更多人的仇恨。君主瞧著誰不順眼，殺；討厭誰，殺；臣下說句君主不喜歡聽的話，殺；臣下做了一件不合君主旨意的事，殺。殺！殺！殺！王法何在？公理何在？這樣的君主是昏庸透頂了，昏君該殺！

晉厲公害怕大臣權勢太重，殺了郤氏三卿，欒書、中行偃擔心被殺，便指使程滑殺死厲公；吳王夫差不聽伍子胥的屢次忠告，反而聽信讒言將他殺害了。越王勾踐經過臥薪嘗膽，勵精圖治後，乘機崛起，滅了吳國，稱霸諸侯。這樣看來，衛出公被逐，鄭靈公被殺，並不是因為衛出公沒有把褚師殺掉，鄭靈公沒有懲罰子公，而是君主不該發怒的時候有了憤怒的表現，對不該殺戮的人有了殺戮的想法。

臣子的確犯了滔天大罪，非殺不可，君主發怒，將罪臣殺了，這是應該的，不違反民心；誅殺不當，而且還想全部殺掉，這是與天下人為敵，君主這樣做，後患無窮。

君主除惡，務必及時，不可優柔寡斷。

君主誅戮，務必得當，不能隨心所欲，更不能冒天下之大不韙。

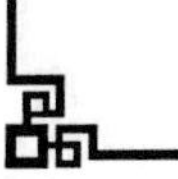

防微杜漸

韓非子說：有形的東西，「大」必定是從小發展起來的；「多」必定是從「少」積累起來的。比如千里長堤，因爲螻蟻打的洞而潰決；百尺高房，因爲煙囪裂縫冒出的煙火而燒毀。

《老子》上說：天下難事一定起於簡易，天下大事一定起於微細；解決困難要從微細的地方做起，幹大事必須從小事做起。眞可謂至理名言。

名醫扁鵲見到蔡桓公，站了一會兒，說：「君主有病在表皮上，不醫治的話，恐怕會加深。」

蔡桓公說：「我沒有病。」

扁鵲出去了。蔡桓公說：「醫生喜歡給沒有病的人治病，以此顯示自己醫術高明。」

過了十天，扁鵲又見到蔡桓公，說：「君主的病已發展到肌膚處了，如果不治，恐怕會加重。」

蔡桓公沒說什麼，扁鵲就走了。蔡桓公很不高興。

又過了十天，扁鵲又來見蔡桓公，說：「您的病已到腸胃，不治會加重。」蔡桓公還是沒說什麼，扁鵲走後，蔡桓公依舊不高興。

再過了十天，扁鵲見到蔡桓公轉身就走，蔡桓公特意派人去問扁鵲爲什麼這樣。扁鵲說：「病在皮膚，用藥湯熏洗，藥物熱敷就能治好；病在肌膚，用針灸穿刺可以治好；病在腸胃，用清火去熱的湯藥也能治好；病一旦深入骨髓，那就性命攸關，毫無辦法了，因此我就不請求了。」

隔了五天，蔡桓公身體開始疼痛起來，派人去找扁鵲，扁鵲已逃往秦國去了。不久，蔡桓公就死去了。

扁鵲不愧是良醫，知道治病要從病剛剛開始時入手；而蔡桓公諱疾忌醫，送了性命。老子有「見小曰明」的著名命題，意思是能看到事物的萌芽狀態就叫明。

從前商紂王製作象牙筷子，紂王的叔父、太師箕子就擔憂，他認爲肯定不會用在陶製器皿上，必然要用犀牛角和玉做的杯子；有了象牙筷子和玉杯就必定不會用來吃豆類葉子熬的湯，必定要吃精美的食物，精美的食物必定不會穿著粗布在茅屋下吃，必然身穿數層錦衣，在寬闊的房子高大的層台上吃。箕子擔心他將要被滅，所以在事情開始時就擔心。

過了五年，紂王奢侈荒淫無度，果然國滅身亡。

箕子看見象牙筷子而知天下的禍患，可見他目光敏銳犀利，能由小及大，由近及遠。

任何事情的禍福都有它剛剛露出苗頭的時候，要及早加以處理，防微杜漸，一旦蔓延開來，就難以收拾了。

君主治國，何嘗不是這樣。明君應該具有一雙慧眼、銳眼，時時留心，及早發現那些可能給國家造成危害的苗頭，果敢俐落地清除國家的隱患，防患於未然。

將玉版給奸臣

周文王有一塊玉版，商紂王派忠臣膠鬲去索要，周文王不給他；商紂王又派寵臣費仲（他善於阿諛逢迎）去求取，周文王就給了他。

這是因爲膠鬲賢良而費仲是奸佞小人。周文王憎恨紂王的賢臣得志，於是將玉版給了費仲。

姜尙很困頓，年已七十，在渭水邊釣魚爲生。周文王出獵時，按占卜的預示訪得了他，拜他爲師，這是尊重姜尙；把玉版給費仲，是看中了他是一個無道之人，他得志之時，可以擾亂紂王朝政，於己有利。

《老子》上說：「假如不尊重他的老師，不愛惜可以利用的條件，雖然聰明，卻是大的糊

塗，這就叫奧妙。」

周文王是深知這一奧妙的君王。提拔姜尚，尊他為師，不僅僅是一種個人品德問題，文王因此而獲得了許多治國平天下的策略；將玉版提供給費仲，更可看出文王的韜略，那等於在紂王身邊安放了一顆定時炸彈。後來，文王的兒子武王終於殺了無道的紂王，使天下歸周。

文王的成功之道，在於善於利用條件，因勢而利導。

條件包括多方面，現有的條件應該利用，暫時不具備的條件要儘量去創造。

相傳留侯張良在下邳橋上看到一位粗布短衣的老人故意將鞋丟到橋下，叫張良去撿。張良雖然不高興，看到他是個老人，就為他撿上來了。那老人又叫張良為他穿鞋，張良無奈，只好跪在地上，恭恭敬敬地為老人穿好了鞋。

老人覺得張良可教，又經過一番考驗後，就將《太公兵法》交給張良，說熟讀這本書，就可以成為帝王的老師了。

張良後來果然輔佐劉邦建立了漢朝，被封為留侯。

吳王夫差曾經大敗越國軍隊於夫椒，其後，夫差再次興兵攻打越國，越王勾踐為了保存實力，幾次派遣使者到吳國講和，吳王竟然同意了。

吳國大夫伍子胥透過對吳越兩國形勢的分析，識別了越國君臣求和讓步以保全自己，伺

機滅吳的用心，建議吳王趁著現在的有利時機一舉滅掉越國。

吳王夫差驕橫輕敵，對這些正確意見根本聽不進去，最後陷入勾踐的圈套之中，導致身死國滅的悲慘結局。

勾踐的成功，在於創造條件，把握時機。敵強我弱時，退讓求和，時機成熟後，毅然舉兵伐吳；夫差的失敗，在於沒有珍惜現有的有利條件，自以爲是，其實是大糊塗。

機不可失，時不再來。善握良機的人才會成功。

善握良機，並不是消極的等待，而是積極的創造。

懷才不遇，固然可悲，但遇而不懷才就更可悲。因爲前者或許是沒有良機，而後者就是因爲坐失良機。莎士比亞說，世事如海潮，如能善用海潮，便能成功，若錯失良機，就只有被沖到淺灘的分了。

創造條件，把握機會，走向成功。

「一時之權」與「萬世之利」

晉文公將要與楚國交戰。召他的舅舅子犯問計：「我準備與楚國交戰，敵衆我寡，怎麼

辦？」

子犯說：「我聽說：對君子要講究禮義，對下屬要愛護，對民眾不要欺騙；兩軍交戰時，不排斥用欺詐和偽裝來迷惑敵人。」

文公辭退子犯，又召雍季來問。雍季說：「焚燒樹林圍獵，暫時能獵取更多的野獸，以後定然得不到；用欺詐的方法對待民眾，能夠取得一時的利益，以後民眾就不會再上當了。」

後來文公依子犯的計謀與楚軍交戰，取得了勝利，回來後論功行賞，先賞雍季後賞子犯。

群臣說：「晉楚城濮之戰，是用子犯的計謀才取勝的，為什麼採納了他的建議而後賞賜他，這合適嗎？」

文公說：「這不是你們所能懂得的。子犯的話，只是一時的權宜之計；雍季的話，則是符合長遠利益的。」

孔丘聽到後，說：「晉文公成為霸主，完全合適啊！他既懂得權宜之計，又懂得長遠利益。」

韓非子對此持不同看法，他認為孔丘不懂得正確行賞。他分析道，戰而取勝，直接關係到國家安全和君主地位的穩定以及兵力強盛而樹立威望，即使以後出現同樣的情況，也不會比這次勝利獲益更大，還擔心什麼「萬世之利」不來呢？反過來說，如果戰而失敗，國家危

亡，兵力削弱，君主身死名滅，想免除今日的災難都來不及，哪裏還有時間去等待「萬世之利」呢？因此，只有先戰勝敵軍，才能期待「萬世之利」，詐敵取勝，雖是一時之計，卻正是為了「萬世之利」。何況，戰爭中使用欺詐手段，所欺詐的是敵人，於國於民，又有什麼損害呢？

韓非子的論說不無道理。君主固然要爭一城一池之得失，但不能局限於此，要有長遠的眼光，立足現實，放眼未來。謀士也應如此。

馮諼替孟嘗君到薛邑收債，當衆焚毀債券，替孟嘗君收買民心。孟嘗君在齊失去相位後，馮諼到魏國游說，說服梁惠王用重禮聘請孟嘗君，引起齊王對孟嘗君的重視，恢復了孟嘗君的相位。以後又建議孟嘗君將宗廟設立在薛邑，以長遠地保護封地。當孟嘗君前往薛邑時，民衆扶老攜幼，郊迎百里，孟嘗君這才領悟到馮諼「焚券市義」的深意。孟嘗君為相幾十年，無災無禍，高枕無憂，全仗了馮諼的深謀遠慮。

戰勝自我

眞正的強者，在於戰勝自己。

子夏和曾參都是孔子的門徒。子夏見到曾子，曾子問：「你怎麼肥胖起來了？」

子夏說：「戰勝了，所以肥胖。」

曾子不明白，子夏解釋道：「我在家學習前代聖君賢王的大道理就很敬仰，出門看到榮華富貴的場面又很羨慕，兩種情緒在心裏鬥爭，沒有勝負，所以消瘦了。現在聖君賢王的大道理勝利了，所以胖了。」

韓非子因此說：「一個人立志的難處，不在於勝過別人，而在於戰勝自己。」正如老子所說，能戰勝自己的就是強者。

比如賽跑，跑在後面，就想超越前面的人，拚盡氣力終於趕上或超過了前面的人；當你甩掉了所有的對手，遙遙領先之後，先前追趕時的勁頭已蕩然不存，即使得到冠軍，成績依然平平。

戰勝自我，對於君主而言，無疑是有警示作用的。開創基業時的進取精神和國定民安時的享樂主義往往相伴相隨；費盡艱辛立國，貪圖安逸亡國，也是一條規律。

春秋時魯國大夫公父歜下朝之後，去見他的母親，發現他的母親正在紡麻。公父歜就說：「像我們這樣的家庭，您還要紡麻，恐怕會招惹季孫氏生氣。他會認爲我不能贍養您。」

他的母親感歎地說：「魯國大概要滅亡了。」於是叫公父歜坐下來，用前代君主勤勞從政的業績和當時的禮法來教育兒子。最後她說：「現在我成了寡婦，你又處在大夫的職位，

就是一天到晚置於政事之中，還恐怕忘了祖宗的業績，何況已經有了怠惰的念頭。我本想你早晚提醒我說，一定不要丟掉祖宗的業績，而你現在卻說，為什麼不自圖安逸？你用這種態度來承受國君任命的官職，我擔心你亡父的祭祀要斷絕了。」

這些道理，即使今天聽來，也是很有教育意義的。

人似乎是一種怪物，對利的貪求是無止境的，而一旦工作有些成績，往往停滯不前，甚至「急流勇退」成了千百年來的楷模，這其實是一種惰性，尤其是到了「高處不勝寒」的境地，這種惰性就顯示得更充分。像美國田徑名將劉易士那樣一次次超越自我的人，才是真正的楷模。

刻削之道

雕刻的原則是，鼻子不如先刻大些，眼睛不如先刻小些。鼻子大了可以修小，小了就不能修大；眼睛小了可以修大，大了就不能修小。

韓非子說：「辦事也是這樣，做那種以後還可以再補救的事，事情就很少失敗。」也就是說做任何事情都應該謹慎小心，要制定周密的計畫，並且要留有充分的餘地。

君主制定國策，對待民衆都應留有餘地。國策有誤，可以及時匡正補救；對民衆也應在法治的前提下，寬厚仁慈。遇到災年，顆粒不收，百姓仍被強迫交租納稅，那百姓的生路何在？歷史上的農民起義都是「官逼民反」的結果。

秦二世元年七月，朝廷徵發閭左平民戍守漁陽。一行九百多人走到大澤鄉駐紮下來，恰遇大雨，道路不通，難以按時到達。誤期按秦國法律是要斬首的。陳勝、吳廣商議道，遲到漁陽是死，逃跑開小差是死，不如起義，死也是爲國家而死。陳勝、吳廣於是率領衆戍卒揭竿而起，討伐的是暴虐無道的秦朝，天下民衆自然一呼百應。秦始皇當年憑藉武力蕩平天下，統一中國，何等艱辛；泰山封禪，東巡海岸，刻石紀功，何等顯赫！想不到短短十五年後便在農民起義的硝煙中搖搖欲墜，最後被劉邦所滅了。

苛政猛於虎，走投無路之日，就是民衆起義之時，爲政者貴能審時度勢，寬嚴適度。北魏孝文帝在位期間廢除三種肉刑，除去連坐刑罰，廢誹謗妖言罪。他認爲法是治國的準則，其終極目的是使民衆歸德從善，並不是加害於民。

歐陽修被貶夷陵時，爲政寬鬆簡易而不煩擾，治下民衆能安居樂業。有人問他：「爲政寬鬆簡易，而事情並不鬆弛荒廢是什麼原因呢？」他說：「把放縱無度作爲寬，把省略必要的東西作爲簡，那就使政事敗壞，老百姓也會受害。我所說的寬是不做苛刻逼迫之事；我所說的簡是不做瑣碎擾人的事。」

寬不姑息、縱容；嚴不苛刻、殘酷，這樣的法治才眞正使國家興盛，不掌握好「度」，只能適得其反。

風愈緊，落葉愈多，凡事都應留有緩衝餘地，凡人都應懷有餘裕之心。

曾子殺彘

講究信用，言必信，行必果，直接關係到君主的聲望。韓非子認爲，講究信用，要從小處做起，「小信成則大信立」，意思是在小事上能夠守信，在大事上也能守信。

曾參的妻子要到集市上去，她的兒子跟在後面哭鬧著也要去。他母親說：「你回去吧，等我回來給你殺頭豬吃。」

一等她從集市上回來，曾參就要殺豬。妻子勸阻道：「那不過是哄哄孩子罷了。」

曾參嚴肅地說：「不能隨便跟小孩子開玩笑。小孩子無知，只能向父母學習，聽父母的教誨。現在妳欺騙了他，這就是教兒子欺騙，做母親的欺騙了孩子，孩子因此就不相信母親了，這不是用來教育孩子的方法。」

於是就把豬殺掉煮了。

父母與兒子的關係如同君主與臣民的關係，父母對兒子講究信用，能樹立誠信無欺的楷模；君主對臣民講究信用，才能建立起聲威。

魏文侯曾相約與虞人去打獵。第二天，大風驟起，左右隨臣勸阻文侯不要去了，文侯不聽，說：「不能以風大為理由而失信於人，我不能這樣做。」於是，魏文侯親自駕車前去，冒著風告訴虞人打獵的事作罷。

吳起出門，遇見了老朋友而留老朋友吃飯。老朋友說：「好吧，我馬上回來再吃飯。」吳起說：「我等你回來吃飯。」老朋友到傍晚還沒來，吳起不吃飯等候著他。第二天早晨，派人去請老朋友。老朋友來了，吳起才和他一起吃飯。

這是講究信用的典範。

楚厲王設置了一面報警用的鼓，遇到緊急情況，擊鼓為號，通知民衆一起防守。一次楚厲王喝醉了酒，錯誤地擊響了警鼓，民衆大驚，以為有外敵入侵，都跑來聽令。楚厲王派人制止道：「我喝醉了酒，與左右隨臣擊鼓好玩。」過了數月，眞正有戰事，於是擊響警鼓而民衆都不來了。楚厲王只得更改命令，明確信號以取得民衆的信任。

魏文侯寧願冒著大風也要守約告知虞人打獵的事作罷，吳起寧願餓著肚子也要按照約定

等老朋友來吃飯；楚厲王因酒醉誤擊警鼓而失信於民。講信，從某種程度上說，是衡量君王德行的標準，講信才能修睦，修睦才能明德，明德才能使民，否則，政令不行，賞罰不明，如何能使天下大治，國強民富？

今天，連小孩子都會講「狼來了」的故事，講究信用難道不應當成爲我們修身律己的準則之一嗎？

以古為鏡

培根曾說過「史鑑使人明智」，以古爲鏡，可以知得失。

《韓非子．外儲說右下》載：

燕王準備將國位傳給大臣子之，爲此去詢問隱士潘壽。

潘壽對燕王說：「我擔心子之會像益伯（夏禹的大臣）一樣。」

燕王說：「怎麼跟益伯一樣呢？」

潘壽說：「古時候夏禹臨死時準備傳位給益伯，而夏禹的兒子啓卻與他的黨羽相互勾結，攻擊益伯，後來殺了益伯，繼位爲王。現在大王信愛子之，準備將君位傳給他，但太子

的人全都控制大權，而幫助子之的人沒有一個在朝廷內。如果大王不幸去世，那麼子之也要和益伯一樣了。」

燕王於是將官印全部收上來，凡是領取三百石以上俸祿的官印都交給子之處理，子之的地位大大尊貴了。

君主引以爲借鑑的，是諸侯手下的士人們，而現在諸侯手下的士人們都是一些私人的黨羽；君主所尊崇的，是一些隱居山林的士人們，而這些人都是私人黨羽的門客。原因在於剝奪的權力在子之手裏。這樣，燕王還哪裏有權勢與威望可言？

《禮記》上說：「大道之行也，天下爲公。」意思是上古大道通行的時候，天下實行禪讓制，天下是公衆的天下，到後來便是天下爲私的世襲制了。在戰國時期，禪讓制已不可能實行了，因爲君主至高無上的威勢和由此而擁有的一切殊榮與享樂令天下人心馳神往，即使拚了性命也無怨尤，死了也死得其所，儼然重於泰山。上古時代的君主和普通人一樣勞動和生活，結廬而居，日出而作，日入而息，布衣芒履，粗茶淡飯，君主的位置在人們心目中少了顯赫與榮耀，因而也就缺少刺激與誘惑。相傳堯將天下讓給許由，許由卻不接受，竟然爲此而逃跑了。

時代在發展，一切經濟、政治制度也隨之發生了翻天覆地的巨變，借鑑古代要從時代的實際需要出發，要與變化發展著的時代相適應。韓非子認爲燕王是借鑑上古不成功的，聽了

隱士潘壽關於夏禹傳位於益伯的鼓吹就準備效法夏禹的做法，將國位傳給子之，殊不知，時過境遷，戰國已不是「天下為公」的上古，禪讓的結果不是國家分崩離析，就是導致禍起蕭牆。

借鑑國外的經驗

一個明智的君主，不僅要在自己統治的國度內集思廣益，而且要善於借鑑國外的經驗，所謂「他山之石，可以為錯」。但借鑑國外的經驗，必須講究藝術，要善於吸收與消化。

戰國時名重諸侯、佩六國相印的蘇秦有個弟弟叫蘇代在齊國做官。一次，他代表齊國出使燕國，看到如果不使子之獲得好處，就一定不能成事而回（當時子之是燕相，地位尊貴，大權獨攬），奉獻和賞賜的東西也不會拿出來。於是，蘇代見到燕王，就大力稱讚齊王。

燕王說：「齊王如此賢明，那不是要稱王天下了嗎？」

蘇代說：「挽救危亡都來不及，怎麼能稱王呢？」

燕王問：「是什麼原因呢？」

蘇代答：「齊王對所愛的大臣任用不當。」

燕王又問：「那麼齊國爲什麼會滅亡呢？」

蘇代回答：「過去齊桓公敬愛管仲，立爲仲父，國內大事由他處理，國外大事由他決斷，全國的大事都由他掌握，所以能夠匡正天下，多次會合諸侯做了盟主。現在齊王對所愛的大臣任用不當，由此可知，齊國要滅亡。」

燕王說：「我現在重用子之，難道天下的人還沒聽說嗎？」於是第二天盛設朝會聽取子之的決策。

燕王因爲蘇代的一番話而更加重用子之，子之投桃報李，派人送給蘇代黃金百鎰。

蘇代爲齊出使燕國，竟然從一己之私利出發，游說燕王，使燕王更加信任子之，蘇代的是非功過姑且不論，燕王卻是聰明而又糊塗的君主。聰明的是蘇代批評齊王對大臣任用不當，燕王能引以爲鑑；糊塗的是將大權拱手交給子之，大權旁落，是君主之大忌。顧此而失彼是燕王借鑑國外經驗的失誤之處。

借鑑國外的經驗的確是一種藝術。如何借鑑，首先要考慮本國的國情，全盤照抄是不行的。因爲世界各國、各民族都有其自身的歷史發展過程，受多方面因素的影響，必然會形成有別於其他國家、民族的風俗習慣、生活方式以及思維模式和文化心理結構。何況各國的自然地理環境、人口數量、生產力水準是不同的，這些都直接影響其上層建築的基本形式，照搬是永遠沒有出路的，只能造就「四不像」之類的怪胎。

善於借鑑的關鍵還在於吸收和消化。任何一個國家都有自己值得自豪、為之驕傲、可以發揚光大的優點長處，同時也有應該批評甚至唾棄的劣根性。因此，去其糟粕、取其精華而為我所用，才是正確的借鑑途徑。吸收的目的在於「拿來」，加以改造；消化的目的是要將國外的經驗變為自己國家的精神原動力。

四、為臣之德

君主的專制獨裁是法家反覆強調的。但君主如果得不到臣下的支援與配合，就如韓非子所說「一手獨拍，雖疾無聲」，孤掌難鳴，是幹不成大事業的。

齊桓公九合諸侯，一匡天下，叔向認爲是靠了臣子的力量，師曠以爲是靠了君主的力量。各持一端，莫衷一是，其實都是片面之詞。只有君臣同心協力才能成就霸業。是臣子，就應該竭盡全力輔佐君主，精忠報國，三蝨爭臙、翢翢鳥互相提攜的寓意正在於此。

國家事務紛繁複雜，人各有優長與不足。文種、倚相善於將兵；沮衛、蹶融犒師有方；吳起爲士兵吮疽；管仲向齊桓公舉薦隰朋、東郭牙等五人分理各部門，爲臣貴能取人之長，補己之短。

師曠援琴而撞晉平公，固在極諫，但有失臣禮；郤克救人，說得冠冕堂皇，實際上是謀取個人名譽，這是韓非子所否定的。

在君主專制獨裁的時代，臣子的命運往往極其悲慘，子犯爲何夜泣？箕子爲什麼佯醉裝

糊塗？爲臣，進則爲國立功，退則遠禍全身，不失爲明智之舉。

孤掌難鳴

《韓非子．難二》：

晉平公問叔向：「從前齊桓公多次會合諸侯，匡正天下，不知道是憑藉臣子的力量，還是君主的力量？」

叔向回答說：「管仲善於裁剪，賓胥無善於縫紉，隰朋善於裝飾衣邊，衣服做成了，君主拿起來穿在身上。這是臣子的力量，君主出了什麼力呢？」

師曠低頭撫琴而笑。

晉平公問：「太師笑什麼？」

師曠回答說：「我笑叔向對君主講的那些話。凡是做臣子的，好比廚師將五味調和好了送給君主吃。君主不吃，誰敢強迫他呢？讓我打個比方：君主好比土壤，臣子好比草木。土壤肥沃草木才能茂盛。這是君主的力量，臣子有什麼力量可言呢？」

叔向、師曠的說法都是片面的，要治理好一個國家光憑君主的力量是不夠的，光憑臣子

的力量也是不足的，只有君臣合力，才能使國強民富，內無紛亂，外無憂患。

下面是韓非子對叔向、師曠之說的辨正：

匡正天下，會合諸侯，這是美好而偉大的事業，不單是君主的力量，也不獨是臣子的力量。從前宮之奇在虞國，僖負羈在曹國，二位臣子都很有智慧，說的話都符合事實，而虞國、曹國都滅亡了（晉獻公假虞滅虢，用厚禮向虞國借道，宮之奇勸諫不為虞公所納，結果晉滅虢後，回頭又滅虞；晉公子重耳流亡在外經過曹國，僖負羈看出重耳將來一定有所作為，勸曹共公以禮待之，共公不聽。後重耳返國即位，果然出兵攻克曹國），是什麼原因呢？這是因為雖有好的臣子而沒有好的君主。況且蹇叔在虞國時虞國滅亡，到秦國後秦國稱霸，這並不是蹇叔在虞國時笨，到秦國後就聰明，而是取決於有沒有好的君主。叔向說齊桓公稱霸是臣子的力量，這是不對的。

從前齊桓公宮中有二百個女子的住所，他披頭散髮地玩弄婦女，得到管仲之後，成為春秋五霸之首；管仲死，任用豎刁等奸臣，餓死後三個月沒有埋葬，屍體上生的蛆蟲爬出門外。如果不是臣子的力量，就說不上用了管仲而稱霸；如果認為單是君主的力量，就談不上用了豎刁而產生禍亂。

從前晉文公重耳流亡到齊國，齊桓公將宗族中的女子嫁給他為妻，重耳貪圖享樂，不想回國，子犯極力勸諫，終於使重耳返回晉國。所以齊桓公因為管仲而匡正天下，會合諸侯，

晉文公因爲子犯而稱霸，而師曠說是憑藉君主的力量，這也是不對的。所有五霸中的人之所以能成就功業，揚名天下，都是因爲君臣都出了力。由此可見，叔向和師曠的說法都是片面的。

任何一個王朝的建立，任何一個繁榮昌盛的朝代，無不是君臣合力的結果。有賢君而無良臣，君主的宏圖大業只能是一幅美麗的藍圖；有良臣而無賢君，良臣不僅無所作爲，而且會招致殺身之禍。

韓非子的說理絲絲入扣，邏輯嚴密，令人歎服。

三蝨之爭

一頭豬身上三隻吸血的蝨子互相爭吵不休，另有一隻蝨子從旁邊經過，問：「你們在這裏吵吵鬧鬧爲的是什麼呢？」

三隻蝨子說：「爲了爭奪膘肥肉厚的地方。」

這隻蝨子說：「你們就不怕臘祭的日子到了，將要用茅草烤豬，連帶你們也燒死啊，你們何必在這上面計較呢？」

這些蝨子便相互聚在一起吸豬身上的血。豬於是漸漸瘦下去了，臘祭的時候便沒有被殺掉。

倘若三隻蝨子將心思用在爭吵上，豬會長得膘肥體壯，臘祭時自然免不了被屠殺的命運，豬之不存，蝨之焉附？蝨子共同吮血，豬也因爲瘦弱免了一死，這樣對豬對蝨都是有好處的。

人心齊，泰山移，只要同心協力，就沒有攻不破的堡壘；相反，爾虞我詐、你爭我鬥，再堅固的大廈也會毀於一旦。

傳說有一種叫虺的毒蛇，一個身子上長有兩隻腦袋，爲了爭奪食物互相噬咬，最後導致自殺身亡。

對一個國家而言，臣子應當共同爲國家昌盛竭盡全力，共同輔佐君主成就大業，如果爲了一己之私利而相互傾軋，於君、於國、於己都是不利的。臣子間不可能沒有矛盾，沒有恩怨，但只要把國家利益擺在首位，公私分明，就可以求大同，存小異，釋前嫌，「渡盡劫波兄弟在，相逢一笑泯恩仇」。

家和萬事興，何況國家呢？

翢翢鳥

韓非子在《說林．下》中記載了這樣一則寓言：

有一種叫做翢翢的鳥，頭重而尾巴短，如果到河邊飲水，就會栽到河裏，於是需要另一隻鳥在後面銜住牠的羽毛才能夠飲水。

個人的力量往往是有限的，要達到某種目的，就需要尋求合作夥伴來幫助自己。

管仲和鮑叔牙曾在一起議論說：「君主昏亂透頂，必定要失掉江山。齊國的諸位公子中可以輔佐的，不是公子糾，而是小白（齊桓公）。我和你每人侍奉一個公子，誰輔助的公子繼承君位，就提攜另一個人。」

於是管仲輔佐公子糾，而鮑叔牙輔佐小白。

後來，齊無知果然殺掉了齊襄公，齊無知自立爲君。齊人又殺了齊無知，小白乘機出兵平亂，先回齊國即位爲君，是爲齊桓公。

公子糾爭位失敗，管仲被囚。經鮑叔牙推薦，齊桓公任管仲爲相。

諺語說：「巫咸（商朝神巫）雖然善於禱告，但不能爲自己除去災禍；扁鵲雖然善於治

病，但不能用石針爲自己除病。」管仲雖然智慧高超，但還需要鮑叔牙的幫助，何況普通的凡夫俗子呢？

人各有長短，應該互相取長補短。有一技之長，便自矜自傲，目中無人，那是愚蠢的。因爲任何人不可能懂遍天下道，學盡天下藝。更何況，學海無涯，藝無止境。君主治國、用人，也是同樣的道理。

文種、倚相將兵

越國已經戰勝了吳國，又向楚國借兵去攻打晉國。

左史倚相對楚王說：「越國打敗吳國之後，豪傑之士死了不少，精銳部隊喪失殆盡，精良的武器裝備也所剩無幾。現在又借兵攻打晉國，是向我表示不弱。不如乘機起兵和越國共同瓜分吳國。」

楚王同意了。於是派兵跟蹤越軍對它加以威脅。越王大怒，準備攻打楚軍。

大夫文種說：「不行。我軍已元氣大傷，與楚軍交戰，必定不能戰勝他們，不如暫時給他們一些好處。」

於是越國割了露山北邊五百里的地方給楚國。

楚國攻打陳國，吳國去救援，楚、吳兩軍相距三十里。連續下了十天雨，夜裏雨霽初晴。

左史倚相對子期說：「下了十天雨，盔甲和兵器聚集在一起堆放著，吳軍必然到了，不如作好防備。」於是布好陣勢。陣勢還沒有完全布好，吳軍就來了，看到楚軍的陣勢就撤回去了。

左史倚相說：「吳軍往返六十里，當官的一定在休息，士兵一定在吃飯，我們急行軍三十里去襲擊它，一定能打敗它。」

於是，楚國追擊吳軍，一舉打敗了吳軍。

戰場上的形勢千變萬化，指揮者應該根據不斷變化的情況制定作戰方案。不敵時，退守以應變；一旦時機成熟，就應當抓住戰機，乘機出擊。

越破吳後，元氣大傷，本應休養生息，但越王又向楚國借兵攻晉，楚國早已圖謀與越國瓜分吳國，利益均霑，越王沉不住氣，準備攻打楚國，文種看到楚強越弱，楚逸越勞，越楚交戰，越國必敗，在此情形下，不如割地給楚，犧牲目前的小利益，是爲了換得將來的大利益。實際上，楚國與越國是不可能平分吳國的，到時候，不僅越國費盡艱辛滅掉的吳國會全部收入楚國囊中，就是越國本土也難保不被楚國鯨吞。

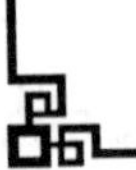

倚相，本爲楚國史官，也頗有韜略。楚軍能一舉破吳，功歸於倚相。防備於前，追擊在後，破吳軍如囊中探物，易於反掌。

越割地賄賂楚，楚乘機破吳，關鍵在於——因勢利導。

沮衛、蹶融犒師

楚王攻打吳國，吳王派沮衛、蹶融用酒食慰勞楚軍。楚國的將軍說：「將他們綁起來，殺了祭鼓。」

楚人問沮衛、蹶融：「你們來的時候，占過卜嗎？」

沮衛、蹶融回答說：「占過卜了。」

楚人問：「卜的是吉兆嗎？」

沮衛、蹶融說：「是吉兆。」

楚人問：「現在楚軍將要殺你們二人祭鼓，怎麼算吉呢？」

沮衛、蹶融說：「這正是吳國吉利的原因。吳王派我們二人來，正是要看到將軍發怒。如果將軍發怒，吳國必將深挖溝，高築壁壘；如果將軍不發怒，吳國就將懈怠。現在將軍要

殺害我們二人，那吳國必定提高警惕，加強防備。況且國家的占卜，不是為個人占卜，殺掉一個臣子而保存一國，這不叫吉利，又叫什麼呢？再說死了的人是沒有知覺的，即使你們用我們的血來祭鼓又有什麼益處呢？如果死後有知覺，那麼當吳楚交戰時，我們會讓你們的戰鼓敲不響。」

楚人於是不殺他們。

吳國犒勞楚軍，使的是緩兵之計。衛沮、蹶融不被殺，靠的是大智大勇：為國犧牲，不惜身家性命；道說楚軍，左右逢源。衛沮、蹶融不愧是出色的外交家。

魯僖公二十六年夏，齊孝公攻打魯國。當時齊強魯弱，魯國又發生饑荒，實無力抵抗。魯僖公於是派展喜去犒勞齊軍，先讓他到展禽那裏去聽取了犒軍的辭令。

齊孝公看到展喜來犒勞齊軍，就問展喜：「你們魯國人害怕了嗎？」

展喜回答說：「小人害怕了，君子則不害怕。」

齊孝公說：「你們家家空虛，赤地千里，憑什麼不害怕？」

展喜回答說：「我們仗恃的是先王的法令。過去周公、太公，都是周王室的得力大臣，共同輔佐成王。成王慰勞他們，命令他們結盟，並說世世代代永不侵犯，這些盟約我們至今還保存著。您即位之後，諸侯都抱很大的希望，說您一定能夠繼承桓公的事業，因此，我國也不敢集結兵力，防守邊境。我們想，難道您即位才九年，就拋棄了先王的遺命，廢除了自

己固有的職責，怎麼對得住過去的君主呢？您一定不會這樣做的。我國就是仗恃著這種信心而不感到害怕的。」

於是，齊孝公就撤兵回去了。

犒師退兵，解了魯國之圍，展喜功莫大焉。這場外交戰的勝利，一是利用了兩國先君的關係和盟誓，既然自古友好，那齊國攻打魯國不是違背盟誓了嗎？二是利用了齊孝公的虛榮心，使齊孝公在心理上沒有了退路。

衛沮、蹶融和展喜不戰而屈人之兵，使國家的形勢頃刻間由被動轉入主動。外交是一條特殊的戰線，表面上看來風平浪靜，但隨時都可能有暗流險礁，唇槍舌戰並不比刀光劍影遜色。

國家，需要出色的外交家。

吳起吮疽

吳起在魏國任河西守時，改革兵制，體恤士卒。他與士卒同衣食，同住宿，行軍時不騎馬，自己背軍糧，與士卒同甘共苦。士卒中有病疽的，吳起親自為他吮疽。

那士卒的母親聽到這個消息，大哭起來，說：「過去吳起爲他的父親吮疽，他的父親拚命殺敵而戰死。現在吳起又爲其子吮疽，我知道他將來也一定和他的父親一樣戰死，我因此而哭泣。」

任何一支英勇善戰的軍隊，除了將領的指揮才能外，就是士卒們戮力同心，奮勇向前，這樣方能所向披靡，無往不勝。

漢飛將軍李廣，屢建奇功，聲震邊郡，與他善待士卒，士卒樂於爲他效死力是分不開的。《史記．李將軍列傳》載：當時漢邊郡李廣、程不識都爲名將，但匈奴畏懼李廣的謀略，士卒也多樂於跟從李廣，而以跟從程不識爲苦差事。

諸葛亮曾說：「古代善於帶兵的，對待士卒如對待自己的兒子，死者哀而葬之，傷者泣而撫之，饑者捨食而食之，寒者解衣而衣之。」

岳飛對士卒愛撫有加，方能紀律嚴明，「凍死不拆屋，餓死不擄掠」，所以「撼山易，撼岳家軍難」。

明代抗倭將領戚繼光也曾說：「主師應該經常體察士卒的饑、飽、勞、逸之情，讓士卒感到如在父母身邊，這樣便和而生氣。氣和則心齊，士兵雖有百萬，但指揮起來，步調一致，如同一人。」

將領既要有嚴父之威，也要有慈母之愛。

將領縱有天大的本事，神機妙算，運籌帷幄，但千里之外的決勝離不開士卒的衝鋒陷陣，浴血奮戰。

三國時的張飛，勇猛過人，當陽橋頭一聲怒吼退曹兵，何等威武。在關羽被殺後，強令士兵趕造白色戰袍，逾期不完成則斬首，又肆意鞭打士兵，部將范疆、張達懾於其威，趁其酒醉酣睡之時，取其首級，投奔東吳。一代名將身首離異，魂歸西天，令後世扼腕而歎。

吳起吮疽事小，卻成爲激勵士卒的有效方法，爲魏國造就了一支英勇善戰、不怕犧牲的精銳之師。

管仲薦賢

齊桓公詢問管仲設置官吏的方法。

管仲說：「能辨明雙方訴訟的言辭，廉潔奉公，不貪財物，熟悉人情世故，我不如弦商，請您任命他做掌管刑獄的官；懂得迎送賓客時登階降階的禮儀，恭敬謙讓而有禮貌地迎接客人，我不如隰朋，請您任命他做掌管禮儀和接待賓客的官；開墾荒地，種植穀物，我不如寧戚，請您任命他做掌管農業的官。統率操練軍隊，使軍容整肅，士兵視死如歸，我不如

公子成父，請讓他去做掌管軍政的官。敢於觸犯君主的威嚴，不顧自身安危去極力勸諫君主，我不如東郭牙，請任命他爲掌管諫議的官。治理好齊國，有這五個人就行了；如果要成就霸業，則有我管仲在這裏。」

管仲薦賢，一方面可以看出一代傑出政治家的胸懷，以國家興亡爲己任，爲君主擧賢任能；另一方面，也可看出管仲的眼光，知人才能善任，管仲對弦商、隰朋，甯戚、公子成父、東郭牙這五人的才能瞭如指掌，所以能將他們安排到合適的崗位上。

善任，就是要人盡其才，這樣既能最大限度地發揮其長處，使他們各盡職守。做好他們的本職工作，又能使各部門相互協調，相互制約，避免各自爲政。

具體的事情由專門的人負責，君主只是起檢查監督的作用，根據才能給予俸祿，記下功勞予以獎賞，發現違法行爲加以懲處，這樣，就不會有人通過不正當的途徑求官請賞了。

師曠有失臣禮

維護「君道」、「臣禮」，確立嚴格的等級觀念，可以防止有些奸佞之臣假藉極諫的名義向君主發難，達到弒君篡位的目的。

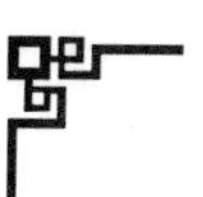

晉平公和群臣宴飲，喝得暢快時，慨歎地說：「沒有比君主更快樂的了。只有他的話是沒人敢違抗的。」

盲樂師師曠侍坐在前，拿起琴就撞向晉平公，晉平公拉起衣襟避開了，琴撞到牆上壞了。

晉平公問：「太師撞誰？」

師曠說：「現在有小人在旁邊說話，所以撞他。」

晉平公說：「是我在說話。」

師曠不以爲然地說：「這不是當君主的人應當講的話。」

晉平公身邊近臣請求處罰師曠，晉平公說：「免了吧，以此作爲我的鑑戒。」

晉平公喝得酣暢淋漓之時，忘乎所以，師曠援琴相撞以極諫，晉平公心領神會，寬宥了師曠並引以爲鑑，依筆者之見，師曠敢於犯顏直諫，晉平公虛懷納言，不失爲忠臣賢君。

韓非子將「君道」、「臣禮」看得十分神聖，失「君道」、「臣禮」簡直就是失國。君主應有做君主的原則，臣子應該有當臣子的禮節，那是應該堅守不移的。

那麼，韓非子是如何詮釋「君道」、「臣禮」的呢？

以爲臣子的行爲不對，就應當處罰，這是君主對臣子的做法；以爲君主的行爲不對，就陳述自己的意見，如果婉言勸告仍然不聽，就離開君主，這是臣子對君主應持的態度。

師曠認爲晉平公的行爲不當，不去陳述臣子的忠告，而用君主才能使用的懲罰的辦法，提起琴撞到了晉平公的身體，這是顚倒了君臣關係，失掉了臣下的禮節。做臣子的發現君主的過失只能規勸，規勸不聽就放棄爵祿，等待君主的省悟，這是臣下應有的禮節。師曠責備晉平公的過失，舉琴而撞晉平公的身體，即使嚴厲的父親也不這樣對待自己的兒子，師曠卻這樣對待自己的君主，這是大逆不道的做法。

晉平公面對臣下大逆不道，還高興地聽取他的意見，這是失去了作爲君主的原則。

韓非子的結論：晉平公的所作所爲是不能宣揚的，因爲它使君主在聽言上犯錯誤而不知道錯在哪裏；師曠的行爲也是不可宣揚的，因爲它會使奸臣襲用極諫的美名來掩飾弒君的行徑。晉平公和師曠一個有失君道，一個有失臣禮，這是兩種過失。

韓非子心中只有君主，他時刻繫念著君主的安危，並把它和國家的盛衰連在一起，因而，他對晉平公和師曠的做法都作了全盤的否定，從韓非子的出發點來考察這種否定，無疑是具有積極意義的。但也不能不看到，韓非子將君主的尊嚴威勢絕對化了，臣子對君主只能婉言規勸，等待君主慢慢醒悟，但一些大是大非的決策是刻不容緩的，等到君主還未醒悟過來，或許已國滅君亡了。極諫，無疑是有必要的，將極諫與弒君篡位作必然的聯繫，未免過於簡單化、絕對化了。

郤克救人

西元前五八九年，晉卿郤克舉兵伐齊，在靡笄山下大敗齊軍，史稱「靡笄之役」。

當時郤克爲主帥，韓厥爲軍中司馬，主掌軍法。韓厥要殺人，郤克坐了車子趕去救他，剛剛趕到，人已被殺了。

郤克於是對韓厥說：「爲什麼不懸屍巡行示衆？」

郤克的僕人說：「您先前不是趕來救他嗎？」

郤克說：「我怎敢不爲韓厥分擔別人的非議呢？」

果眞如此嗎？且看韓非子如何說：

郤克的話，不能不仔細辨察，這並不是爲別人分擔非議。

韓厥所殺的人，如果是罪人，就不應該救他，救有罪的人，正是法令敗壞的原因，法令敗壞，國家就亂了；如果韓厥所殺不是有罪的人，郤克就不應該勸他把屍體巡行示衆，勸韓厥將屍體巡行示衆，就使無辜的人更加冤屈，雙重冤屈，民衆就有怨恨，國家就危險了。郤克的話，不是使國家陷入危險的境地，就是造成國家的混亂，不能不仔細辨察。

況且，韓厥斬的如果是罪人，郤克要為他分擔什麼非議呢？如果殺的是無罪的人，則韓厥將他殺了郤克才趕到，也就是說，韓厥受人非議已經成為事實而郤克後來才到。郤克說要將屍體巡行示衆，不足以分擔殺人的非議，而且增加了以屍示衆的非議，這難道是郤克為別人分擔非議嗎？

從前商紂王對人行「炮烙」之刑（把人放在燒紅的銅烙上活活燒死），崇侯和惡來又說要將涉水者的小腿砍下來（據《呂氏春秋．過理》載：紂王在冬天見人涉水，就把他的小腿砍下來，看它為什麼這樣耐寒，殘忍之至！），這難道是分擔商紂王的非議嗎？

民衆對上面依法辦事的希望是很強烈的，韓厥沒有能做到，民衆就希望郤克能夠做到，現在郤克也沒能做到，那麼民衆對上面就絕望了。所以說：郤克的話不是分擔別人對韓厥的非議，而是增加了非議。

何況，郤克前往救人，是認為韓厥錯了；郤克不說明韓厥做錯的原因，而勸說韓厥將屍體示衆，這樣就使韓厥不知道錯在哪裏。下面的民衆對統治者絕望，又使韓厥不知道自己的過失，郤克是如何來分擔非議的呢？

郤克所為並非為別人分擔非議，自不待言。一個見風使舵的小人，還要往自己臉上貼金，真可惡！

韓非子的旨意還不僅僅在於戳穿郤克為別人分擔非議的謊言，他闡明了罪不可赦、不殺

無辜的原則。這一原則，具有不朽的生命力。賞罰，是法制建設的主要內容，論功行賞，依罪量刑，無可非議。如果使無辜的人蒙受了不白之冤，法律就會失去尊嚴，民衆對統治者就會失去信任，甚至絕望，失掉民心的君主，怎麼能要求民衆爲己所用呢？

亡國之君，不是窮奢極欲，就是濫殺無辜，商紂王如此，隋煬帝也是如此，這是前車之鑑。

子犯夜泣

晉公子重耳在外流亡了十九年，於西元前六三六年返回晉國，做了晉文公。

返國途中，走到黃河邊，重耳命令將流亡時用過的食物用具、睡覺用具統統扔掉，叫那些手磨出老繭和臉曬黑了的人都退到後面去。

跟隨重耳流亡的狐偃（重耳的舅父）聽說後在深夜哭泣。

重耳問：「我出逃在外二十年，現在好不容易返回晉國，您現在不感到高興，反而哭泣，意思是不想讓我返回晉國嗎？」

狐偃說：「籩豆是用來盛食物的，席蓐是用來睡覺的，而您把它們扔了；手腳上有老

黼，臉面黧黑的，是有功勞的人，而您卻讓他們退到後面去。現在我也有理由歸到退後的人之列，心中有說不出的哀痛，所以哭了。況且我爲您返回曾多次實行詐僞欺騙的手段，我自己都討厭自己，何況您呢？」

狐偃一拜再拜，請求告老還鄉。重耳阻止他說：「諺語說『修築土地神壇的人，撩起衣服樹立社神，穿起禮衣、戴上禮帽去祭祀它。』現在您爲我取得了國家，而不和我一起治理它，好比爲我樹立了社神，卻不和我一起祭祀它一樣，這怎麼行呢？」

重耳於是解開左邊駕車的馬沉於河底而對著河神發誓。

俗話說，狡兔死，走狗烹；飛鳥盡，良弓藏。獵犬是用來追趕獵物的，弓是用來搭箭射鳥的。一旦獵盡野獸，射光飛鳥，那獵犬和弓箭還有什麼用處呢？於是，獵犬成了獵人的下酒菜；弓箭也被丟置一邊了。君臣只能共患難，難以同歡樂。歷史上這類事屢見不鮮，漢時的韓信，爲漢高祖劉邦成就大業立下汗馬功勞，最後仍免不了「被烹」的命運；唐代的劉文靜曾佐高祖李淵密運雄圖，謀定良策；又隨太宗李世民南征北戰，智勇雙全，功高蓋世，只因發了幾句牢騷，就被告發爲謀反，最後李淵硬是砍了他的頭。還是越大夫范蠡聰明，攜著絕世美人西施，泛舟五湖，悠哉遊哉，不亦樂乎！

重耳如不聽狐偃的勸諫，昔日的功臣也難得有好下場。君主，不能好了傷疤忘了痛，烹走狗，藏良弓，萬一再出現野獸飛禽，怎麼辦呢？臣子，更要學會功成身退，何必貪戀功

名，招來殺身之禍呢？

難得糊塗

商紂王不分白天黑夜地狂飲，歡快得連日期都忘記了，問他身邊的人，都說不知道。於是派人去詢問他的叔父——太師箕子。

箕子對他身邊的人說：「作爲天下的主子和左右的人都忘記了日期，國家就危險了。所有的人都不知道而只有我知道，我也就危險了。」

箕子於是推辭說喝醉了酒而不知道日期。

箕子的聰明在於假裝糊塗。大智若愚，難得糊塗！商紂王荒淫奢侈，暴虐無度，忠臣比干就被剁成肉醬。對付這樣一個暴君，只有「難得糊塗」才能避禍全身。

齊國大夫隰斯彌也深知「難得糊塗」的奧賾。一次，他與田成子二人登台四望。三面都很豁敞，只有南面被隰斯彌家的樹擋住了。田成子也沒說什麼。

隰斯彌回到家，就叫人砍樹，剛砍了幾個口子，就不讓砍了。

隰斯彌向家臣解釋道：「古諺語說，知道深淵中有魚的人不祥。現在田成子準備發動政

變，奪取君位，我如果顯示出能夠探知他心中的奧秘，我就危險了。不砍倒樹，沒有罪過；知道人家心裏的想法，那罪過就大了。」

清代著名的「揚州八怪」之一鄭板橋有一句名言：聰明難，糊塗難，由聰明轉入糊塗更難——難得糊塗。

這裏所說的「難得糊塗」並不是渾渾噩噩是非不分。「難得糊塗」是心明如鏡，而表面上不動聲色，含而不露，甚至故意給人以愚笨的錯覺，造成一種假象。就動機而言，卻是有所區別的，箕子和隰斯彌是爲了避禍，出於無奈。東晉名士劉伶、阮籍等人，狂放不羈，每飲必醉。劉伶赤身裸體，以房屋爲褲；阮籍駕車狂奔，大哭而返，也可看作是「難得糊塗」之舉。

宋代的呂端，受嘉獎而不得意，遇挫折而不灰心。宋太宗想任命他爲宰相，有人反對，說呂端糊塗。太宗說：「呂端小事糊塗，大事不糊塗。」終於下決心任他爲宰相。

晉宣帝司馬懿，老奸巨滑。他得知曹爽、何晏等人圖謀篡位，便假裝病入膏肓，當曹爽的死黨，素有「雅有才智」的李勝將赴荊州任職，來拜望司馬懿時，司馬懿的出色表演竟使李勝深信不疑。曹爽等人便失去了對司馬懿的警惕和戒備。後待時機成熟，司馬懿便將他們一網打盡。

東吳大都督周瑜自作聰明，企圖用「假虞伐虢」之計討回荊州，不料諸葛亮計高一籌，

將計就計，使周瑜無功而還，險些丟了性命。

生活在碌碌塵世，總是有些不公平的事，總會有不如意的時候。不識時務不行，看到社會的陰暗面就兩眼發黑，牢騷滿腹，怨天尤人，也是無濟於事的。有時候，不妨「糊塗」一些，何必過分計較事非曲直、榮辱得失呢？當然，我們生活在塵世上，不可能不食人間煙火，不可能對一切淡泊無所起，但最好的方式還是量力而行，順其自然，做一個聰明的糊塗人。

五、前車之鑑

前事不忘，後事之師。

齊桓公死無葬身之地；楚靈王餓死乾溪之上；智伯瑤身死國分；宋襄公仁義卻被仁義誤，戰敗身亡；韓宣惠王企圖依靠楚兵解宜陽之圍，結果城爲秦軍所破，貽笑諸侯；曹共公對流亡的晉公子無禮，曹國終被晉國所滅……悲劇，都是君主自己釀成的。

憂勞興國，逸豫亡身。齊景公渤海之遊差點誤國；戎王被秦穆公送去的歌伎舞女迷住了，千里沃野拱手送給秦穆公；晉平公沉湎於音樂不理政事，晉國一天天衰弱下去。

君主要以治國爲首務，廣納忠言，勵精圖治，否則，就可能國滅身亡，到那時，後悔已經來不及了。

齊桓公的悲劇

齊桓公在管仲的輔佐下，多次會合諸侯，聲震天下，成爲春秋五霸之首。

管仲年事已高，病倒在家。齊桓公去探視他，擔心地問：「您現在病倒在家，如果不幸一病不起，國家政事託付給誰呢？」

管仲說：「我已經老了，再也不能爲您出謀劃策了。我聽說，了解臣子莫過於君主，了解兒子莫過於父親，您試著按照自己的想法來決定吧。」

齊桓公問：「鮑叔牙怎麼樣？」

管仲說：「不行。鮑叔牙爲人剛強任性，兇悍無比。剛強就會用粗暴的態度騷擾民衆，任性就得不到民衆的擁護，兇悍就不能使臣民爲他所用。更何況他肆無忌憚，怎能輔佐霸主呢？」

齊桓公又問：「那豎刁如何呢？」

管仲說：「不行。人之常情沒有不愛惜身體的，他知道您喜愛宮妃，他就自動閹割爲您管理內宮，連自己的身體都不愛惜，怎麼愛國君呢？」

齊桓公再問：「衛公子開方可以嗎？」

管仲說：「不行。齊、衛之間，不過十天的路程，開方為了討取您的寵信，十五年沒有去看望父母，這也不合人情。連自己的父母都不親近，怎能親近君王呢？」

齊桓公問到易牙，管仲仍說不行：「易牙為您主管伙食，您只說沒有吃過人肉，他就把兒子的頭蒸熟了給您吃。誰不愛自己的兒子呢？一個連自己的兒子都不愛的人，怎能愛國君呢？」

齊桓公最後問：「那你說誰能擔此重任呢？」

管仲說：「隰朋可以。他為人內心堅貞，行為廉正，誠實無私。內心堅貞，堪為表率；行為廉正，可以擔大任；公正無私，可以統治民眾；誠信無欺，可以親善鄰國。這才是霸主的有力輔佐，您可以任他為相。」

齊桓公說：「好。」

一年後，管仲死了，齊桓公不任用隰朋而任用豎刁。三年後，趁齊桓公南遊堂阜時，豎刁與易牙、衛公子開方等人乘機作亂，堵塞宮門，桓公又渴又餓而死。死後三個月沒有收葬，屍體上的蛆蟲爬出門外。

一代霸主，曾經叱吒風雲，橫行天下，最後卻被奸臣所殺，為天下所恥笑。這都是不聽管仲忠告的過錯。

齊桓公喝了一杯自己釀製的毒酒。不聽忠臣的意見，奸臣就肆意橫行。有了挾持君王的奸臣，君主的命令無法下達，群臣的意見也不能上達。久而久之，君臣之間處於一種疏遠甚至隔離的狀態，那君主如何能了解國家的禍福安危？另一方面，奸臣當道，勢必使忠臣遭殃。敢於犯顏直諫者，罷官遭戮後，人人自危，明哲保身，就成爲一種明智的退守策略。如此，國家的安全、君主的地位就危如累卵了。

唐哀帝時宰相朱全忠譖殺大臣裴樞等七人，投諸黃河，國由此而滅；明末宦官專權，政治腐敗，民聲鼎沸，崇禎殺了魏忠賢仍無力回天，落得個自縊荒山的結局。這不是齊桓公悲劇的重演嗎？

三家分晉

晉原有智伯瑤、趙、韓、魏、范、中行六家。晉卿智伯瑤率趙、韓、魏三家滅了范、中行二家，剩下四家。

數年休整後，智伯瑤向韓請求割地，韓康子不想給。家臣段規進諫道：「不可不給。智伯瑤的爲人，好利傲慢，他來請求割地而你不給，他必然攻打韓國。君主不如給他土地，給

他土地，他就會如法炮製，又向別國要求土地，別國如不聽從，智伯瑤就會對它用兵，這樣韓國就可以避免禍患而等待事情的變化。」

韓康子就同意了，派使者贈送一個有萬戶人家的縣給智伯瑤。

智伯瑤大爲高興，又向魏請求割地，魏宣子無奈，也送給他一個萬戶人家的縣。

智伯瑤還不滿足，又向趙請求割讓蔡、皋狼二地，趙襄子不給，智伯瑤於是秘密約請韓、魏二家討伐趙國。

趙襄子在家臣張孟談的建議下，遷居到晉陽，在那裏修繕城郭，聚集糧草，準備兵器。隨後，張孟談秘密出訪韓、魏，對其國君說：「我聽說唇亡齒寒，現在智伯瑤率二位國君討伐趙國，趙國必然滅亡，趙被滅後，韓、魏也將爲智伯瑤所滅。」

韓、魏國君深知其理，他們都知道智伯瑤粗暴而少仁愛，擔心事情敗露。

張孟談說：「計謀出自二位國君之口，只有我聽到，其他人不會知道。」

二君於是與張孟談約定，三家軍隊共同反對智伯瑤，約定了舉事日期。夜裏派張孟談到晉陽，報告趙襄子韓、魏兩家反對智伯瑤的事。

趙襄子迎接張孟談歸來，一拜再拜，既喜且驚。

韓、魏二君送走張孟談後就去朝見智伯瑤，在軍營門口，遇到智伯瑤的族人——晉大夫智過。智過對他們神色反常感到奇怪，於是，報告給智伯瑤：「他們行爲傲慢，意氣高揚，

不像平時的樣子，您不如先動手吧。」

智伯瑤不信：「我們已約好共同破趙，三分趙地。現在軍隊駐紮在晉陽已經三年了，遲早要將城攻下，取得利益，怎麼會有其他打算呢？一定不會這樣。」

第二天朝見時，智過發現韓、魏二君看見他有些不自在，斷定有變，請求智伯瑤趕快下手，殺掉韓、魏二君。智伯瑤還是不聽，又說：「趙宣子的謀臣趙葭，韓康子的謀臣段規，他們都能讓他們的君主改變主意。您應當與二君約定，破趙後，可分封給趙葭、段規各一萬戶之縣，這樣二君就不會改變主意了。」

智伯瑤說：「破趙而三分土地，又要分封給趙葭、段規各一萬戶之縣，那我所得的土地就更少了，不能這樣做。」

智過知道再說已沒用了，就離開了智伯瑤，將他的家族改姓輔氏。

到了約定的舉事之期，趙軍發動夜襲，殺死守堤之吏，掘開河堤，用水灌淹智伯瑤的軍隊。智伯瑤的軍隊救水大亂，韓、魏軍隊乘機從兩翼包抄，趙襄子率領士卒衝殺在前，大敗智伯瑤的軍隊並生擒智伯瑤。

智伯瑤身死軍破，國土被三家瓜分，被天下人恥笑。

智伯瑤的悲劇一在貪。索地韓、魏，得到兩個萬戶大縣還不滿足，還對趙虎視眈眈。終於激起趙的義憤，這才上演了三家分晉的活劇。二在愎。智過已發現韓、魏之君的反叛，一

諫再諫，智伯瑤剛愎自用，這才落得國破身亡的下場。三在好利，智過曾建議向韓、魏許諾封賞趙葭、段規，智伯瑤以自己滅趙後得地少為由加以拒絕。於是，自掘墳墓，貽笑後世。

君主須戒貪、戒愎、輕利。

楚靈王之死

楚靈王在申地集會諸侯。

宋國太子遲到了，楚靈王命人將他抓住囚禁起來；又肆意侮辱徐國的國君；拘禁齊國的卿大夫慶封。

楚靈王的宮中侍衛進諫道：「集合諸侯，不可無禮，這是國家存亡的關鍵。過去桀在有戎會合諸侯而有緡背叛，紂在黎丘檢閱諸侯而戎、狄背叛，都是他們的無禮引起的。君主要好好考慮。」

楚靈王不聽勸阻，還是按照自己的意思去做。

過了不到一年，楚靈王南遊，群臣將他劫持了。靈王於是餓死在乾溪之上。

所以說，行為乖僻，自以為是，對諸侯沒有禮貌，那就有可能喪身。

禮義在一國的外交政策中，佔有相當大的比重。鄰邦親善，互通友好往來，有利於國家安定和發展。與諸侯結怨，與他國爲敵，難免成爲衆矢之的，國家命運和君主地位就如履薄冰，時時有被顛覆動搖的危機。

唐代的開邊政策，不僅破壞農業生產，給人民帶來災難，還有一個嚴重惡果，就是播下了民族間互相仇恨的種子。杜甫在《前出塞》中寫道：「君已富土境，開邊一何多？」（其一）「殺人亦有限，列國自有疆。苟能制侵陵，豈在多殺傷。」（其六）天寶八年（西元七四九年），哥舒翰西屠石堡城，就傷害了民族感情，使本來友好和睦的吐蕃在安史之亂後頻繁入侵。直到唐德宗建中三年（西元七八二年），大唐與吐蕃在清水（今延河）西歃血盟誓，才化干戈爲玉帛，邊定民安。這樣既增進了漢蕃之間的友誼，加強了友好交流，也穩定了大唐的政局，加速了吐蕃的文明進程。

藺相如隨趙王與秦會於澠池，面對強秦的威勢，藺相如威武不屈，大智大勇，使秦國不敢輕舉妄動。

五十年前，德、義、日法西斯發動侵略戰爭，在世界人民的聯合抗擊下，以徹底失敗而告終。

不可無禮，古今皆然，值得治國者深思。

蠢豬式的仁義

宋襄公與楚軍交戰於泓谷。

宋軍已擺好陣勢，楚軍還沒有完全過河。

右司馬購強快步走過去向宋襄公建議：「楚軍人多而宋軍人少，在楚軍渡河到一半還沒來得及列陣時襲擊他們，一定能將他們打敗。」

宋襄公不聽，說：「我曾聽君子說，不要再傷害已經受了傷的人，不俘虜年老的人，不把人推向危險的境地，不進攻沒有擺成陣勢的軍隊，現在楚軍沒有完全過河就去攻打，是傷害義理的。等楚國人全部過了河，布好陣勢，然後再擊鼓進軍吧。」

右司馬說：「您不愛惜宋國的民眾，不顧及國家的根本，只不過是為了表明自己講仁義罷了。」

宋襄公命令右司馬回到佇列中去，不然按軍法論處。

等右司馬返回佇列，楚軍已全部渡過河，嚴陣以待了。

宋襄公擊鼓進軍，由於寡不敵眾，宋軍大敗，宋襄公傷了大腿，三天就死了。

仁義千金，仁義走遍天下，這似乎是常理，宋襄公卻因講仁義導致戰敗身亡。兩軍對壘，你死我活，對敵人怎麼能講仁慈呢？

農夫可憐在風雪嚴寒中凍僵的毒蛇，撿起來揣在懷裏，甦醒後的毒蛇還是咬死了農夫。迂腐的東郭先生在老農的幫助下，設計將狼打死，才免遭被吃的厄運。

對敵人講仁義，終究會養虎爲患，貽害無窮。君主對敵人講仁義，是國家禍患的開始。老虎，牠總是要吃人的，這是牠的本性，遇到老虎，只有兩種選擇，要不被老虎吃掉，就是將老虎打死。景陽崗上的武松選擇了後者，而宋襄公卻選擇了前者。

宜陽之圍

秦國攻打韓國的宜陽，韓國形勢十分危急。

韓相公仲朋對韓宣惠王說：「楚國不可靠，還不如透過張儀去和秦國講和！用一座名城去賄賂秦國而和秦國一道南伐楚國，這樣就解了韓國之危而將禍害轉嫁給楚國了。」

韓宣惠王說：「好吧。」於是命令公仲朋出使，將到西邊去和秦國講和。

楚懷王聽說後，十分害怕，召來謀臣陳軫問計。

陳軫說：「秦國得到韓國的一座名城，驅使它的精銳部隊，和韓國聯手攻打楚國，這正是秦王在宗廟祭祀時所祈求的，它必然會成爲楚國的禍害。大王您趕快派遣可靠的使臣，多帶些車輛，載上厚禮，用以奉獻給韓國，說：敝國雖小，士卒都已發動起來了，希望貴國向秦國表明你們不屈服的意圖。爲此希望貴國使者到我們國境內來視察楚國動員起來的士卒。」

韓宣惠王派人去楚國，楚懷王帶人在夏路迎接，對韓國使者說：「請報告韓君，說楚軍就要進入韓國境內了。」

使者報告韓宣惠王，韓宣惠王非常高興，命令公仲朋停止與秦國講和。

公仲朋說：「不能這樣。秦國是實實在在的災害，而楚國，只是在口頭上表示救援我們。聽信楚王的空言而輕視強大秦國的實際災禍，是危害國家的根本所在。」

韓宣惠王不聽，公仲朋心灰意冷，十天不上朝。

宜陽的形勢愈來愈危急。

韓宣惠王命令使者到楚國催促救兵，使者去了一個又一個，但楚兵終於沒來。

宜陽城果然被秦軍攻破，韓宣惠王也落得個被諸侯恥笑的結局。

兵臨城下，形勢危急之時，公仲朋的賂秦求和之策，也不能叫上策，倘若秦出爾反爾怎麼辦呢？那不是賠了夫人又折兵嗎？楚國求自保，賂韓而騙韓，出策既下，又不講信用，不足爲道。

君主治國貴能審時度勢，富國強兵，從自己國家做起，依靠外援只能是畫餅充饑。治國還必須量力而行，從本國的實際出發，既不能好高騖遠，也不能保守落後。權衡利弊，知己知彼才能興國安邦，克敵制勝。

國小無禮，斷子絶孫

從前，晉公子重耳逃亡國外，路過曹國時，曹共公趁重耳脫去上衣時偷看他的畸形肋骨。曹國大夫僖負羈和叔瞻都在旁。

叔瞻對曹共公說：「我看晉公子不是平常人，您對他沒有禮貌，他如有機會回國立爲君主而發兵，那就會成爲曹國的禍害。您不如殺了他。」

曹共公不聽。僖負羈回到家中悶悶不樂，他妻子問他爲什麼不樂。

僖負羈答道：「我聽說，有福輪不到，有禍就要連累到我。今天曹君召見晉公子重耳，待他不禮貌，我也在場，所以不愉快。」

他妻子說：「我看晉公子是大國君主，他的左右侍從是大國卿相。他現在困窘逃亡，路過曹國，曹國對他沒有禮貌。如果他返回自己的國家，必然要懲罰對他無禮的人，曹國就是

第一個。您爲什麼不先把自己和曹君區別開來呢？」

僖負羈聽從了妻子的建議，用壺盛著黃金，裝滿飯食，用璧蓋上，晚上派人送給晉公子。

晉公子見到使者，再次拜謝，收下了飯食，將璧退還。

晉公子從曹國來到楚國，又從楚國來到秦國，在秦國住了三年。一天，秦穆公召集群臣計議說：「從前，晉獻公與我交情很深，諸侯沒有不知道的。晉獻公不幸死去已有十年了。他繼位的兒子不好，我恐怕這樣要使晉國的宗廟得不到灑掃，社稷得不到祭祀啊。我想輔助重耳回到晉國，你們看如何？」

群臣都同意。秦穆公於是率領重兵輔助晉公子回國，並立爲晉國國君。

重耳即位三年後，率兵伐曹。派人告訴曹共公說：「把叔瞻從城上吊下來，我準備殺掉他，並陳屍示衆。」又派人告訴僖負羈說：「大軍迫城，我知道您不會反對我，請在您住的門上作上標記，我好命令軍隊不去侵擾。」

曹國人聽到後，率領他們的親屬來到僖負羈的居住地，請求保護，共有七百餘家。這就是禮的作用啊。

曹國是一個弱小的國家，被困在晉、楚之間，它的國君危如累卵，卻無禮待人，所以導致斷子絕孫。

任何時候，多一個朋友總比多一個敵人好，你待人無禮，別人就會記恨在心，一旦有機會報復，那你的日子就不會好過。這是常理，對於治理國家的君主是不能忽視的。

齊國人夷射陪齊王喝酒，大醉而出。

受過刖刑的看門人說：「你能把喝剩的酒給我喝嗎？」

夷射罵道：「滾開，你這個賤人。」

看門人懷恨在心，就往門口潑了些水，像尿一樣。

次日齊王出門，問是誰尿的。

看門人說是夷射，齊王就把夷射給斬了。

由小及大，由此及彼，君主當深知無禮帶來的後果。

莫遠遊

齊景公遠遊到渤海之上，快活無比。號令各大夫：「誰說回去就處死。」

大夫顏涿聚說：「您在渤海遊玩得很快樂，如果臣子中有圖謀奪取國家政權的怎麼辦呢？您現在雖然快樂，但以後怎能再這樣呢？」

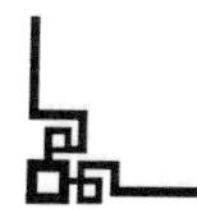

齊景公說：「我已經說過誰說回去就處死誰，現在你違犯了我的命令。」拿起戈準備殺顏涿聚。

顏涿聚說：「從前桀殺了關龍逢，紂殺了比干，您現在即使把我殺死，把我和關龍逢、比干湊成三個也是可以的。我進言是爲了國家，而不是爲了自身。」於是伸出脖子走向前去，說：「您殺吧。」

齊景公便放下戈，催促駕車的人趕快駕車回宮。

過了三天以後，就聽到國都內有人圖謀不讓齊景公回來。

齊景公避免了一場內亂，多虧了顏涿聚及時提醒。

離開朝廷遠遊，又不聽諫臣的勸告，那是危害自身的做法。

嘉山秀水，茂林修竹，清風明月，自有一番情趣；登高望遠，蕩槳浮舟，更是人生樂事。遠遊，可以陶冶情操，開拓視野，增長知識。古代文人「讀萬卷書，行萬里路」，道理就在這裏。

如果僅僅流連於山水之間，樂不思蜀，那遠遊就失去了意義，是純粹的享樂主義，是不可取的。

遠遊應具有一定的目的性。

明代醫學家李時珍參考歷代醫學文獻八百餘種，踏遍祖國山山水水，歷經艱辛，遍採百

草，編成藥物巨著《本草綱目》。

地理學家徐霞客從二十二歲起開始漫遊，他跋山涉水，足跡遍布十六個省，寫成了遊記地理學名著《徐霞客遊記》。

李時珍、徐霞客遠遊是爲了追求他們神聖的事業。

君主遠遊，應該適可而止，不能陶醉其中，樂而忘返。君主的職責、本分是治理國家，朝廷是他應該堅守的崗位，擅離職守，離都遠遊，倘若國家有變，已是鞭長莫及。到頭來江山易主，那山水之樂就導致了滅頂之災。

女樂亡國

女樂，就是女色、歌舞。

沉溺於女色、陶醉於歌舞而不理朝政，就會導致亡國之禍。

戎王派遣由餘訪問秦國。秦穆公問他：「我曾經聽說過治國之道，但沒有親眼看到，請你給我講講古代君主得到國家和失去國家常常是因爲什麼。」

由餘回答：「我聽說節儉得國，奢侈失國。」

穆公說：「我謙虛誠懇地向你請教治國之道，你爲什麼用節儉來回答我呢？」

由餘說：「我聽說堯擁有天下，用瓦鉢吃飯，用瓦罐喝水，國家的土地南到交趾，北到幽都，東西到日出日落的地方，沒有不臣服的。堯禪讓天下，虞舜接受它時，所做的食物器皿，都是山上砍的樹木製成的，製成後再將痕跡磨掉，在上面塗上墨和漆，諸侯以爲奢侈了，不服從的諸侯國有十三個。舜將天下禪讓給禹，祭器上除染墨外，還用紅色描畫，絲帛做成墊褥，用蔣草做蓆子，上面飾有斜紋的邊緣，勺子和酒器上都用花紋裝飾，因此更加奢侈起來，不服從的諸侯國有三十三個。殷商時，天子乘坐的車子上飾有九條飄帶，食器、酒具上有精雕細刻的圖案花紋，牆壁台階都是白色，墊褥和蓆子上有美麗的花紋，這就更加奢侈起來，不服的諸侯國多到五十三個。在上位的人都注意彩飾的華美，而願意服從他的國家就更少了。所以說節儉是治國的原則。」

由餘走後，秦穆公連忙召來內史廖，對他說：「我聽說鄰國有傑出的人才是敵國的憂患。由餘是奇才，我很擔心他，如何是好？」

內史廖說：「我聽說戎王居住的地方偏僻荒陋，與中原道路遙遠，一定沒有聽過我們這些地方的音樂，不如送給他能歌善舞的美女，擾亂他們的朝政，請由餘延長回國的時間，讓他們君臣不和，然後再作打算。」

於是，秦穆公派內史廖將十六個女樂送給戎王，又爲由餘延長了出訪時間。

戎王答應了，看到如花似玉、千嬌百媚的舞女，高興極了，經常設帳飲酒，聽樂觀舞，樂此不疲。一年不遷居，牛馬缺少水草，死去一半。

由餘歸國後，力諫戎王，戎王不聽，由餘便離戎投秦。秦穆王親自迎接他，並拜他為上卿，向他詢問戎的兵力情況和地理形勢，然後舉兵伐戎，先後吞併了十二個諸侯國，開闢方圓千里的疆土。

歌伎舞女、伶人樂工置之宮中，閒暇時以為娛樂，並無大礙。如沉溺其中，則禍患無窮。後唐莊宗李存勖不忘雪家國之仇，每次出征都背負他父親晉王臨終時交給他的三枝箭，一馬當先，終於殺掉仇人，大功告成。其後縱情聲色，寵信伶人、宦官，一夜之間，被數十個伶人圍困，身死國滅。

歐陽修在《五代史伶官傳序》中告誡為政者：「憂勞可以使國家興盛，安逸享樂能導致自身滅亡」，這是自然之理，卻關係國家盛衰興亡。

好音窮身

衛靈公要到晉國去，行至濮水之上，天色已晚，於是卸車放馬，設帳宿營。夜半時分，

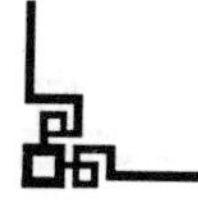

聽到彈奏新的樂調大為高興，派人問左右的人，都說沒聽到。

於是衛靈公把樂官師涓召來告訴他說：「我聽到有人在彈奏新的樂調，問左右的人，都說不曾聽到。音調好像出自鬼神，你替我聽著將它錄寫下來。」

師涓說：「好吧。」於是靜坐傾聽，彈琴錄寫。

第二天師涓報告衛靈公：「我已經把它錄寫下來了，但還不是太熟悉，請在這裏再過一夜熟悉它。」

衛靈公同意了，就再住了一夜，師涓已熟悉了新調。於是啟程往晉國去。

來到晉國，晉平公在施夷台上設酒款待衛靈公一行。酒喝得正暢快的時候，衛靈公站起來，說：「我正得了一首新樂調，希望奏給大家聽聽。」

晉平公說：「好啊！」

衛靈公召來師涓，讓他坐在晉平公的樂師師曠的旁邊，師涓就拿起琴彈奏起來。調子還未奏完，師曠按住琴弦不讓奏下去，說：「這是亡國的曲調，不能奏完它。」

晉平公說：「這首曲調是從哪裏來的？」

師曠說：「這是商紂王的樂師師延所作，是彈奏給紂王的荒淫頹廢的音樂。武王伐紂時，師延向東而逃，投濮水自盡了。所以，聽到這樂曲的必定在濮水之上。先聽到這曲子的，他的國家就必衰敗，不能聽下去了。」

晉平公說：「我所愛好的正是音樂，讓他奏下去吧。」

師涓繼續彈奏下去。

晉平公問：「這是什麼樂調？」

師曠說：「這是清商曲調。」

晉平公問：「清商樂調是最動聽的嗎？」

師曠說：「不如清徵。」

晉平公問：「能聽聽清徵樂調嗎？」

師曠說：「不行。古代聽清徵樂調的，都是有德義的君主。而今我們的君主德義薄淺，不能聽。」

晉平公說：「我所喜歡的是音樂，想試聽一下。」

師曠不得已，拿起琴彈奏起來。

開始彈奏，就有十六隻黑鶴從南方飛來，落在遊廊的門頂。再彈奏，黑鶴排成佇列。第三次彈奏，黑鶴伸頸鳴叫，張開雙翅舞蹈，音樂中的宮商之調，響徹雲天。

晉平公大喜，在座的人也大喜。晉平公提著酒觴爲師曠斟酒祝賀，返回座位上，問道：「清徵是最動聽的音樂嗎？」

師曠說：「不如清角。」

晉平公說：「能聽聽清角嗎？」

師曠說：「不行。過去黃帝會合鬼神在泰山之上，駕著用象牙裝飾的車而且用六條蛟龍拉它，木神畢方站在車轄的兩旁，蚩尤在前面開路，風神一路掃除塵埃，雨神清灑道路，虎狼在前，鬼神在後，飛蛇匍匐於地，鳳凰在上面飛翔，鬼神大合，於是作清角之音。現在我國君主德義淺薄，不能聽。如果聽了，可能會敗國。」

晉平公說：「我已經老了，所喜歡的是音樂，想聽一聽。」

師曠不得已就彈奏起來。開始彈奏，有黑雲從西北方向升起；再奏時，大風刮起，大雨旋至，帳幕吹裂，食器破碎，廊瓦墜地。坐著的人都四處逃散，晉平公驚恐萬狀，伏在屋廓之間。

不久，晉國大旱，三年寸草不生，晉平公也得了癱瘓病。

這段故事固不足信，愛好音樂本身也沒有什麼過錯。韓非子旨在勸誡君主，應該全身心投入治國事業上，如果置治國而不顧，沉溺於音樂之中，那會使自身走上末路。

六、警鐘長鳴

君主如不用法術控制臣下，就會失去威勢；失去威勢的君主，就會被劫殺，其狀之慘，令人怵目驚心。

守定法制，鞏固統治，君主責無旁貸。一旦王室衰微，就會導致私欲橫流，國家就亂了套。仁厚的齊王、慈惠的魏王，都是韓非子否定的對象，丟掉法制，靠施惠於民治國，是萬萬行不通的。齊桓公五顧茅廬，齊景公釋車而走，並不是值得稱頌的美德。

兼聽則明，偏聽則暗。秦昭襄王虛懷納言，毅然割讓河東，放棄上黨，不爭一城一池之得失；中山國君聽信讒言，誤把魯丹當間諜，君昏國弱，不能自保。

警鐘長鳴，爲的是造就聖主明君，爲的是國家長治久安。

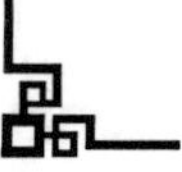

怵目驚心

君主被劫殺的情形是很慘的。

據《春秋》記載：

楚共王的兒子圍到鄭國進行國事訪問，還未走出國境，就聽說楚王病了，他於是急忙返回宮中，在探問楚王的病情時，乘機用帽帶絞死楚王，自立爲王，即楚靈王。

齊國大夫崔杼的妻子很漂亮，齊莊公便與她通姦，多次來到崔杼的家裏。等到齊莊公再次來崔杼家中時，崔杼的家臣賈舉帶領衆家臣圍攻齊莊公。齊莊公跑進內室，請求和崔杼分國，崔杼不同意；齊莊公請求在宗廟自殺，崔杼仍然不同意；齊莊公只好逃跑，想翻越北牆。賈舉抽箭射去，射中齊莊公的大腿，齊莊公從牆上墜落下來，家臣們圍上來將齊莊公用亂刀砍死，崔杼於是立齊莊公的弟弟景公爲君。

韓非子還搜集了類似的例子：

趙武靈王傳位給他的小兒子何，自稱主父。趙國大臣李兌幫助趙惠文王（何）與趙武靈王的長子章爭奪君位，與公子成合謀，圍困趙武靈王於沙丘宮達三個月之久，把他活活餓

死。

西元前二八四年，燕、秦等五國聯合攻齊，楚國派大將淖齒出兵救齊，做了齊驪王的相。後來，燕破齊，驪王逃往莒。淖齒想和燕國共同瓜分齊國，於是抽了齊驪王的筋，將他吊在廟樑之上，隔夜才死。

諺語曾說：生痲瘋病的憐憫做君主的。痲瘋病人雖然也痛苦不堪，但是被劫殺而死亡的君主，其內心的憂懼、肉體上的痛苦，必定超過了痲瘋病患者。

爲什麼有的君主會被絞死、射傷、餓死、抽筋？

原因在於君主沒有用法術來駕馭他的臣下，即使年齡高，資質高，大臣仍將得到權勢而擅自處理和決斷事情。奸臣們唯恐君主的親屬和豪傑之士藉君主的力量來約束和誅罰自己，因而殺掉賢良成年的君主而立幼小懦弱的君主，廢黜嫡子正宗而立不該繼位的人。這樣君主就可以牢牢地控制在自己手中，自己便可以爲所欲爲了。

君主要成就霸業，就必須掌握法術，實行重刑嚴誅。這好比有了堅車良馬，就可以克服山坡險要的障礙；憑藉船的安穩和槳的作用，就可以橫渡江河。治國同理，法術是堅車良馬，是船槳。

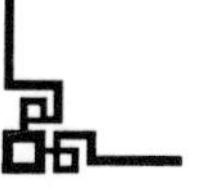

公室豈可衰微

公室（王室）勢力衰微，直言讜論的忠臣就難有容身之地。

公室衰弱之日，就是謀私利者猖獗之時。

子產是子國（鄭卿大夫）的兒子。子產忠於鄭國國君，子國責罵他道：「只有你不同於一般臣子而忠於君主。君主如果賢明，會聽從你的直言；如果不賢明，就不會聽從你的直言。聽與不聽，還不知道，但你的行爲已經與群臣格格不入了，這樣，不僅會危及自身，還會危及你的父親。」

其實，子國並非遠禍全身、貪生怕死之輩。在群臣都明哲保身的情況下，子產的忠言直諫能起什麼作用呢？只有可能招致殺身之禍。子國身爲鄭國卿大夫，深知官場險惡，以自己的切身體驗告誡其子，不是沒有道理的。

梁車剛做了鄴縣令，他的姐姐就去看他，到的時候天色已晚，城門關閉了。他姐姐思弟心切，就翻越外城進來了，梁車按照當時的法律砍斷了他姐姐的腳。

趙成侯認爲梁車不仁慈，收繳了梁車的官印將他免職了。

就常理而言，為了翻牆而入便砍了姐姐的腳，未免太不近人情，但梁車作為鄴縣令，按法處罰自己的姐姐，行法不避親貴，正是值得推崇褒揚的行為，而趙成侯卻因此而奪其印，免其職，那有誰還願意依法辦事呢？以人情代替法律，憑什麼保境安民？

臣子都一心為個人打算，哪管國運盛衰，百姓憂樂，君主形同虛設，國家名存實亡，這都是公室衰弱的必然結果。

秦昭襄王任用魏國人范睢為相，所做的工作就是「強公室，杜私門」。當時，秦昭襄王母宣太后的兩個弟弟穰侯和華陽君獨攬朝政，秦國的政權實際上被這個外戚集團所控制。秦昭襄王聽從范睢的建議，先免去了穰侯的職，接著將華陽君趕出關外，遣回他的封地，這樣，秦昭襄王才從穰侯和華陽君手中奪回實權，加強了王室的權力，制服了豪門貴族，逐步吞併各諸侯國，奠定了秦統一中國的千秋基業。

王室豈可衰微！

齊王太仁，魏王慈惠

齊王太仁

成歡對齊王說：「您太仁厚，對人不狠心。」

齊王說：「仁厚而不狠心，不是好名聲嗎？」

成歡說：「這是臣下的善心，但不是君主所要做的。臣下一定要仁厚才能與他商討事情，對人不狠心才能與他接近；不仁慈就不能與他商討事情，對人狠心就不可與他接近。」

齊王說：「我什麼地方太仁厚？什麼地方對人不狠心？」

成歡說：「您對田嬰太仁厚，對田氏宗族太不狠心。對田嬰太仁厚，其他大臣就沒有權勢；對田氏宗族不狠心，他們就要犯法。大臣沒有權勢，對外則兵力衰弱，家族犯法，對內則政局混亂，外弱內亂，這正是亡國的根本啊。」

魏王慈惠

魏惠王對卜皮說：「你聽說我的聲望如何？」

卜皮說：「我聽說大王您慈惠。」

惠王高興地問：「那麼慈惠的效果將表現在什麼地方呢？」

卜皮說：「大王慈惠的功效將走向滅亡。」

惠王說：「慈惠，這是行善，行善而走向滅亡，是什麼道理？」

卜皮說：「仁慈的人不狠心，恩惠的人好施予。不狠心就不會殺有罪過的人，好施予就會對沒有功勞的人加以賞賜。有過失不加罪，沒有功勞受賞賜，走向滅亡不是很自然的嗎？」

成歡認爲齊王太仁會引起兵弱政亂，從而亡國，卜皮認爲魏惠王慈惠無刑濫賞，最終將走向滅亡，的爲準論。

韓非子看到了在一個人人自私自利的時代，治國興邦，愛心和仁慈都解決不了問題，而必須依靠法制。只有明確法令，在內可以消除變亂的隱患，在外免除殺身被俘的危機。仁慈，勢必看輕財貨，慈愛施惠，有罪無誅，無功得賞。「仁人」在位，天下萬民勢必無所顧忌，輕易違犯法律禁令，反正君主仁厚，是不會受到什麼處罰的，甚至還心存僥倖，儘管沒

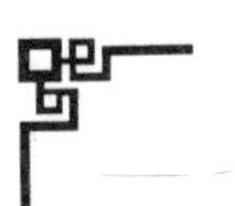

什麼功勞，而希冀得到賞賜，反正君主賞賜是沒有依據的。

賞賜施惠並不能使人民富裕，只有鼓勵他們開荒墾地、生產糧食，才能得到實際的利益；赦宥罪過只能導致更大的禍亂，只有明確法律條文，嚴格執行刑罰才能使人民受到威脅嚇阻，不去爲非作歹。

施惠於民，不是上策

齊景公與晏嬰在渤海遊玩，登上柏寢台回頭眺望齊國，驚喜地說：「太美了！多麼深廣弘大，多麼雄偉壯觀啊！後世誰能擁有如此美麗的國家？」

晏嬰對齊景公說：「田成子就有。」

齊桓公說：「明明是我擁有這麼美麗的國家，而你卻說田成子擁有，這是爲什麼？」

晏嬰說：「田成子很得齊國民眾之心。他對待民眾，對上向君主請求爵祿賜給大臣，對下私自擴大量器出貸，縮小量器收回。殺一頭牛，自己只取一豆（古代盛肉的器皿）肉，剩下的都給士人（統治階級中的下層人物）吃。一年的布匹，自己只取二制（古代布帛長度單位，一制分兩端，一端爲一點八丈，共三點六丈），剩下的都給士人穿。所以市場上的木料價

格不比山上貴，湖泊裏的魚、鹽、龜、鱉、螺、蚌的價格不比海邊的貴。君主您大量徵集財物，而田成子則更多地施予民衆。齊國曾經有特大的災荒年，餓死在道路旁的不計其數，父子相攜而投奔到田成子門下的人，沒有聽說不能活下去。所以齊國首都的人都相互用歌聲來讚美田成子。《詩經》上說：『雖然沒有恩德賜給你們，你們都高興得載歌載舞。』現在田成子的恩德使民衆既歌且舞，民心已向著他了。」

齊景公眼淚奪眶而出地說：「這不叫人太悲痛了嗎？我擁有的齊國卻被田成子佔有了，現在怎麼辦呢？」

晏嬰說：「君主您何必擔憂呢？如果您想要奪回齊國，就應當親近賢人，疏遠不賢的人，整頓混亂的局面，放寬刑罰，救濟貧窮，撫恤孤寡，施行恩惠，資助不富足的人，民衆就會歸心於您，那麼即使有十個田成子，又能把您怎麼樣呢？」

晏嬰面對齊國民心歸向田成子，建議齊景公用施惠於民的辦法爭取民心，但這只是權宜之計，不能從根本上改變齊景公的被動局面。西元前四八一年，田成子發動政變，殺死齊景公，一舉控制了齊國的政權，這是不知用勢的結果。

施惠於民，不是上策，君主應該用權勢來控制臣下。

韓非子以車馬爲喻，說明了君主用勢的重要性。他說：獵人憑藉車身的安穩，依靠六匹馬的腳力，用王良幫助駕車，那就可以毫不費力地追上野獸了。如果現在不利用車馬的便利

條件，而下車追趕野獸，即使像季樓那樣善於奔跑和跳躍，也是不可能追趕上野獸的。

國家好比君主的車，權勢好比君主的馬，不運用權勢來限制和處罰擅施仁愛的臣子，而要用一般人同樣的做法去爭取民心，這樣做，好像是不利用車馬的便利而下車跑路一樣。和野獸賽跑是很危險的，趕不上野獸是小事，被野獸傷害是大事，齊景公的教訓可見一斑。

當然，君主將權勢緊握在手是必需的，但在這前提下，如果不施惠於民，爲政以寬，失去民心，同樣也會危及國家。人民揭竿而起的時候，就意味著要改朝換代了。

五顧茅盧

禮賢下士，歷來被看作是君主的美德，韓非子不以爲然。

齊桓公時，有個沒有做官的讀書人叫小臣稷。齊桓公去了三次都沒有見到他。齊桓公說：「我聽說布衣之士不看輕爵祿，就不能輕視大國的君主；大國的君主不愛好仁義，也不能謙卑地對待布衣之士。」於是去了五次才見到他。

韓非子認爲，齊桓公不知道什麼是仁義。

所謂仁義，就是憂慮天下的禍害，奔赴國家的患難，不顧及卑賤的地位和屈辱的待遇。

所以伊尹（商國的相）認爲商國混亂，透過做廚師的途徑獻策求得成湯的任用；百里奚認爲秦國混亂，透過做俘虜的途徑獻策求得秦穆公任用。他們都是以天下禍亂爲憂，解救國家患難的人，這才叫做仁義。現在齊桓公以大國君主的勢位，謙卑地去見一個普通的讀書人，爲的是憂慮齊國的政事，而小臣稷不願出來做官，足見小臣稷忘記了民衆。忘記民衆就不能叫仁義。因此，在國境之內，拿著不同的鳥獸朝見君主的，叫臣子；臣子的下屬官吏按不同職務掌管政事的，叫做萌。現在小臣稷是沒有職事的讀書人，而忤逆君主的旨意，所以不能叫做仁義。小臣稷根本無仁義可言，而齊桓公卻禮待他。如果小臣稷有智慧才能而躲避齊桓公，這是隱匿起來不爲君主辦事，應該對他施以刑罰；如果小臣稷沒有智慧才能而以弄虛作假、驕傲自大，在齊桓公面前逞能，這是欺騙，應該把他殺掉。小臣稷的行爲不是該罰，就是該殺。齊桓公不能擺正君臣關係而去敬重該罰該殺的人，這是用輕視和侮慢君主的壞風氣來教化齊國，是不能用來作爲治國之道的。所以說，齊桓公不懂得仁義。

韓非子陳述了自己的觀點：齊桓公五次去見一個普通讀書人，有失君主至尊的身分；像小臣稷這樣的讀書人，對君主傲慢無禮，該罰該殺，不能爲君主效力，就不能稱作仁義，是無用於國的人，留著他做什麼？其實，以歷史發展的眼光來看，齊桓公禮待布衣之士未嘗不值得推崇。另外，爲民爲官，人各有志。對功名，有人汲汲以求，有人避之唯恐不及，怎能強求？

釋車而走

齊景公在渤海邊遊玩，驛使從國都飛馬趕來報告齊景公說：「丞相晏嬰病得厲害，快要死了，回去遲了，您恐怕趕不上見他了。」

齊景公立刻站起身來，又一名驛使趕到，齊景公說：「趕快去把良馬煩且拉的車套好，讓韓樞（駕馭馬車的能手）爲我駕車。」

剛走到幾百步，齊景公認爲韓樞駕得不快，奪過韁繩代替他駕車子。大約跑了幾百步遠，又認爲馬跑得不夠快，於是就將車馬全部捨棄而下車奔跑。

憑煩且這樣的好馬和韓樞高超的駕馭本領，而齊景公仍認爲不如自己下車跑得快。君主爲了能和愛臣見上最後一面，竟不相信良馬和駕車能手，而棄車奔跑，心情之急切是可以理解的，殊不知，無論你跑得多快，總比不過馬車的速度，何況是良馬高手呢？

韓非子的本義在於：君臣的名分是明確的，是嚴格的，臣下應該爲君主眞心實意地效力，但君主不應該做下面的人該做的事，他甚至認爲齊景公是愚蠢的。爲此，韓非子還講了一個類似的故事：

魏昭王想親自參與管理國家的事務，便對孟嘗君說：「我想參與管理國家事務。」孟嘗君說：「大王想參與管理國家事務，那麼為什麼不試著讀些官府的法令呢？」魏昭王只讀了十餘片簡就開始打瞌睡了。他說：「我不能讀這些法令。」

君主不親自掌握權勢，而想做臣子所應當做的事，打瞌睡不也是很自然嗎？君主和臣下應該各司其職，臣下不能越俎代庖，做君主該做的事；君主更不能紆尊降貴去做臣下該做的事。

韓非子其實把君臣關係過於絕對化了，君主的地位、權勢都是無人能比的，絕對的至尊，絕對的權威。臣子只能死心塌地為君主賣命，絕對不能擁有什麼權勢；君臣之間永遠是上下貴賤關係，是利益使他們結合在一起的，沒有也不允許有任何親情關係。在韓非子的腦海裏，只有法，而且是嚴刑峻法，沒有禮賢下士這一條，或許，君臣同榻、三顧茅廬都是愚不可及的。在當時的歷史條件下，韓非子對君臣關係的詮釋，是有其進步意義的，但今天看來，其局限性也是很明顯的。

議割河東，謀弛上黨

議割河東

韓、魏、齊三國的軍隊集結在韓國，正準備聯合進攻秦國。秦昭襄王對樓緩說：「韓、魏、齊三國的軍隊即將深入秦國，我想割讓河東與他們講和，怎麼樣？」

樓緩說：「割讓河東，是很大的損失；使國家免受禍患，是很大的功勞。這種大事應該由宗族老臣來決定，大王為什麼不召公子汜來徵詢意見呢？」

昭襄王召來公子汜，告知他割讓河東的事。公子汜說：「講和是後悔，不講和也是後悔。大王假如割讓河東而講和，三國的軍隊回去了，您一定會說：『三國的軍隊本來是要回去的，我白白地將河東三城送給了他們。』不講和，三國軍隊集結韓國，國家一定要大規模發兵，大王一定會大為後悔。說：『不如獻出三城。』我所以說，大王講和也後悔，不講和也後悔。」

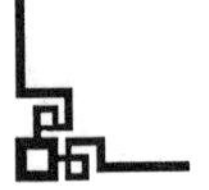

昭襄王說：「如我後悔的話，寧願丟失三城而後悔，不能使國家遭受危亡而後悔。我決定講和了。」

謀弛上黨

范雎對秦昭襄王說：「大王已得宛、葉、蘭田、陽夏，切斷河內，圍困魏國、韓國，之所以還未稱王於天下，是因為趙國不臣服。放棄上黨不過一個郡就是了，用兵逼近東陽，邯鄲就好像口中的蝨子一樣。大王不費氣力就能使天下來朝拜，拖延到最後才來朝拜的國家就用兵擊敗它。可是上黨是個安樂之鄉，它的地位很重要，我擔心勸您放棄上黨您不聽取，怎麼辦呢？」

昭襄王說：「我決定放棄上黨，把目標移向東陽。」

議割河東和謀弛上黨，都直接關係到秦國的生死存亡。在關鍵時刻，秦昭襄王聽取了公子汜和范雎的意見。割讓河東，是在三國大兵壓境的情況下最有效的退兵之策和應急措施，失一河東，使國家免遭危亡，哪一個更有利於秦國，這筆帳是很容易計算的。放棄上黨，更是范雎的高瞻遠矚之謀，上黨一郡，固然是安樂之鄉，放棄它可以臨東陽、困邯鄲進而朝天下，何樂而不為呢？

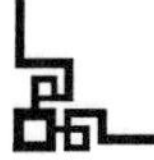

秦昭襄王能成就霸業，與他能虛懷納言是分不開的。

偏聽則暗

魯丹曾多次游說中山國君，但他的意見一直沒有被採納，他於是把五十金散發給國君的近侍。

魯丹又去見中山國君，還未等開口，中山國君就設酒相待。

魯丹出來後，連住所都沒有回，就連忙離開了中山國。

魯丹的車夫問：「別人剛剛對我們好些，就要回去，這是什麼原因呢？」

魯丹說：「因爲別人的話而對我友好，也一定會因爲別人的話而加罪於我。」

魯丹還沒有走出國境，中山國的公子就中傷他說：「魯丹是爲趙國偵探中山國的。」

中山國君於是就下令搜捕魯丹加以治罪。

魯丹是明智的，因爲給了中山國君近侍五十金，近侍於是在君王面前替魯丹說好話，中山國君也因此而禮待魯丹，可見，中山國君是沒有什麼主見的。當公子中傷魯丹是間諜時，中山國君就下令搜捕魯丹。君主成了臣子手中的玩偶。難怪中山國在後來的群雄逐鹿中不堪

一擊，很快就歸於滅亡了。

君主能廣開言路，聽取群言，無疑是有利於治國的，但對群言應該仔細推敲，分清良莠，辨別眞僞。總之，要有自己的是非標準，否則，公說公有理，婆說婆有理，那君主的作用何在？威勢何在？

類似中山國君者，是昏君，昏君是不能奢談治國安邦的，像西蜀的劉禪，家滅國破，寄人籬下，他還「樂不思蜀」呢！

◎後記

爲接受這個選題時，還是草長鶯飛的二月，終於爲這本書稿畫上句號時，已是落木蕭蕭的時節了。

從春到秋，二百多個日日夜夜，任春風過耳，夏雨敲窗，秋月窺人，與我相依相伴的，唯一盞清燈、幾卷舊書而已。在漸漸增高的稿紙背後，是悄悄流逝的歲月和新添的皺紋。此刻，我想起兩句詩：「看似尋常最奇崛，成如容易卻艱辛」，感受是如此眞切而深刻。

有時，我眞的覺得好累好累，想停下跋涉的腳步，但法家智謀不可抗拒的魅力，一次又一次引導我踽踽獨行；在我身後，是讀者的助威和吶喊，我只有義無反顧，一往直前。

雖然法家智慧的奇葩異卉，令人流連忘返，令人沉醉不已，但我不能沉醉，唯有不停地採擷，才能給讀者奉獻更多的精神食糧。

儘管我自信書中不乏眞知灼見，但我也深知，我對法家智謀的解讀不可能都會與讀者達成共識，仁者見仁，智者見智，此亦常理。同時，一些主客觀因素的制約，造成了這本書的紕漏與缺憾，我爲此而耿耿於懷，當然不會乞求讀者的原諒。指瑕，是讀者的權利，也是義

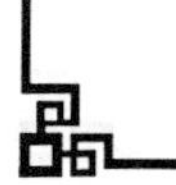

務。

泰戈爾說：「果實的事業是尊貴的，花的事業是甜美的，但是讓我做葉的事業吧，葉總是謙遜而專心地垂著綠蔭的。」我做的，正是「葉的事業」。倘若這本《法家智謀》能給親愛的讀者送去一片「綠蔭」，那就是我最大的心願。

本書在寫作過程中，始終得到阮忠先生、曹海東先生的鼎力襄助，在此，我特別說一聲——謝謝！

陳龍海

於漢上八荒齋

法家智謀

中國智謀叢書 2

作　　者／陳龍海
出 版 者／千聿企業社出版部
地　　址／嘉義市自由路 328 號
電　　話／(05)2335081
傳　　真／(05)2311002
郵撥帳號／31460656
戶　　名／千聿企業社
印　　刷／鼎易印刷事業股份有限公司
ISBN ／957-30294-1-3
初版一刷／2001 年 8 月
定　　價／300 元

總 經 銷／揚智文化事業股份有限公司
地　　址／台北市新生南路三段 88 號 5 樓之 6
電　　話／(02)2366-0309　2366-0313
傳　　真／(02)2366-0310

國家圖書館出版品預行編目資料

法家智謀／陳龍海著. -- 初版. -- 嘉義市：
千聿企業, 2001[民 90]
面； 公分. --（中國智謀叢書；2）

ISBN 957-30294-1-3（精裝）

1.法家－通俗作品 2. 謀略學

121.6 90010620